프로덕트 매니저는
무슨 일을 하고 있을까

프로덕트 매니저는 무슨 일을 하고 있을까

일 잘하는 PM이 되기 위한 실무 밀착 가이드

초판 1쇄 발행 2023년 1월 6일

지은이 개점휴업, 최민 / **펴낸이** 김태헌
펴낸곳 한빛미디어(주) / **주소** 서울시 서대문구 연희로2길 62 한빛미디어(주) IT출판2부
전화 02-325-5544 / **팩스** 02-336-7124
등록 1999년 6월 24일 제25100-2017-000058호 / **ISBN** 979-11-6921-064-5 93000

총괄 송경석 / **책임편집** 홍성신 / **기획 · 편집** 김민경
디자인 표지 박정화 내지 최연희 / **전산편집** 이경숙
영업 김형진, 장경환, 조유미 / **마케팅** 박상용, 한종진, 이행은, 고광일, 성화정 / **제작** 박성우, 김정우

이 책에 대한 의견이나 오탈자 및 잘못된 내용에 대한 수정 정보는 한빛미디어(주)의 홈페이지나 아래 이메일로
알려주십시오. 잘못된 책은 구입하신 서점에서 교환해드립니다. 책값은 뒤표지에 표시되어 있습니다.

한빛미디어 홈페이지 www.hanbit.co.kr / **이메일** ask@hanbit.co.kr

지금 하지 않으면 할 수 없는 일이 있습니다.
책으로 펴내고 싶은 아이디어나 원고를 메일(**writer@hanbit.co.kr**)로 보내주세요.
한빛미디어(주)는 여러분의 소중한 경험과 지식을 기다리고 있습니다.

프로덕트 매니저는
무슨 일을
하고 있을까

개점휴업, 최민 지음

한빛미디어
Hanbit Media, Inc.

이 책은 '프로덕트 매니저는 무슨 일을 어떤 방식으로 왜 하는지'를 생생하게 그려낼 수 있도록 도와줍니다. 이 책을 읽으며 프로덕트 매니지먼트의 본질인 제품, 사용자 및 가치에 대해 생각하게 되고, 신뢰할 수 있는 관계, 건강한 커뮤니케이션에 대한 의지를 끌어 올릴 수 있었습니다.

_장다원

이 책은 프로덕트 매니저의 모든 것을 담고 있습니다. 프로덕트 매니저가 되기 위해 필요한 기술, 역량 등을 소개합니다. 기획부터 구현, 배포, 테스트 그리고 오픈 후 운영까지 프로덕트의 모든 단계에서 필요한 것들을 보여줍니다. 프로덕트 매니저가 되기 위한 좋은 가이드이기에 자신 있게 권합니다.

_김동우

지금까지 프로덕트 매니저의 역할은 모든 업무를 총괄하고 선두에서 이끌어야 한다고 생각했습니다. 하지만 이 책을 통해 함께 협업해야 한다는 것을 깨달았습니다. IT 업계에 속해 있다면 이 책은 모두에게 필독서가 될 것으로 생각합니다.

_양민혁

프로덕트 매니저의 역할은 정말 굉장히 중요합니다. 프로덕트 매니저가 중심을 잘 잡아주지 않으면 프로젝트가 산으로 갈 수 있습니다. 이 책은 그런 프로덕트 매니저에게 교과서가 되어줄 수 있는 책입니다.

_송진영

프로덕트 매니저로서 오랜 경험을 한 저자들의 넓은 지식을 한 권으로 정리했습니다. 프로덕트 매니저가 알아야 하는 지식이 무엇인지, 어떻게 성장해야 하는지 등 선배가 알려주는 느낌이 들었습니다

_조현석

스타트업에 종사하는 IT인으로 이 책을 통해 조직 구성에 대한 궁금증을 해소할 수 있었습니다. 일하는 방식과 모델, 각 구성원의 역할을 자세히 설명하고 저자의 경험에 기반한 사례를 들을 수 있어 실무에 적용하는 데 큰 도움이 되었습니다.

_이인영

이 책을 통해 여러 가지를 동시에 봐야 하는 프로덕트 매니저의 역할이 얼마나 중요한 것인지 알게 되었습니다. 더불어 챕터마다 팀원의 역할, 매니저가 기대하는 바를 알 수 있어서 팀 전체가 함께 이 책을 읽으면서 공통의 관점을 구축해 나가면 더 시너지가 날 것 같습니다. 비즈니스 관계를 넘어 사람 간의 관계도 프로덕트를 위해 얼마나 중요한 것인지를 배울 수 있는 좋은 지침서라고 생각합니다. —김민규

프로덕트 매니저뿐만 아니라 프로젝트에 참여하는 팀원이라면 원활한 커뮤니케이션 및 업무 이해 범위를 높이는 책이 될 것 같습니다. 신입이나 주니어 프로덕트 매니저에게 바이블이 될 정도로 많은 핵심 정보를 제공합니다. _연제봉

이 책은 프로덕트 매니저에 대한 전반적인 내용을 단계적으로 사고를 확장해 나갈 수 있도록 체계적으로 구성을 했습니다. 현업에서 비즈니스적인 감각과 관리 방안이 있어야 하는 시점에 있거나 스타트업을 준비하는 분들에게 좋은 영감을 줄 수 있는 책이라 생각합니다. _김용회

프로덕트 매니저뿐만 아니라 프로덕트에 관여하는 사람들이라면 한 번쯤 읽어봐야 할 책이라고 생각합니다. 특히 프로덕트 매니저를 꿈꾸거나 주니어 프로덕트 매니저에게는 이 책이 사수 역할을 대신할 수 있을 거로 생각합니다. 단순히 제품 개발 측면을 넘어서, 서비스 운영까지 필요한 것을 모두 다루는 탄탄한 책입니다. _고수희

프로덕트 매니저로서 갖춰야 할 기본적인 내용을 짚어주고 되새겨주는 책입니다. 관리를 위한 기본적인 소프트웨어 방법론적인 내용과 커뮤니케이션 스킬, 자기계발까지 다루어 마치 선배가 후배에게 노하우를 전수하는 듯합니다. _배윤성

딜컥 포털 사이트 인턴으로 합격하고 일을 시작한 지 10년이 지난 지금도 프로젝트 매니저로 일하고 있다. 전공자도 아닌 내가 이 일을 어떻게 시작했고 커리어 개발을 했는지에 대한 질문을 종종 받는다. 그때도 어려웠고 지금도 어렵다. 주니어 프로덕트 매니저 시절을 돌이켜보면 불안했고 무슨 역할을 해야 할지 몰랐다. 지금이라고 해서 의연한 건 아니지만 전보다 조금 더 확신은 생겼다. 세상에 훌륭한 프로덕트 매니저는 많다. 그래서 왠지 한참 모자란 구석이 많은 나의 산출물을 마주했을 때 큰 괴리감을 느껴서 어찌할 바를 몰랐다. 일 잘하는 프로덕트 매니저는 모두가 동의하는 특징이 있으리라 생각했는데 큰 오해였다. 나에게 필요했던 것은 대단히 뛰어난 프로덕트 매니저의 성공담이 아니라 주변에서 눈에 띄지 않지만, 자신의 제품을 만드는 여러 프로덕트 매니저의 경험담이었다. 나 역시도 특출난 행운이 아니고서야 보통의 프로덕트 매니저로 일할 것이기 때문이기도 하다.

이 책에서 강조하는 것은 최고의 프로덕트 매니저가 아니라 팀에 가장 어울리는 프로덕트 매니저가 필요하다는 것이다. 세상의 모든 팀이 특별하고 걸출하다고 말하는 것은 그 어떠한 팀도 그렇지 않다고 말하는 것과 같다. 대부분 팀은 평범하고 그것은 우리도 마찬가지이다. 평범한 노력이 모여서 이따금 예상치 못한 순간에 성공을 경험한다. 업계에서의 성공이 매번 이렇게 오는지는 알 수 없지만 나는 최소한 그렇게 믿는다.

프로덕트 매니저가 자신의 경험을 공적인 공간에서 말하는 건 쉽지 않다. 제품이 프로덕트 매니저 개인만의 결과물이 아닐뿐더러 제품팀을 이끄는 역할도 하므로 조직적 기대도 받는 사람들이다. 풀어서 말하자면 젠체한다고 여겨지기 십상이다. 어떤 사람은 당신의 업무 능력을 높게 평가하지만 어떤 사람은 고개를 내저을 수도 있다. 그래서인지 이 직무에 대한 정보는 IT 업계 다른 직무보다 접근하기 어렵다. 하지만 IT 업계에 진입하고자 하는 사람이 많아지고 프로덕트 매니저로 일하고 싶어 하는 사람이 늘면서 직무 정보에 대한 갈증을 확인할 수 있었다. 물론 교육기관에서 기초부터 배우는 방법도 있겠으나 말하자면 글로 배우는 프로덕트 매니징과 현장 경험은 때로는 괴리가 있다. n개의 제품마다 n명의 프로덕트 매니저가 있고 심지어 그 프로덕트 매니저들은 커리어를 거쳐 수많은 제품을 하게 되니 경험을 듣는 것은 무척 중요하다.

나는 이런 이유로 얼마 전 겁도 없이 프로덕트 매니저 경험에 대한 전자책을 냈다. 그 책을 통해 독자들이 자기 경험에 관해서 이야기하는 것을 지켜볼 수 있어서 좋았다. 이번 책을 출간하면서 더 다양한 경험을 아우르기 위해서 나와는 다른 경험을 한 동료와 책을 함께 쓰기로 하였다. 우리는 서로 다른 경험으로 다른 제품을 만들었지만, 이 모든 것이 프로덕트 매니저 직무의 단면이라고 생각한다. 어떤 방법이 맞고 틀린 게 아니라 각자의 답이 있기 때문이다. 이 책이 교과서 같은 책이 아니라 독자의 현재 상황에 맞는 정보를 탐색하는 데 첫걸음이 될 수 있길 바란다.

많은 프로덕트 매니저가 이 책을 계기로 다양한 이야기를 꺼냈으면 좋겠고 나도 그 대화의 장에 참여할 수 있으면 좋겠다.

개점휴업

목차

CHAPTER **1** **제품과 제품팀**

CHAPTER **2** **프로덕트 매니저가 하는 일**

CHAPTER 8   업무 환경에서의 커뮤니케이션

CHAPTER 9 프로덕트 매니저의 역할과 자기계발

CHAPTER 10 리더의 역할

제품과 제품팀

IT 업계에서는 유달리 낯선 영어 표현을 쓰는 경우가 많다. 업계에서 불필요한 외래어 사용을 줄이자는 캠페인이 있었을 정도이니 그 빈도를 가늠해볼 수 있다. 이 장에서는 업계에서 통상 쓰이는 표현을 업무 진행 절차에 맞춰 짚어볼 것이다. 업계에서 많은 외래어를 사용하고 있음에도 불구하고 각각이 한국의 정서와 완전히 들어맞지 않기 때문에 동일한 용어여도 조직마다 완전히 다른 뜻으로 쓰이기도 한다. 이는 용법이 틀린 것이 아니라 조직에 맞게 의미가 변형되었다고 보는 것이 타당하다. 이 책 역시 특정 맥락에서의 용어 쓰임을 빌려와 작성되었기 때문에 각 용어를 어떤 의미로 왜 그렇게 쓰는지에 대하여 설명하겠다.

1.1 제품의 정의

1.1.1 IT 업계의 제품

경제활동은 생산자가 노동, 자본, 자원의 세 가지 생산 요소를 사용하여 재화나 서비스를 생산하는 것을 가리킨다. 재화는 물성을 가지며 생산의 대상이 된다. 소유권이 이전되는 그야말로 물건이다. 이를테면 대형마트에서 비용을 지불하고 생수 여섯 병을 샀다면 재화를 또는 상품을 구매했다고 할 수 있다. 이에 반하여 서비스는 물성을 가지지 않아 구체적인 형태를 가지지 않으며 상대가 수행하는 행위 그 자체인 경우이다. 서비스를 받는 자는 편의, 혜택, 도움 등을 받는다. 대형마트에서 생수 여섯 병을 구매하기 위해 계산대에서 직원의 서비스를 받아 계산 절차를 마친다. 이에 대한 비용은 상품 가격에 포함되어 있다. IT 기업 역시 제품을 만드는 경제활동을 한다. IT 업계에서 '제품'이라고 부르는 것은 어떤 범주에 해당할까?

제품^{product}은 사용자에게 가치를 전달하는 매개로 구현 과정을 거쳐 생산된다. 제품의 정의를 이해하기 위해 사용자, 가치 그리고 구현 과정에 대하여 간단히 살펴보자. 상세한 내용은 이 책 전반에 거쳐 설명할 것이다. 사용자^{user}는 제품을 사용하는 사람 모두를 통칭하는 표현이다. 웹사이트를 방문하여 콘텐츠를 확인하고 클릭하는 사람, 모바일 앱을 설치했다가 곧바로 삭제한 사람, 편의점에서 POS 기계로 계산 하는 점원, 패스트푸드점에서 키오스크로 주문하는 고객 모두가 사용자이다. 사용자는 제품의 최종적인 목표이고 사용자가 제품을 어떻게 생각하는지에 따라 제품의 성패가 나뉘게 된다. 가치^{value}는 사용자가 이 제품을 사용하여 얻게 되는 모든 것을 가리킨다. 쇼핑몰 사이트를 방문하여 원하는 옷을 구매하였다면 사용자는 '자신이 원하는 물건을 구매'하였다는 가치를 얻었다. 하지만 이 쇼핑몰은 빠른 배송을 제공하지 않는다는 것을 알게 된 후부터는 다른 쇼핑몰을 사용하게 되었다면, 또 다른 쇼핑몰에서는 '자신이 원하는 물건을 빠르게 배송한다'라는 추가적인 가치를 사용자에게 제공하는 것이다. 이 가치가 중요한 이유는 사용자를 만족하게 하는 제품이 오랜 기간 존속할 수 있는데 그렇기 위해서는 구체적인 가치를 전달해야 하기 때문이다. 마지막으로 구현 과정이란 디자이너, 개발자 등 IT 업계 종사자의 최종 목표로 목표한 제품을 사용자에게 선보이는 것이다. 제빵사가 고객에게 맛있는 빵을 팔듯이 그리고 빵을 만드는 과정에 집중하듯이 구현 과정은 이 제품을 만드는 과정을 통칭하는 표현이다. 제품을 구현하는 과정은 사용자에게 어떤 가치를 전달할지에 대한 고민부터 사용자에게 배포한 뒤의 반응을 수집하여 개선사항을 도출하는 것 전부를 포함한다.

제품은 상대적으로 최근에 활발히 쓰이는 표현이다. 이는 영미권의 영향이 적지 않다고 생각한다. IT 업계는 각기 지역적 특색을 반영하여 성장하지만, 영미권의 사용자와 자본의 규모가 압도적으로 크기도 하고 트렌드를 주도하기 때문에 새로운 용어가 등장하는 경우 영미권에서 수입되는 경우가 많다. 영미권 표현의 영향을 종국에는 모두가 받게 되는 셈이다. 구현 결과물을 지칭하는 표현의 변화는 프로덕트 매니저 호칭에서도 추정할 수 있다. 인터넷 1세대는 프로덕트 매니저를 웹 기획자라고 불렀고 시간이 흘러 서비스 기획자와 프로덕트 매니저, 프로덕트 오너 등의 표현으로 점차 확장하였다. 프로덕트 매니저 직무의 변화는 제품팀이 어떤 일을 하느냐에 따라 변해왔는데 이 부분은 2장에서 살펴보도록 하겠다.

1.1.2 제품의 구분과 예시

제품 정의를 생각하고 주변을 돌아보면 제품이 아닌 것이 없다. 우리 주변을 둘러싼 모든 것은 광의의 제품에 포함된다. 이 책에서 다루는 제품의 범주를 제한하기 위해 몇 가지 제품의 구분과 예시를 살펴보자.

첫 번째 구분은 디지털 또는 디지털 외 환경에서 구동하는지에 따라 나뉜다. 버튼을 눌러 동작하는 세탁기, 다이얼을 눌러서 취사하는 전기밥솥, 움직임을 측정하는 손목 밴드와 그 시스템, 3D 프린터 구동 시스템 모두 제품이다. 내장된 프로그램도 어떤 제품팀의 구현 결과물이다. 이런 경우 하드웨어의 기기적 제약에서 벗어날 수 없고 목적성이 매우 명확한 경우가 많아 전문적인 영역으로 분류되기도 한다. 이 책에서는 디지털 환경에서의 제품 경험만을 다룰 것이다. 대표적인 예시로 앱과 웹이 있다. 애플리케이션^{application}의 약자인 앱^{app}은 기기에 특정 프로그램을 설치하여 사용하는 것이라고 보면 간단하다. 모바일 앱은 각 스토어에서 설치하거나 파일을 다운로드 받아 구동할 수 있다. 반면 웹은 브라우저를 통해 접근하는 제품이다. 가령 포털 사이트 검색창에 쇼핑몰의 이름을 입력하여 이동한 경우, 해당 쇼핑몰의 웹에 접근한 것이고 쇼핑몰 앱을 스토어에서 다운로드 받았다면 앱을 사용하는 것이다.

두 번째 구분은 대상고객의 성질이다. 제품의 대상 사용자가 개인인지 기업인지에 따라서 B2C^{Business to Customer}, B2B^{Business to Business}로 구분할 수 있다. B2C의 경우, 제품을 제공하는 기업과 개인 사용자 간의 사업이라는 의미이다. 가장 익숙하게 접할 수 있는 다수의 서비스가 이에 해당한다. 최근에는 기업이 유통하는 과정을 걸쳐 사용자가 제품 경험을 하는 것이 아니라 사용자 간 입소문을 통해서 사용하거나 직접 리뷰를 보고 탐색하여 제품을 만나기도 하기 때문에 D2C^{Direct to Customer}, 즉 직접적으로 고객과 연결되는 사업 형태로 발전하고 있다. 반면 B2B의 경우, 대상 사용자가 기업이다. 예를 들어 기업이 주로 사용하는 인사 및 재무 관리 시스템, 개인사업자가 사용하는 정산 시스템 등 소비자가 아닌 또 다른 고객을 대상으로 하는 기업이 제품을 제공하는 경우이다. 이 책에서는 B2C 제품을 중점적으로 다룰 것이다.

세 번째 구분은 외부 고객인지 내부 고객인지다. 외부 고객은 기업이 서비스를 제공하는 대상 그 자체를 가리킨다. 쇼핑몰을 예시로 든다면 그 쇼핑몰에서 상품을 탐색하고 구매하는 사용자에 해당한다. 특정 회사에서는 외부 고객이 마주하는 제품을 서비스^{service}라고 부르기도 한다. 이 책에서는 그 호칭을 빌려와 사용할 것이다. 반면 내부 고객은 쇼핑몰을 운영하기 위해 제품을 사용하는 운영자를 지칭한다. 쇼핑몰이 이벤트 시즌을 맞아 사이트 접근 시에 팝업을 보여주고자 한다면 이 이미지를 어떤 시스템에 등록해서 언제부터 언제까지 노출할지를 설정해야 하는데 이런 시스템을 어드민^{admin}(운영툴)이라고 주로 부른다. 조금 더 깊게 들어가면 쇼핑몰에 진열된 상품의 정보와 가격을 관리할 수 있는 별도의 시스템, 배송을 지시하고 그 결과를 받아볼 수 있는 시스템 등 모두 내부 고객을 위한 제품이다.

요약하자면 이 책에서는 디지털 환경에서 동작하는 제품이면서 B2C 제품으로 서비스와 어드민을 모두 다루게 될 것이다. 이런 서비스는 모바일 앱 스토어에 등록된 대부분의 앱 그리고 아마 이 책의 독자가 방문하는 대부분의 웹에 해당할 것이다.

1.2 제품을 만드는 절차

1.2.1 절차와 단계별 과업

경쟁이 치열한 시장에서 사용자에게 유의미한 가치를 전달하고 사업적 성과를 거두는 것은 모든 IT 기업의 공통된 목표일 것이다. 이를 보다 효과적이면서 효율적으로 수행하기 위해 다양한 제품 구현 방법론이 존재한다. 방법론을 살펴보기에 앞서 가장 기본적인 절차를 소개해보겠다. 이 기본 절차는 기업마다 담당하는 주체나 그 중요도가 서로 다를 수 있다.

제품을 만드는 절차와 단계별 목표

단계	콘셉트	목표
전략	무엇을 만들까?	• 문제 정의, 사업기회 모색 • 제품 전략 방향과 목표 설정 • 로드맵 설정 및 자원 분배
기획	어떻게 만들까?	• 구체적인 제품 형상 정의 • 제품이 시장에 안착하도록 운영, 마케팅 등에 대한 계획 수립
구현/배포	만들자	• 목표 일정 내 출시할 수 있도록 구현 담당자 간 조율 • 제품팀 외 유관부서와 출시 준비에 대한 협업
피드백	잘 만들었나?	• 시장과 고객의 반응 관찰 • 강화/보완할 방법 확인

제품을 만드는 절차를 간략히 말하면, 무엇을 만들지 결정하고 어떻게 만들지 결정하여 만든 다음 잘 만들어졌는지를 점검한다. 이와 같은 단계는 비단 IT 업계에서만 적용되는 것이 아니라 고객을 상대로 사업을 진행하는 기업이라면 모두 거치는 단계일 것이다. 단계별로 업계 특성에 맞추어 세부 사항만 채워 넣으면 이를 빠르게 이해할 수 있다.

전략 단계에서는 제품의 가치에 대해 집중적으로 고민한다. 사용자가 직면한 문제가 무엇일지 그리고 해결 방안을 제시하여 사업 기회를 포착한다. 이를테면 반려동물용품을 구매하려는 사용자가 있다. 새로운 간식 성분이 자기 반려견에 맞는지 확인하려면 쇼핑몰을 이탈해서 다시 성분을 검색하고 유튜브 영상도 시청하는 과정을 거쳐야 한다. 이 과정이 번거로워서 결국 구매를 포기하고 만다. 이는 대표적으로 정보가 산발적인 상태를 겪는 사용자의 문제이다. 반려동물 시장 규모를 확인하고 경쟁사가 어떤 전략으로 제품을 포지셔닝하는지 등을 조사한 뒤, 기존 쇼핑몰의 상품으로 반려동물용품을 판매하는 것이 아니라 별도 쇼핑몰을 만들고 이에 최적화된 기능을 제공하여 추가적인 수익을 노린다는 전략을 세울 수 있다. 기존의 쇼핑몰 또는 반려동물 전용 쇼핑몰과 차별점을 찾아 새벽 배송이 가능하고 상담을 대기하는 인원을 배치하거나 인근 동물 병원과의 연계 등 사용자가 이 쇼핑몰을 써야만 하는 이유를 찾기 시작한다. 그 뒤에는 제품 출시 시점에 가장 파급력을 줄 수 있는 시점을 찾아 출시 목표 일정도 세워본다. 새로운 프로젝트라면 이렇게 큰 규모에서 전략을 세울 수 있다.

반대로 이미 존재하는 제품도 이러한 과정을 거친다. 고객센터를 통해서 사용자들이 특정 기능에 대한 문의가 다수 인입하거나 화면상에서 사용자들이 특정 지점에 앱을 종료하거나 웹페이지를 이탈한다면 그 부분은 개선이 필요하다. 이때 어떤 관점에서 그런 행동이 발생하는지에 대해서 분석하고 다른 업무와 비교하였을 때의 우선순위도 결정한다. 결과적으로 기업은 제한된 자원, 즉 시간과 인력을 투입하여 최대의 효용을 노리기 때문에 현재 어떤 문제가 가장 유효하고 그것을 가장 효과적으로 빠르게 해결할 수 있을지에 대하여 고민한다. 전략 단계의 고민은 제품 구현 과정 전반에 걸쳐 이루어진다. 구현 중에도 가설을 뒤집을만한 외부 상황 변동이 있다면 이를 보류하고 다른 작업을 하는 식이다. 가장 앞단에 있는 작업이 실상 전반의 방향성과 결과를 좌지우지한다. 제품에 대하여 이루어져야 하는 업무를 백로그backlog라는 개념으로 묶어 관리한다. 매번 새로이 어떤 기능을 작업할지 고르는 것이 아니라 백로그에 그간 나왔던 아이디어나 일을 쌓아두고 필요할 때마다 가장 우선순위가 높은 항목을 꺼내와 진행하는 식이다. 할 일 목록과 같은 것이라고 이해하면 된다.

기획 단계에서는 정해진 전략을 실제로 수행하기 위하여 구체화한다. 요구사항 정의서와 화면 설계서를 작성하는 것을 시작으로 제품팀과 이외 유관부서 모두에 어떤 일을 할 것인지에 대하여 구체화하여 전달한다. 이 단계에서 프로덕트 매니저가 하는 일은 이 책 전반에 상세히 담겨 있다. 다만 최종적인 목표는 구현 그 자체가 아니라 사용자에게 유의미한 가치를 전달하는 것이기 때문에 다른 업무 영역에 대한 관여도 필요하다. 이를테면 기능 또는 제품의 출시 시점에 홍보를 위해 메일을 보내거나 푸시push 알림을 발송하고 별도 유료 광고를 집행하거나 때에 따라서는 별도 행사를 여는 식의 계획을 세운다. 안정적으로 제품이 운영될 수 있도록 미리 준비할 소재가 있는지 챙기고 사용자 문의가 발생하였을 때 응대할 고객센터 담당자를 위한 교육자료도 꼼꼼하게 작성해야 한다. 영업팀이 있는 제품이라면 제품의 특장점과 방향성에 대하여 공감대를 이룰 수 있게 설명한다. 프로덕트 매니저 또는 서비스 기획자의 업무 범위를 다룰 때 주로 기획 단계의 문서 작성에 국한되는 경우가 많은데, 기획과 구현 단계를 거치다 보면 프로덕트 매니저의 업무 영역은 명시적으로 지정되기보다 제품의 성공을 위해서 해야 하는 일 전체임을 알 수 있다.

구현 단계에서는 실제 구현 담당자들이 작업하면서 발생하는 변경 사항을 챙기고 목표 일정에 출시할 수 있도록 기능에 대해 취사선택을 하게 된다. 비록 기획 단계에서 세밀하게 챙겼을지라도 실제 구현에 착수하면 많은 것이 변한다. 변경된 요구사항을 제품팀에 빠르고 정확하게 전달하고 만약 일정이 지연될 여지가 있다면 변경 사항을 수용할지 말지는 프로덕트 매니저가 결정하게 된다. 각 구현 담당자들도 이번 기능 또는 제품의 방향성에 따라 변경 사항을 제안하는 방법이나 후순위 작업으로 둘지 등을 판단하게 된다. 앞서 기획 단계에서 제품 이외 작업에 대하여 준비하였던 업무도 이 단계에 각 유관부서에서 진행한다. 그 과정에서 문의 사항이 있거나 결정 사항이 있다면 프로덕트 매니저 주관으로 이끌고 나가게 된다. 그렇게 최종적인 제품을 구현했다면 검수 과정을 거쳐 최종 점검을 한 뒤에 사용자에게 배포한다. 배포는 사전적인 의미 그대로 사용자에게 내보내고 선보이는 것을 의미한다. 새로이 만드는 앱이라면 앱 스토어에 새로 등록하게 되고, 업데이트만 한다면 각 앱에서 볼 수 있는 업데이트 노트에 그 내용을 적는다.

피드백 단계는 제품 구현 절차 중에서 가장 중요한 부분이다. 제품을 만드는 사람은 사용자가 아니다. 그렇기 때문에 아무리 확신을 가지고 제품을 만들었더라도 사용자 반응에 따라 그 판단의 정오가 결정되게 된다. 최대한 다양한 방식을 통해 사용자의 피드백을 수집하고 이를 분석한다. 서비스를 사용하는 사용자의 행동을 분석, 앱 스토어 리뷰, 소셜 미디어에서의 반응을 확인한다. 고객 설문을 통해 직접 물어보기도 하고 고객센터를 통해 인입한 문의 사항을 분석하기도 한다. 사용자는 경쟁사와의 비교를 통해 제품을 받아들이기 때문에 비교할 때 어떤 점에 집중하는지 살펴본다. 이를 통해 도출해낸 개선 사항이나 강화해야 할 점은 백로그에 들어가 다시금 전략 단계를 거쳐 기능으로 만들어진다.

1.2.2 제품 구현 방법론, 애자일과 워터폴

제품을 기획한 뒤에 사용자 반응을 확인하기까지 얼마나 오랜 시간이 소요될까? 조직에 따라 작업하는 제품에 따라 다르겠지만 이 기간이 길어질수록 사용자와 괴리감이 생길 수 있다. 지금 결정한 전략이 3개월 뒤에는 틀린 판단으로 판가름이 났을 수도 있고 그사이

사용자가 다른 경쟁사 제품에서 필요로 하는 바를 모두 충족하였을 수 있다. 구현 과정을 거치는 제품팀은 그런 결과가 당황스러울 수밖에 없다. 긴 시간을 공들여 작업한 결과물이 출시하고서야 사용자가 원하지 않는 것이었다는 것을 알기 때문이다. 이와 같은 문제의식에서 출발한 것이 '애자일 소프트웨어 개발 선언'[1]이다. 아래는 선언의 발췌이다.

우리는 소프트웨어를 개발하고, 또 다른 사람의 개발을
도와주면서 소프트웨어 개발의 더 나은 방법들을 찾아가고
있다. 이 작업을 통해 우리는 다음을 가치 있게 여기게 되었다:

공정과 도구보다 개인과 상호작용을
포괄적인 문서보다 작동하는 소프트웨어를
계약 협상보다 고객과의 협력을
계획을 따르기보다 변화에 대응하기를

가치 있게 여긴다. 이 말은, 왼쪽에 있는 것들도 가치가 있지만,
우리는 오른쪽에 있는 것들에 더 높은 가치를 둔다는 것이다.

사용자 중심의 제품 구현이 힘을 얻은 것은 얼마 되지 않았다. 그전에는 이해관계자가 요구하는 대로 제품을 만들고 제때 납품하면 되는 업무수행 방식이 주를 이루었다. 단계적으로 업무가 진행되고 위에서 떨어진다는 수직적인 의사소통의 의미도 담아 이러한 개발 방식을 워터폴waterfall이라고 부른다. 워터폴 개발 방식은 모든 것이 사전에 계획되어 납기에 맞추어 결과물을 내는 것이 최고의 목표이다. 그렇기 때문에 계획이 옳고 그른지를 생각하기보다는 제때 해내는 것이 가장 중요하다. 이와 같은 방식에 의문을 제기하고 가치 있는 제품을 빠르게 고객에게 전달하자는 기조를 세우게 된 것이 애자일 개발 방법

---

1 https://agilemanifesto.org/iso/ko/manifesto.html

론^{agile software development}이다. 의미 있는 배경과 공감할 수 있는 내용과는 달리 현업에서 이를 적용하는 데에는 상당한 어려움이 있다.

제품의 특성에 따라 사용자에 전달하는 유의미한 가치뿐만 아니라 감안해야 하는 요소가 많은 제품이 있다. 법적인 규제 또는 재무적인 구성 등 정책을 정하면서 논의하고 점검해야 할 부분이 많은 경우가 있다. 이 과정을 생략하고 사용자에게 제품을 출시한다면 사용자는 행복할 수 있으나 기업은 건전성을 잃을 수 있다. 또한 이러한 정책 파악 과정을 애자일 개발 방법론에 따라 프로덕트 매니저뿐만 아니라 제품팀 모두가 참여하게 된다면 유관부서와의 협업 내용을 모든 담당자가 숙지해야 한다. 이는 구현 담당자의 집중을 분산시키는 결정일 수 있다.

제품 구현 절차에서 살펴보았듯이 제품은 출시하는 것이 능사가 아니라 많은 방법을 동원하여 시장에 안착해야 하므로 다양한 유관부서와 협력해야 한다. 이때 기능과 제품에 대한 구체적인 명세가 없거나 문서화된 과정이 생략된다면 동일한 내용을 광역으로 전파하기 어렵다. 유관부서와의 업무를 조율해야 하는 프로덕트 매니저는 그러면 빠르게 더 많이 업무를 해야 한다는 결론에 도달할 수밖에 없다. 물론 이 자체는 문제가 아니다. 애자일 개발 방법론에 모두가 공감하고 조직적인 구성을 이에 맞추어 바꾸면 괄목할 만한 성과를 낼 수 있겠으나 제품팀 단독으로 또는 일부 구성원의 의견으로는 적용할 수 없는 조직문화에 가깝다.

애자일 개발 방법론은 '애자일하다'라는 수식어로까지 발전하였다. 그만큼 애자일 개발 방법론이 흥했음에도 불구하고 완전히 조직문화에 녹아들어 정착된 경우는 아직 보지 못했다. 일하는 방식이 최첨단인지보다는 최종적으로 결과물이 나왔느냐가 중요하다. 애자일한 방법도, 실리콘밸리에서 유행하는 방식도 한국 또는 현재 조직문화에 맞지 않다면 최선의 방식이 아니다. 그렇기 때문에 이 장에서 짚고 넘어갈 부분은 유행하는 방법론이 아니라 본질적인 성과를 거둘 수 있는 방식을 직접 고안하라는 점이다. 여전히 새로운 방법론을 접하면서 기존의 업무수행 방식을 환기하는 것은 무척 도움이 되지만 그것을 무작정 따라하는 것은 능사가 아니다. 그럼에도 불구하고 애자일은 IT 업계 전반에 큰 반향을 불러왔기 때문에 상세한 내용을 찾아보고 업무에 접목해볼 부분이 있는지는 찾아보는 것을 추천한다.

1.3 제품을 만드는 사람

1.3.1 스프린트

지금까지 제품을 만드는 절차에서는 질적으로 어떤 단계를 거치는지 설명했다. 이에 생각의 축에 한 가지를 더해야 한다. 그것은 바로 시간이다. 사용자에게 기능 또는 제품을 선보이는 것을 배포, 출시 또는 론칭이라고 한다. 무엇을 언제 배포하는 것이 좋을까? 그리고 그것을 판단하는 기준은 무엇일까? 기업에서의 시간은 사용자의 파급도와 함께 엮어서 생각해야 한다. 애자일 개발 방법론 도입 이전에도 IT 기업에서는 정기 배포라는 개념이 있었다. 이를테면 매달 셋째 주 목요일에 사용자에게 가치를 전달하는 유의미한 배포를 하는 것이다. 사용자가 제품을 떠나지 않고 계속 사용하도록 하기 위해서는 지속해서 새로운 가치를 제공할 수 있어야 하기 때문에 정기적인 배포가 중요하다. 작은 기능이 완성될 때마다 배포하는 것이 아니라 유의미한 묶음이 되었을 때 배포하는 것이 효율적일 때에 진행한다. 조직관리 차원에서도 예측 불가능하게 갑자기 생기는 배포보다는 전체적인 업무 호흡을 가져갈 때 안정적인 업무 처리가 가능하고 건에 따라 앞으로 당기거나 미루는 조율이 가능하기 때문에 필수적이다.

스프린트sprint는 이와 같은 궤에서 동작하는 업무 방식으로 애자일 개발 방법론의 핵심 중 하나이다. 사전적인 의미는 짧은 단거리 뛰기로 팀이 일정량의 작업을 완료하는 데에 소요되는 짧은 시간을 의미한다. 스프린트는 최소 2주에서 최대 2개월 정도를 운영한다. 각 스프린트는 배포로 완결되며 각각의 목표를 가지게 된다. 정기 배포는 정기적으로 배포를 한다는 것에 집중하는 반면에 스프린트는 어떤 구체적인 목표에 따라 시간을 유동적으로 변경하기도 한다. 이번 스프린트에서 '상품평에 욕설/비방 표현을 쓰는 문자열을 필터링하자'는 목표를 정했다면 목표에 따라 유동적으로 2개월까지도 늘어날 수 있다. 하지만 이 시간이 너무 길어지지 않도록 관리해야 지속적으로 사용자에게 가치를 전달할 수 있다.

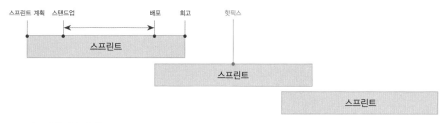

스프린트와 핫픽스 운영

스프린트는 앞서 다룬 제품을 만드는 절차를 따라 진행된다. 스프린트 계획[sprint planning]은 스프린트에 대한 담당자 간의 합의를 이루어 업무를 착수하기 위한 회의이다. 스프린트의 목표를 공유하고 백로그에서 어떤 기능을 작업할 것인지에 대해서 의견을 나눠 정한다. 그리고 각 구현 담당자는 이에 소요되는 시간을 추산하고 최종적으로 일정을 정하고 시작한다. 스탠드업[stundup]은 일 단위로 스프린트의 진행 상황을 공유하고 문제가 있다면 나누는 짧은 미팅이다. 이는 조금 더 포괄적으로 확대되어 반드시 스프린트 중이 아니더라도 매일 아침에 서로 현황을 공유하는 형식의 커뮤니케이션을 지칭하기도 한다. 최종적으로 배포를 통해 기능은 사용자에게 제공되고 이 스프린트에 참여했던 사람은 모여 회고[retrospective]를 진행하면서 스프린트 중 업무적 또는 개인적 소회에 대하여 나누며 다음 스프린트를 보다 효과적으로 운영될 수 있는 방안을 찾는다.

스프린트는 예정된 배포지만 이따금 예상치 못한 배포가 발생하기도 한다. 이를 핫픽스[hotfix]라고 한다. 대부분 사용자가 제품을 사용하는 데에 있어 치명적인 결함이 생겼을 때 진행한다. 이를테면 앱에서 결제가 정상적으로 동작하지 않을 때, 로그인 처리가 불가능할 때 등 제품의 가장 중요하다고 판단하는 단계에 오류가 생겼을 때 진행한다. 이는 약속된 다음 배포 일정까지 기다릴 수 없기 때문에 최대한 빠르고 시급하게 처리하는 수정사항이다. 스프린트는 최대 2개월을 목표로 하지만 6개월 이상 장기간이 소요되는 일도 있다. 조직마다 별도의 프로젝트를 할당하여 스프린트와는 다른 단위로 운영하기도 한다. 따라서 일의 우선순위에 따라 핫픽스로 또는 스프린트에 포함해 배포할지를 결정하고 일의 규모에 따라 스프린트에 포함해서 작업할지 별도의 프로젝트로 진행할지도 프로덕트 매니저마다 갈린다. 업무를 진행하는 방식이 그저 어떤 규칙이기 때문에 존재하기보다는 조직이 더 효율적으로 업무하기 위해 제각각 만드는 것이라는 점을 알 수 있다. 스프린트에 대한 보다 자세한 내용은 4장에서 다루도록 한다.

1.3.2 제품팀과 유관부서

제품팀product team은 주로 제품 구현에 가장 직접적인 영향을 주는 팀을 묶어 일컫는 말이다. 제품팀 하위에는 어떤 직무를 하는 사람이 소속되어 있는지와 제품팀 조직 구성 사례를 살펴보면서 이것이 일하는 방식에 어떻게 영향을 미치는지 확인해보자. 제품팀 밖에서 제품팀과 협업하는 조직 내 다른 부서에 대해서도 살펴보자. 조직 구성은 조직문화를 담는 그릇이기 때문에 옳고 그르다로 판단할 수 없으며 조직의 생리마다 구체적인 내용이 다르다. 책 후반부에서는 직무 구성에 따라 프로덕트 매니저에게 기대하는 상세한 역할을 살펴보겠으나 우선 이 장에서는 어떤 사람들과 일하게 되는지에 대해서부터 확인하고자 한다.

회사에 어떤 조직이 존재하는지 궁금하다면 채용 공고를 확인하는 것이 가장 빠르다. 대표적으로 네이버의 22년 10월 기준 채용 공고의 팀 구분 기준을 참고하겠다. 조직은 테크, 디자인, 서비스와 비즈니스 그리고 기업으로 나뉘어 있다. 테크는 흔히 개발자라고 부르는 엔지니어가 소속되어 있다. 개발자도 담당하는 제품의 영역에 따라 업무 범위가 각기 다르다. 우선은 사용자와 가장 가까운 단면을 담당하는 프런트엔드front-end 개발자가 있다. 세부적인 구분으로는 웹 담당과 앱 담당을 구분할 수 있고 앱의 경우, 안드로이드와 iOS로 나뉠 수 있다. 프런트엔드와 한 쌍인 백엔드back-end 개발자는 데이터베이스, 서버, API, 인프라 등 세부적인 담당에 따라 나뉘기도 한다. 백엔드는 '무엇을' 사용자에게 보여주거나 제공할지를 고민하고 프런트엔드는 '어떻게' 보여줄지에 대해서 다룬다고 생각하면 쉽다. 예를 들어 웹사이트에 회원가입을 할 때, 이메일 주소를 입력하는 영역을 어떻게 보여주고 잘못된 문자열을 입력했을 때에 오류 메시지를 보여주는 작업을 프런트엔드에서 하고 사용자가 입력한 데이터를 받아 백엔드로 넘겨준다. 백엔드는 이를 받아 새로운 회원 정보를 생성하고 이 사람의 비밀번호를 저장해 두었다가 로그인 할 때 비밀번호가 맞는지 틀린지를 판단하는 식이다. 프로덕트 매니저로 처음 일할 때에는 이 세부적인 내용을 알기 어려울 수 있지만 이는 실무를 진행하면서 차츰 배울 수 있다. 조직이 집중하는 사업영역에 따라 AI나 머신러닝 또는 데이터 분석을 위한 개발 담당자가 따로 할당되는 경우도 있다.

디자인 역시 세부 구분으로 나뉜다. 사용자에게 제공하는 제품의 사용성 전반을 작업하는 프로덕트 디자이너product designer, 브랜드 경험을 관장하는 브랜드 디자이너brand designer 등이 있을 수 있다. 배너나 이벤트성 웹페이지와 같은 마케팅 디자인을 전문으로 하는 디자이너도 있을 수 있다. 이들 모두 기본적으로는 시각적인 표현을 통해 제품팀이 의도하는 바를 사용자에게 바르게 전달할 방법을 연구한다. 디자인은 기획 또는 개발과 구분되는 별도 과업이 아니라 당연히 그 연장선상에 존재한다. 제 아무리 뛰어난 디자인도 개발로 구현할 수 없다면 제공할 수 없다. 반대로 무척 뛰어나고 빠른 시스템이라고 하더라도 결국 사용자가 이해하지 못하고 사용할 수 없다면 쓸모가 없으니 디자인 역시 제품 구현의 중요한 주축이다. 게다가 스마트폰에 대한 보급률이 세계적으로 가장 높으며 디지털 환경에 대한 학습도가 높은 한국에서는 사용성에 대한 기대치가 무척 높기 때문에 더욱 중요하다.

기획과 사업의 경계는 때로는 모호하다. 제품과 조직에 따라 한 명이 동시에 역할을 수행하는 경우도 있고 업태에 따라서는 반드시 구분되어야 하는 경우도 있다. 기본적으로 기획과 사업 목표는 같다. 사업 목표를 달성해야 한다는 것이다. 하지만 직무 또는 사람에 따라 기술적인 영역에 집중하여 제품에서 그 방법을 찾는 사람이 있고 그것이 아니라 자금의 흐름이나 제품에 담길 내용 자체에 대하여 고민하는 것이 차이이다. 그래서 사업과 그 연관 부서는 대개 제품팀으로는 엮이지 않지만, 협업의 빈도와 강도는 짙다. 두 직군과 함께 마케팅도 묶이곤 하는데 이것은 마케팅 목적 역시 사업 목표 달성이기 때문이다. 그뿐만 아니라 제품 마케팅을 하는 경우, 제품의 어떠한 기능을 언제 홍보할 것이냐에 대한 조율을 기획과 면밀히 상의해야 하기 때문에 가까운 협업 부서 중 하나이다. 영업 조직이 있는 기업의 경우에는 사업의 확장이자 고객을 직접 대면하는 동료이기 때문에 마찬가지로 가까운 협업 부서이다.

덧붙여 QAquality assurance와 운영도 무척 긴밀하게 협업하는 조직이다. QA는 제품팀으로 구분되고 운영은 주로 제품팀으로 묶이지는 않는다. QA는 기획, 디자인, 개발을 거쳐 만들어진 결과물이 안정적으로 사용자에게 공급될 수 있는 상태인지를 점검하는 역할을 담당한다. 운영은 제품 출시가 끝이 아니라 지속해서 새로운 콘텐츠를 제공하고 고객문의에 응답하며 운영되어야 하므로 중요한 조직이다. 가장 사용자와 가까이 접촉하는 직군 중 하나이다. 고객센터 담당자를 포함하여 이들이 어떠한 고객의 소리를 제품팀에게 강조하여 전달하느냐에 따라 제품 우선순위가 달라질 수 있기 때문에 제품 방향성에 대한 합의와 공감대 형성이 무척 중요하다. 책 후반부에 QA, 운영과의 협업 방식에 대하여 자세히 다룰 것이다.

이외 기업 전반을 담당하는 부서로는 재무, 법무, 인프라, 감사, 정보보호, 대외홍보, 인사 등이 존재한다. 다른 부서의 경우, 전략 및 기획 단계에서 작업의 타당성을 확인하기 위해 느슨한 협업을 하지만 운영과 고객 담당의 경우 긴밀히 협업한다.

1.3.3 제품팀의 조직 구성

제품팀의 조직 구성은 조직문화의 그릇인 동시에 조직의 결과물을 좌지우지하는 가장 중요한 요소 중 하나이다. 조직 구성은 크게 기능 조직과 목적 조직, 두 가지 종류가 있다. 하나의 조직을 구성할 때 어떠한 공통 성질을 기준으로 묶느냐에 따라 그 구분이 갈린다. 기능 조직은 같은 직무를 수행하는 사람의 집합을 조직으로 정의한 경우에 해당하고, 목적 조직은 동일한 목표를 가진 사람의 집합을 조직으로 정의한 경우이다. 이를테면 기능 조직의 예시는 서비스 기획팀이 있을 수 있고 목적 조직의 예시는 반려동물쇼핑몰팀이 되는 식이다. 이 둘은 서로 배반적인 속성이 아니다. 그리고 기업도 현재 성장 단계와 제품의 상태에 따라 조직 구성을 유연하게 바꾸기 때문에 직접적인 비교를 하기보다는 두 팀을 혼합하여 사용하는 조직 구성을 소개하고자 한다. 성공적인 사례로 자주 언급되는 스포티파이 모델[2]에 대하여 아틀라시안에서 작성한 블로그 포스팅을 참고하여 설명하겠다. 이와 같은 조직 구성은 다수 한국 IT 기업에서 채택하고 있다.

....

2 'Discover the Spotify model', https://www.atlassian.com/agile/agile-at-scale/spotify

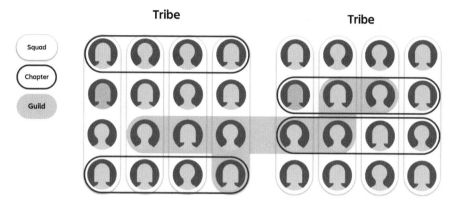

스포티파이 모델

스포티파이 모델을 구성하는 요소는 크게 네 가지로 스쿼드^{squad}, 트라이브^{tribe}, 챕터^{chapter}, 길드^{guild}이다. 스쿼드는 기본적으로 목적 조직이다. 다양한 직무의 사람이 모여서 특정 기능에 집중한다. 이를테면 회원을 담당하는 스쿼드에서는 기업에서 제공하는 제품 전반의 회원 체계와 정책을 담당할 것이다. 가입 여부와 가입 시점에 동의해야 하는 약관 등을 관리한다. 주기적으로 회원 정보를 삭제해야 되는 경우 등에 대해서도 관리할 것이다. 반면 인증을 담당하는 스쿼드에서는 각 사용자를 식별하는 인증 시스템을 구현하고 관리하는 조직일 수 있다. 휴대폰 본인인증, 소셜 서비스를 통한 본인인증에 대한 연동과 관리나 한 서비스에서 인증한 정보를 다른 서비스에서도 활용할 수 있는지 등에 대한 관리를 할 것이다. 트라이브는 연결된 목표를 가진 스쿼드의 묶음이다. 인증과 회원이 별도 스쿼드가 있을만큼 큰 조직이라면 둘 간의 연계도 무척 중요하기 때문에 같은 방식으로 묶어서 이를 복합적으로 판단하여 결정 내리는 트라이브의 의사결정권자를 지정한다.

챕터는 이와 다르게 각기 전문영역을 살려 직무별로 묶이는 집합이다. 회원 스쿼드에 담당 서비스 기획자가 있고 인증 스쿼드에 담당 서비스 기획자가 있다면 기획자는 모두 서비스 기획 챕터에 소속된다. 챕터장은 해당 전문 기술에 대한 멘토링을 하거나 각기 다른 스쿼드나 트라이브에 누가 배치될지에 대하여 각 의사결정권자와 상의한다. 길드는 이미 정해져 있는 제품 또는 직무 단위의 조직 이외에 특정 주제에 흥미가 있는 구성원이 모여 만드는 조직이다. 길드는 구성원의 관심사를 살려 일할 기회를 줌으로써 동기부여에 일조한다. 인증 스쿼드 담당 서비스 기획자가 사용자의 재방문율을 높이는 과업에 관심이 있다면 다른 트라이브나 스쿼드의 구성원을 모아 길드를 새로 만들 수 있는 것이다. 기업 규모가 더더욱 커짐에 따라 여러 개의 트라이브가 결합하여야만 달성할 수 있는 목표도 있다. 이러한 경우, 얼라이언스^{alliance}라는 상위 조직을 하나 더 만들어 그 의사결정권자를 배치하기도 한다.

이와 같은 조직 구성의 장점은 각 조직 구성원의 능력을 다각도로 관리하고 여러 개의 목표 달성에 대한 책임자를 각기 할당하는 것이다. 가령 기능 조직의 단점은 하나의 제품에 집중하기보다는 각 기능 조직장이 과업별 또는 프로젝트별로 필요할 때마다 담당자를 할당하기 때문에 제품의 목표보다는 일을 해치우는 식으로 대응할 수 있다는 점이다. 반면 목적 조직의 단점은 각 제품의 상충하는 이해관계가 발생하거나 각 제품에서 관리하지는 않지만 기업 전체 차원에서 처리해야 하는 과업이 생겼을 때 담당자가 없다는 점이다. 이 둘을 모두 결합한 조직구조를 만든 것이 스포티파이 모델이라고 할 수 있다. 하지만 이 모델의 경우, 각 구성원의 능동적이고도 투명한 업무 진행이 무척 중요하다. 자신과 연결되는 관리자가 한 명일 때의 구성원의 행동에 대한 모니터링이 관리자가 여러 명일 때보다 선명하고 명확하다. 그래서 인력관리 차원에서는 기능 조직이나 목적 조직 단일 모델이 효과적일 수 있으나 개인이 자신의 역량을 최대한 발휘하여 제품과 사업 목표 중심으로 사고한다면 스포티파이 모델이 가지는 장점을 극대화할 수 있다.

주니어 프로덕트 매니저로서 조직 구성에 대한 결정 권한까지 한 번에 얻기는 쉽지 않다. 오히려 다양한 조직을 경험하고 그 조직 설계의 목표를 파악한 뒤 자신과 어울리는 조직 구성을 살펴나가도록 하자. 자신이 속한 조직이 이상적인 조직 구성이 아니더라도 자신이 가지는 권한 내에서 문제를 어떻게 해결할 수 있을지 생각해보고 자신의 업무에 적용해 보아도 좋다.

회사를 10년 정도 다니다 보니 시기에 따라 또는 기업 리더가 누구인가에 따라 조직을 구성하는 방식이 통째로 변화하는 것을 몇 번 경험했어요. 때로는 개발, 디자인 리소스 분배 효율화를 위해 기능 조직 위주로 전사 조직이 새로 구성되기도 하고, 또 이후에는 제품 단위의 빠른 업무 진행을 위해 다시 목적 조직 위주로 되돌아가기도 했어요. 이러한 전사 수준의 큰 변화까지는 아니라 하더라도 IT 기업에서는 조직 구성에 크고 작은 변화가 제법 자주 일어나는 편인 것 같아요.

본인이 속한 조직, 협업하던 조직이 해체되고 다시 꾸려지다 보면 자연스럽게 업무 환경과 진행 방식이 변하게 되고 때로는 각자 맡고 있던 업무 자체도 새로운 조직 체계에 따라 재분배되기도 해요. 프로덕트 매니저는 빠르고 다양하게 변화하는 IT 제품 트렌드뿐만 아니라, 그러한 트렌드에 민감하게 반응해야 하는 내부 조직 변화에 대해서도 빠르게 적응해야 하는 직업이라고 생각해요.

Chapter **2**

프로덕트 매니저가
하는 일

2.1 프로덕트 매니저의 정의

2.1.1 한국에서의 프로덕트 매니징 역사

서비스 기획자, 프로덕트 매니저, 프로덕트 오너의 차이점이 무엇인지 묻는 질문을 자주 받는다. 차이를 짚어 보기에 앞서 기획 또는 제품 관리 업무를 통칭하는 역할의 간단한 역사를 살펴보자. 이를 통해서 명칭 변화를 설명할 수 있는 맥락을 쌓을 수 있다. 한국은 인터넷이 상용화된 지 채 30년이 되지 않았고 개인이 스마트폰을 보유하게 된 것도 15년이 되지 않았다. 때문에 이 직무는 상대적으로 신생 직업이며 학술적으로 연구된 내용은 적다. 다만 최근 10년 경험에 비추어 직무의 위상 변화에 관해 설명해보겠다.

2013년 당시에는 '기획자는 필요 없다'는 기획자 무용론이 업계에서 한참 유행했다. 웹 기획자라는 직업을 영어로 번역했을 때 대응하는 표현이 없다는 것을 근거로 들기도 했다. 당시 기획 업무 특성을 살펴보면 현재의 제품 관점보다 훨씬 협소한 역할을 수행했다. 현재는 IT가 적용되지 않은 분야가 거의 없지만 당시에는 기존 사업 분야와 같이 IT 업이라고 부르는 용역성 업무가 주를 이루었다. 사업이나 내부 요구사항을 취합하여 그것을 시스템으로 구현하는 말하자면 해달라는 대로 하는 식의 업무가 많았다. 때문에 웹 기획자 역할을 수행하는 사람은 IT 업계의 용어가 낯선 요구사항 발의자의 요구사항을 구현 작업에 가까운 언어로 번역하는 역할에 가까웠고 일정 조율이나 직접 디자인하는 등의 역할을 수행했다. 이때 뛰어난 기획자는 최대한 요구사항을 수용하고 빠르게 제품을 만드는 사람이었기 때문에 화면 설계서를 구현 담당자가 읽기 쉽도록 쓰는 것이 중요했다. 덕분에 기획자라면 컴퓨터 공학에 대한 깊은 이해를 가지는 것이 뛰어난 역량으로 여겨졌다.

2015년 즈음 웹 기획자라는 표현을 대체하는 서비스 기획자라는 표현을 쓰기 시작했다.

스마트폰 사용자가 증가하면서 기획자는 단순히 웹에 담기는 서비스만을 만드는 것이 아니었다. 앱이라는 새로운 매개도 생겨났고 반응형 웹이 인기를 끌면서 여러 단말에서 안정적으로 동작하는 서비스를 만들어야 하는 시장 요구가 늘어났다. 더불어 커머스를 필두로 하는 전자상거래가 활발히 일어나면서 단순히 젊은 층에게만 소구되는 최신 기술이 아니라 생활 필수재로 IT 서비스가 정착하기 시작했다. 이때부터 본격적으로 사용자 경험에 대한 논의가 시작되었고 뛰어난 서비스 기획자라면 사용자 경험 설계에 있어서 전문성을 요구받았다. 이제는 만들고 싶은 대로 만드는 것이 아니라 실제로 사용자가 쓸 법한 것을 만들어야 했기 때문이다.

2018년부터는 프로덕트 매니저라는 호칭을 적극적으로 사용하기 시작했다. 프로덕트 매니저는 2013년부터 영미권에서는 사용하던 표현이지만 한국에서 대대적으로 사용하기 시작한 것은 이즈음부터였다. 시장에 사용자가 쓸만한 제품이 기하급수적으로 늘어나면서 그다음은 사용자가 원하는 제품을 만드는 것으로 그 추이가 옮겨갔다. 비단 사용성이 높을 뿐만 아니라 데이터를 기반으로 사용자가 말하지 않는 요구사항을 파악하고 이를 제품에 반영하는 것이다. 단순히 일정 관리나 화면 설계서 작성을 하는 것이 아니라 제품 전반을 책임지는 역할로 프로덕트 매니저 업무의 범주와 위상이 달라졌다. 이때부터 적극적으로 한국 IT 업계에서도 조직문화에 대한 질문을 하기 시작하면서 팀을 운영하고 이끄는 것을 프로덕트 매니저의 역할 일부로 포섭되었다. 게다가 데이터 기반의 의사결정 방식이 크게 인기를 끌면서 그로스해커로서의 역량이나 기본적인 데이터 독해 능력 역시 프로덕트 매니저가 갖추어야 하는 능력 중 하나가 되었다.

2020년에 다다르면서부터는 프로덕트 오너product owner라는 직무로 프로덕트 매니징이 진화하면서 비단 제품뿐만 아니라 비즈니스 영역 전체를 총괄하고 성과를 내고 책임지는 역할이 주어지는 사람도 있었다. 이즈음부터 여느 때보다 진입하고 싶어 하는 사람이 많아졌고 수많은 교육 프로그램이 등장하면서 오늘날까지 이르게 되었다. 10년 사이에 업계와 함께 프로덕트 매니징에 대한 관심은 무척 커졌다. 기술 기반의 도구에 머물렀던 제품이 사용자에게 경험을 제공하고 스스로 수익을 창출하는 경험의 총체로까지 발전하였다. 이에 발맞추어 프로덕트 매니저의 위상도 달라진 것을 알 수 있다. 서비스 기획자와 프로덕트 매니저 간의 정의를 명확하게 하는 것은 불필요한 논의에 가깝다. 이러한 역할을 수행하는 사람이 조직에 한 명이라면 그 사람이 서비스 기획자이건 프로덕트 매니저이건 하는 일은 동일하다. 그리고 조직 내에 프로덕트 매니저와 프로덕트 오너가 함께 존재한다면 둘 간의 업무 분장은 각 조직에 따라 임의적이다. 조직 밖에 있는 사람은 이를 쉽게 유추할 수 없기 때문에 조직도나 채용 공고를 보고 유추해야 한다. 이는 9장에서 상세히 다루겠다. 이 책에서는 제품 관리를 하는 직무의 통칭으로 프로덕트 매니저를 쓴다. 이 호칭은 어떤 권위 또는 경력이 있어야 사용하는 표현이 아니라 '제품이 사업 목표를 달성할 수 있도록 기술적인 해법을 구상하는 사람'이라면 모두 주어질 수 있는 직무이다.

2.1.2 프로덕트 매니저의 업무 범위

마티 케이건은 『인스파이어드』(제이펍, 2018)에서 프로덕트 매니저는 미니 CEO라고 정의하면서 IT 업계 내 프로덕트 매니저의 역할을 가장 직관적으로 정의하는 데에 성공했다. 이와 함께 프로덕트 매니저가 하는 업무를 설명하기 위해 그린 벤다이어그램 역시 함께 유명해졌다.

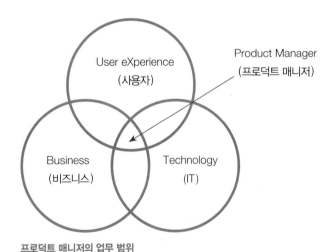

프로덕트 매니저의 업무 범위

이 벤다이어그램은 프로덕트 매니저가 무엇인지 찾아봤다면 한 번쯤은 보게 되는 유명한 장표이다. 프로덕트 매니저는 사용자가 제품을 만났을 때의 경험에 대한 설계 책임을 진다. 사업적인 목표 달성을 위해 노력하고 마지막으로는 기술적으로 지속 가능하고 안정적이며 효율적인 방식을 사용해야 한다. 벤다이어그램이 프로덕트 매니저의 이상적인 모델을 대표한다면, 프로덕트 매니저의 현실적인 역할은 시멘트에 비유할 수 있다.

프로덕트 매니저는 제품이라는 집을 짓기 위해서 벽돌을 쌓아 올리고 연결하여 완성하고자 한다. 아무리 뛰어난 능력을 갖춘 프로덕트 매니저라도 각각의 업무를 하나로 연결해서 종합적인 사고를 할 수 없다면 의미가 없다. 예를 들어 마티 케이건의 벤다이어그램에서 사용자 경험과 사업적 효용만 생각한 제품이라면 기술적인 결함으로 인해 결국 안정적으로 운영될 수 없으며, 사용자 경험과 기술적인 결합만을 생각한 제품이라면 사업적으로 영속이 불가능해서 실패할 수밖에 없다. 마지막으로 사업적인 목적이 뚜렷하게 반영된 기술이라고 하더라도 사용자가 쓸 수 없다면 범용성을 띠지 않아 결국 아는 사람만 아는 서비스가 된다. 비단 이와 같은 업무 영역이 아니고도 프로덕트 매니저는 제품이 시장에 안착하여 사용자 반응을 끌어내는 역할을 하게 된다. 조직마다 비어 있는 공간이 다르기 때문에 각 조직의 프로덕트 매니저는 개개인의 특성을 가질 수밖에 없다.

프로덕트 매니저는 요구되는 역량이 많은 만큼 어떤 식으로 자신의 역량을 배양할지 고민하게 된다. 이는 9장에서 무엇을 얼마나 해야 프로덕트 매니저로서의 직무역량을 신장할 수 있는지를 다룬다.

2.2 프로덕트 매니저의 커리어 패스

2.2.1 프로덕트 매니저의 역량

뛰어난 프로덕트 매니저가 되려면 조직별로 구체적으로 어떤 다른 역량을 요구하는지 살펴보자. 이와 같은 역량의 잣대를 살피는 것은 프로덕트 매니저의 한정된 시간을 각기 어떤 역량을 키우는 데에 투자할지 확인하기 위해서이다. 그리고 프로덕트 매니저 개인이 생각하는 주요 역량과 조직 또는 상위 의사결정권자가 생각하는 주요 역량이 같은지도 확인할 수 있어야 한다. 책 전반에 걸쳐서 강조하는 내용이지만 최고의 프로덕트 매니저가 될 필요는 없다. 지금 조직에서 필요로 하는 프로덕트 매니저가 되기 위해서는 무엇을 필요로 하는지 알아야 하므로 역량 척도를 만들고 이에 대한 현재 상황을 확인하는 것이 중요하다. 정량적인 기준은 라비 메타의 블로그 포스팅[1]에서 빌려와 추가적인 설명을 덧붙였다.

'당신은 어떤 유형의 프로덕트 매니저인가요?' 레이더 차트

----

1 'What's Your Shape? A Product Manager's Guide to Growing Yourself and Your Team', https://www.ravi-mehta.com/product-manager-roles/

라비 메타의 프로덕트 매니저 역량 평가 잣대

라비 메타는 프로덕트 매니저가 자신의 역량을 평가할 수 있는 레이더 차트를 고안하였다. 뛰어난 항목, 적절히 수행하고 있는 항목, 더욱 집중해야 하는 항목으로 3점 척도로 평가할 수 있다. 역량은 크게 네 가지 구분으로 나뉜다. 왼쪽 상단부터 제품을 통한 실행력product execution, 사용자와 공감하는 능력customer insight, 목표를 달성하기 위한 전략적 사고product strategy 그리고 조직관리 능력influencing people이다. 각각의 능력에 관해서 설명하고 독자 자신도 항목별로 평가해보길 바란다.

제품을 통한 실행력은 세 가지 하위 역량으로 구성되어 있다. 기능사항 명세feature specification는 요구사항을 기능으로 정의하고 실현 가능한 단위로 쪼개는 능력을 말한다. 제품 구현product delivery은 목표 일정 내에 제품을 구현하기 위해 제품팀과 협업하여 빠르고 반복적으로 기능 또는 제품을 구현할 수 있는 능력이다. 마지막으로 제품 품질 관리product quality assurance는 다양한 기기, 국가에서 서비스를 제공하는 경우, 사용자에게서 발생할 수 있는 문제 상황을 이해하고 백로그의 우선순위에 반영하여 안정적으로 제품을 운영할 수 있는 능력을 말한다.

사용자를 공감하는 능력 역시 세 가지 하위 역량으로 구성되어 있다. 데이터 활용능력fluency with data은 정성적, 정력적인 데이터를 분석하여 인사이트를 도출할 수 있는 능력을 가리킨다. 고객 의견을 적극적으로 청취voice of customer하는 능력은 다양한 형태의 고객 피드백을 수집하고 이를 통해 사용자가 어떻게 제품을 사용하고 무슨 감정을 느끼는지 공감하는 능력이다. 이는 업무로 이어져 제품의 의사결정과정에 반영되게 된다. 사용자 경험 설계user experience design는 목표를 달성하기 위해 최적의 사용자 경험을 설계하고 업계 사례 및 경쟁사 제품을 분석하여 적절히 적용하는 능력을 지칭한다.

목표를 달성하기 위한 전략적 사고도 세 가지 하위 역량으로 설명할 수 있다. 사업 성과의 주인의식business outcome ownership은 목표를 이해하고 이에 공감하며 목표 달성에 기여할 수 있는 제품을 만들기 위한 집중력을 말한다. 제품 비전product vision에 공감하고 로드맵roadmapping을 그릴 수 있는 능력 또한 이 범주에 포함된다. 로드맵 능력은 각 기능과 제품이 유기적으로 어떤 맥락에서 진행되는지 이해하고 이를 적당한 순서대로 배치할 수 있는 능력을 말한다. 그리고 전략적 영향력strategic impact은 프로덕트 매니저의 지위를 활용하여 조직 목표를 구성원에 전파하고 하나의 방향을 볼 수 있도록 유도할 수 있는 리더십을 의미한다.

마지막 범주인 조직 관리 능력의 세부 항목 세 가지도 살펴보자. 이해관계자 관리능력stakeholder management은 조직 내외부의 다양한 이해관리자 간의 역할을 이해하고 누구와 일해야 하고 누구의 의견이 언제 중요한지를 판단할 수 있는 능력이다. 리더십leadership은 팀 구성원이 자신의 역할을 수행하고 커리어 목표를 달성할 수 있도록 이끄는 능력을 말한다. 마지막으로 상위 의사결정권자 관리능력managing up은 상위 의사결정권자의 우선순위와 가치를 이해하고 이에 따라 업무를 수행하고 필요한 경우 역으로 그들을 활용하여 결과를 낼 수 있는 능력을 의미한다.

라비 메타 모델의 유의미한 점은 프로덕트 매니저를 평가하는 잣대를 세울 수 있다는 점이다. 대부분 조직 구성원의 역량 평가 기준을 그대로 외부에 공개하는 경우는 드물기 때문에 이를 명확하게 파악하기란 쉽지 않다. 또한 구체적으로 언어화하는 과정에서 인성의 영역으로 무마되었던 능력도 구체적인 역량으로 가시화할 수 있다는 장점도 있다. 프로덕트 매니저는 자신을 평가할 때 자신이 수행한 과업 중심보다는 어떤 방식으로 일했고 다른 사람이 맡았을 때와 무엇이 다른지 설명할 수 있어야 한다. 이 잣대는 그런 언어화 과정에 도움이 된다.

프로덕트 매니저의 대표적인 유형

레이더 차트에서 자신의 역량을 모두 평가했다면 그래프에 기초하여 자신이 어떤 프로덕트 매니저인지 유추해본다. 각자 다른 그래프의 형태가 나오겠지만 가장 큰 범주에서 살펴볼 때 두 가지 축으로 구분할 수 있다.

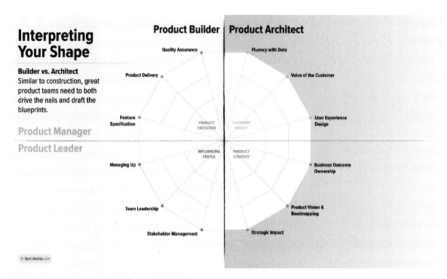

프로덕트 매니저 유형: 제품 구현 vs 제품 설계

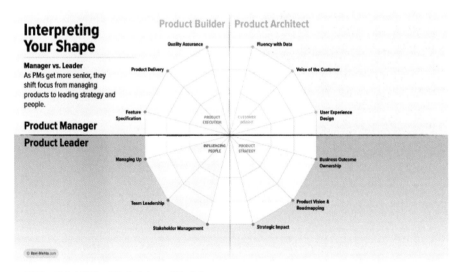

프로덕트 매니저 유형: 제품 매니저 vs 제품 리더

제품 구현과 제품 설계 그리고 제품 매니저와 제품 리더는 서로 상보적인 역할을 한다. 구현이 실행을 담당한다면 설계는 계획을 담당한다. 매니저도 실행과 일정을 중시한다면 리더는 과정과 성과에 집중한다. 각각의 역할에는 우위가 존재하지 않으며 만약 각 역할이 존재하지 않으면 제품은 사용자에게 도착할 수 없다. 자신이 어떠한 리더십 스타일에 해당하는지와 이에 대한 역량을 키우는 방법에 대해서는 10장에서 상세히 다룬다. 이 장에서는 프로덕트 매니저 개인의 커리어 설계와 현재 단계에서 집중할 역량을 자세히 살펴보도록 하겠다.

2.2.2 커리어 패스의 설계

한국 프로덕트 매니저는 주로 기존 한국 조직 위계를 이어받아 팀장, 본부장, 실장, 부문장 등 담당하는 조직의 규모가 확대되는 과정으로 승진한다. 이는 영미권에서도 마찬가지이며 참고할 수 있는 직무 체계부터 소개하겠다.

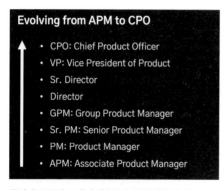

Evolving from APM to CPO

- CPO: Chief Product Officer
- VP: Vice President of Product
- Sr. Director
- Director
- GPM: Group Product Manager
- Sr. PM: Senior Product Manager
- PM: Product Manager
- APM: Associate Product Manager

주니어 프로덕트 매니저부터 CPO까지의 단계

APM$^{\text{Associate Product Manager}}$은 대개 주니어 프로덕트 매니저라고 부르기도 한다. 다만 한국과 영미권의 차이가 있다면 한국에서는 주니어 프로덕트 매니저에게 기능 자체를 할당하기보다는 시니어 프로덕트 매니저와 함께 협업하면서 업무의 일부, 이를테면 화면 설계서 작성을 위임하는 식이 더 많다. 영미권에서는 한국과 마찬가지로 멘토링은 진행하지만 영향도가 적은 제품이나 기능에서부터 곧바로 시작하는 경우가 많다. 그다음부터는 한국의 조직 구성과 마찬가지로 담당하는 조직과 제품의 규모가 점차로 커진다. 빠른 경우에는 그룹 프로덕트 매니저부터 조직 구성에 대한 권한이 주어지기 시작하고 CPO^{Chief} _{Product Officer}라면 조직 전체 총괄과 제품 성과에 대한 책임까지 함께 진다.

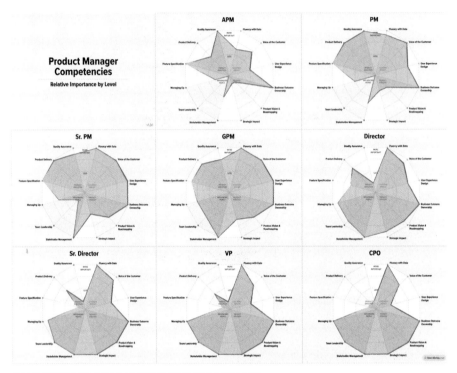

주니어 프로덕트 매니저부터 CPO까지 각각의 레이더 차트 예시

라비 메타는 평가 모델에서 단계별로 이상적인 레이더 차트의 모양을 제시했다. 해당 차트를 조금 더 살펴보면 전반적으로 조직 관리 또는 사업 전략에 관한 역할보다는 사용자에 집중하여 유효한 기능과 제품을 가려내고 그것을 적시에 사용자에게 안정적으로 출시할 수 있는지에 그 주요 역량이 집중되어 있음을 알 수 있다. 자신의 레이더 차트에서 그 부분 면적이 적다면 어울리는 기술부터 배양하는 것이 좋다. 그리고 자신의 레이더 차트가 APM 또는 PM에 기대하는 영역 외에 넓은 영역이 있다면 그 능력을 꾸준히 관리하자. 나중에 프로덕트 매니저 경력이 축적되었을 때 뛰어난 능력으로 활용할 수 있을 것이다.

이와 같은 시각화의 장점은 비단 스스로에 대한 평가뿐만 아니라 동료와의 커뮤니케이션에도 활용할 수 있다는 점이다. 면담을 진행할 기회가 있다면 피면담자에게 자신에 대한 평가를 레이더 차트에 해달라고 부탁할 수 있다. 그렇다면 자신이 생각하는 장점이 동료가 생각하는 장점과 같은지를 점검해볼 수 있다. 서로 다르게 생각했다면 왜 그런지 또는 동료가 생각하기에 가장 우선순위를 높여 신장해야 할 역량은 무엇이라고 생각하는지 구체적인 언어로 표현할 수 있다. 함께 일할 동료를 선택하거나 인력을 배치할 수 있는 상황이라면 서로 상보적인 쌍을 고르거나 서로 동일한 역량을 발휘하여 시너지를 낼 수 있는 조합도 생각할 수 있다. 또한 각 팀 구성원의 레이더 차트를 모아 겹쳐 보면 현재 제품 팀에서 모자라는 영역을 찾아낼 수 있다. 레이더 차트는 조직문화에 어울리고 팀의 능력치를 보강할 수 있는 팀원을 채용하도록 도움을 준다.

저자의 한마디

개인적으로 프로덕트 매니저 지망생에게 가장 많이 들었던 질문은 "프로덕트 매니저를 하려면 '무슨 과'를 졸업해야 하나요?, 어떤 '자격증'이 있으면 좋은가요?"였습니다. 저도 주니어 프로덕트 매니저였을 때, 비슷한 연차의 주변 동료들과 가장 많이 나눴던 고민은 "프로덕트 매니저가 역량을 키우려면 무슨 '스터디'를 해야 하지?"였고, 여담으로 모두가 신경 쓴 질문은 "10년 뒤에도 우리 직군이 남아 있을까?"였습니다. 그때로부터 벌써 10년이 지났네요.

프로덕트 매니저는 개발이나 디자인처럼 전문적인 '기술'을 요구하는 직군이 아니다 보니 어떤 전공, 자격증과 같이 명확한 '꼬리표'가 붙은 스킬셋이나 테크트리가 존재하지 않는데요. 그것이 아마 프로덕트 매니저 지망생 또는 초심자에게 끊임없는 의문, 불안, 또는 자기 의심을 불러일으키는 가장 큰 원인이 아닐까 생각해요.

프로덕트 매니저의 본격적인 자기계발 이야기는 9장에서 심도 있게 다룰 예정이니 넘어갈게요. 여기서는 그냥 '뭘 더 증명해야 할 것 같은 마음에 불안해할 필요 없다'는 이야기만 슬쩍 남기고 싶네요.

본인의 업무 역량 중 어떤 부분을 특히 발전시키고 싶거나 업무에 필요한 특정 분야에 대해 더 심도 있게 공부하고 싶다면 당연히 스터디를 할 수도 있고 틈틈이 관련 자격증 또는 교육 프로그램을 알아보고 수료할 수도 있습니다. 하지만 그 모든 것은 본인이 직접 부딪히고 겪어본 프로덕트 매니저로서의 업무 내용과 앞으로 필요한 것이 무엇인지에 대한 고민을 먼저 거친 후에, 자신의 결론에 맞는 방향을 찾아나가는 것이 중요해요. 개발을 알아야 한다고 하니 무턱대고 일단 코딩 스터디를 시작하거나 데이터 기반 사고가 중요하다고 하니 통계 자격증부터 따고 보자 하는 것은 불필요한 낭비가 되기 쉬워요. 그런 것으로는 머릿속 의문이나 불안이 해소되지도 않을 거고요.

프로덕트 매니저의 이력서와 포트폴리오에 남는 것은 결국 내 손을 거친 프로덕트입니다. 이건 개발이나 디자인도 동일하다고 생각해요. 내가 어떤 프로덕트의 성공을 위해 무슨 일을 했는지, 왜 그렇게 했는지에 대한 설명이 쌓여나가는 것이 가장 중요합니다. 본인이 실패라고 정의한 프로젝트가 있다면 거기에서 무엇을 배워서 그 다음번에 어떤 식으로 적용했는지도요. 더 나아가 나와 함께 프로덕트를 맡았던 동료들이 나를 통해 어떻게 더 나은 경험을 할 수 있었는지도 빼놓을 수 없죠.

프로덕트 매니저를 '비전문가'라고 생각하는 것은 엑셀 프로그램만 쓸 줄 알면 누구나 통계 전문가라고 말하는 것만큼이나 터무니없는 소리입니다. 정확히 말하면 프로덕트 매니저의 역량은 어느 한 분야의 공부만을 통해서는 습득할 수 없는 것이죠. 프로덕트와 그 사용자, 그것이 속한 사회 분야에 대한 도메인 지식과 기본적인 관련 법률, 비즈니스, 제품팀 구성 멤버들과의 전반적인 협업 및 리딩, 그 모든 것에 걸친 전문적인 역량을 요구받는 것이 바로 프로덕트 매니저입니다.

Chapter 3

요구사항 정의서와
화면 설계서

IT 업계에서 프로덕트 매니저가 하는 일은 적절한 시기에 의도한 대로 적당한 규모의 제품 또는 기능을 출시하고 다음 이터레이션iteration[1]에서는 사용자에게 보다 유의미한 가치를 전달할 수 있도록 노력하는 것이다. 이러한 과정은 모든 프로덕트 매니저가 거치지만 이를 통달한 사람은 없을 것이다. 주니어 프로덕트 매니저일수록 경험이 적어 사건사고에 대처하는 요령이 부족할 수밖에 없다. 게다가 많은 사람이 프로덕트 매니저에게 답을 요구하는 환경이 긴장되고 어려울 것이다. 이 장에서는 현업에서 제품을 만들 때 어떠한 과정을 거치고 어떤 문제가 자주 발생하는지를 살펴보며 불안감을 해소할 수 있도록 도와준다.

3.1 기획서의 정의

3.1.1 요구사항 정의서와 화면 설계서

제품을 만들기 위해서는 단계마다 결정이 필요하다. 제품은 개인의 결정만으로 만들어지지 않는다. 구성원 간의 합의를 통해 진행되기 때문에 합의된 결과를 기록하고 공유한다. 자신이 청취한 내용을 모두 기억할 수 없으니 당연히 그것을 문서를 포함한 다양한 형태로 기록한다. 조직마다 서로 다른 의사결정 과정을 거쳐 제품을 만들기 때문에 업무의 절차와 내용은 다를 수 있으나 다음은 통상적 업무 절차로 여겨지는 제품에 대한 의사결정 순서와 단계마다 필요한 문서의 예시이다.

---

1 프로그래밍에서 특정 코드가 반복되는 경우를 지칭하는 프로덕트 관리 프로세스 관점에서는 제품을 한 번에 출시할 수는 없으므로 일을 잘게 쪼개 사용자에 배포하는 과정을 이터레이션이라고 부른다.

프로젝트 시작부터 종료까지 필요한 문서와 개요

프로젝트 시작

단계	문서	개요
기획/구현	제품 비전/전략/로드맵	제품의 목표/목적을 정의하고 이에 따라 제품을 구현할 수 있도록 상위 정책부터 화면 설계까지 구체화. 이를 진행할 수 있도록 코드 표준, 디자인패턴, 스타일 가이드 등 업무 방식도 포함.
	상위 정책과 요구사항 정의서	
	상세 정책과 화면 설계서	
QA	테스트 케이스	완성도 있는 제품을 출시하기 위하여 테스트 목표/목적을 정의하고 이에 따라 테스트를 진행할 수 있도록 구체화.
	QA 완료(Sign off) 보고서	
운영	사용자 가이드	배포 이후 안정적으로 제품을 운영하기 위하여 제품 운영 목표/목적에 대하여 정의하고 단계별 가이드를 구체화.
	운영 정책 문서	
	운영툴(Admin) 관리 문서	
	CS 대응 가이드	
	장애 대응 시나리오	
배포	배포 시나리오	제품을 최종적으로 출시하기 위한 절차를 정의. 완료 시점에 전체 조직에 전파할 수 있는 업무 방식도 포함.
	모니터링 완료 보고서	

프로젝트 종료

조직에서 맡은 역할에 따라 기획서 내용이 달라진다. 단계별로 필요한 문서는 4장을 시작으로 책의 중후반부에 걸쳐 설명할 것이다. 이번 장에서 집중적으로 다룰 내용은 기획서를 구성하는 가장 중요한 요소인 요구사항 정의서와 화면 설계서이다.

요구사항 정의서와 화면 설계서는 명확하게 두 개의 문서로 구분되지 않고, 하나의 문서로 녹여지는 경우도 많다. 문서를 구분하는 것은 조직에서 누가 어떤 일을 담당하느냐에 따라 다르기도 하고 제품 구현에 있어 어떤 면에 집중할지에 따라 달라지기도 한다. 이를 테면 구체적인 구현에 대한 검토 및 합의보다 각 제품 또는 기능의 목적을 달성하는 데에 집중한다면 요구사항 정의서가 더 중요할 것이다. 반대로 세세한 구현을 위해 수많은 사람이 참여한다면 정확한 기록과 면밀한 검토가 필요하므로 화면 설계서가 더 중요할 것이다. 이는 프로덕트 매니저가 그 조직에서 전략과 제품 방향성의 능력에 더 집중할지 혹은 정해진 기조에 따라 제품의 만듦새에 집중할지에 따라 갈린다.

요구사항 정의서

요구사항 정의서product requirements documentation, PRD는 해당 기능 또는 제품을 통해서 무슨 문제를 해결하고자 하는지, 문제의 중요성과 문제가 해결되었을 때의 효과를 어떻게 확인할 수 있는지에 대하여 기술한다. 요구사항 정의서가 중요한 이유는 다양한 이해관계자와 사용자로부터 요구사항 중 작업하기로 결정한 건에 대하여 구체화를 시킨 결과물이기 때문이다. 요구사항은 요구사항 정의서를 작성할 수 있느냐와 조직을 설득할 수 있느냐에 따라 단순한 요구사항의 대응이 아닌 유효한 아이디어로의 발전이 가능하다. 기획자는 직면한 문제를 창의적인 접근으로 새로운 아이디어를 내는 역할도 하지만 요구사항에 대한 대응을 실행 가능한 아이디어로 구체화하는 역할도 수행한다. 실제로 적용할 수 없는 해당 아이디어는 쓸모가 없다. 요구사항 정의서의 또 다른 중요성은 불필요한 낭비를 사전에 제거할 수 있다는 점에 있다. 어떠한 요구사항의 대응은 반드시 구현으로 이어질 필요가 없다. 혹은 가설에 대한 확신이 없는 상태라면 제품을 구현하지 않고 다른 방식으로 테스트하여 그 가설에 대한 검증을 먼저 할 수 있다. 이와 같은 검증은 반드시 제품을 만들어 이루어질 필요는 없으며 요구사항 정의서를 작성하는 과정의 사고 실험과 같은 검증만을 거쳐도 짐작할 수 있다. 이와 같이 정확도가 높아진 가설을 제품에 적용함으로써 시간과 자원을 모두 아낄 수 있다.

요구사항 정의서와 원페이저는 이따금 혼용되어 쓰이는 표현이다. 원페이저onepager는 의미적으로 한 장짜리 문서이다. 그 안에 담기는 내용에 대한 제약은 없다. 요구사항 정의서도 한 장으로 작성하면 원페이저가 될 수 있다. 다만 으레 원페이저는 압축적인 분량으로 어떠한 기능에 대해서 제안하는 문서이다. 요구사항을 정의하기 이전 단계에 어떤 요구사항을 발의하고 이 문서를 토대로 어떤 요구사항을 구체화할지 정할 때 많이 사용한다. 요구사항 제안 목적으로 쓰는 원페이저는 요구사항을 낼 때 유효한 제안인지를 다수가 모여 논의할 때 쓰일 도구인 셈이다. 반면 요구사항 정의서는 구현의 토대가 되는 문서이므로 기술적인 내용을 포함하거나 기술적인 결정을 위한 전제를 포함한다.

화면 설계서

화면 설계서^{storyboard, SB}는 요구사항 정의서에 따라 어떤 방식으로 서비스를 제공할 것인지를 한 단계 더 구체화한 논의를 담는다. 또한 대개 와이어프레임^{wireframe}을 포함하거나 작성하는 주체에 따라 디자인 시안을 포함하기도 한다. 화면 설계서는 비단 사용자가 직접 마주하는 경험을 설계할 때뿐만 아니라 데이터베이스, 서버 그리고 API 설계에도 참고하게 된다. 가령 어떤 게시물에 대하여 '좋아요'라는 감정 표현을 할 수 있다고 하자. '좋아요'를 표현하는 아이콘의 모양이 하트인지, 엄지인지 등의 시각적인 요소를 결정하는데 화면 설계서가 필요하다. 뿐만 아니라 '좋아요' 버튼을 클릭하기 위해서 사용자는 로그인을 해야 하고 사용자당 게시물에 대하여 1회만 '좋아요'를 표현할 수 있다. 그렇다면 사용자별로 어떤 게시글에 '좋아요' 하였는지에 대한 정보를 관리해야 하며 게시물에 접근하였을 때 이미 좋아요를 한 게시글인지 아닌지를 구분하려면 이 정보를 게시글 접근 시점에 불러 와야 한다. 이와 같이 정보의 저장여부와 저장위치 그리고 그 활용 시점에 따라 구체적인 개발 설계가 달라지기 때문에 이 모든 것을 각 담당자가 설계할 수 있도록 도와야 한다.

비교하자면 요구사항 정의서가 방향을 정하는 것이라면 실제로 어떻게 그 방향으로 나아갈지를 결정하는 것은 화면 설계서이다. 두 문서는 서로 영향을 주고받기 때문에 하나의 문서로 작성되는 경우가 잦다. 한 팀에 프로덕트 매니저, 화면, 사용자 경험 설계 전문가, 프로덕트 디자이너가 모두 있다면 프로덕트 매니저가 요구사항 정의서, 화면 설계 전문가가 화면 설계서 그리고 실제로 이를 디자이너가 구현할 것이다. 하지만 앞서 말한 것과 같이 프로덕트 매니저가 요구사항 정의서와 화면 설계서를 함께 작성하는 경우가 더 잦다. 이유는 화면 설계서가 기본적으로 상위 정책을 바탕으로 하고 이에 대한 충분한 이해로 작성해야 하기 때문이다. 사용자 경험 자체에 집중하는 것이 디자이너 역량을 더 살릴 수 있기 때문에 상위 정책이 복잡하고 이에 대한 정확한 반영이 필요한 경우에는 프로덕트 매니저가 이 업무를 담당하는 것이 효율적이다. 이와 같은 경우는 담당자가 여럿이기 때문에 각자의 업무에 집중할 수 있는 만큼 반대로 서로가 같은 공감대를 이루기 위한 커뮤니케이션 비용이 증가한다. 반면 화면 설계서를 별도로 작성하지 않고 요구사항 정의서를 보고 제품팀이 곧바로 제품을 구현하는 경우도 있다. 조직마다 문화가 다르고 이는 그 조직에서 효과적이라고 생각하는 커뮤니케이션 방식과 닿아있으므로 우선 지금 당장 벌어지고 있는 커뮤니케이션 방식과 문법을 파악하는 것이 중요하다.

주니어 프로덕트 매니저라면 당장 기획서를 작성해야 할 때 자신의 스타일이나 커뮤니케이션 방식이 적립되어 있지 않기 때문에 두려울 수 있다. 그렇다면 가장 먼저 해야 하는 일은 속한 조직에서 사용하는 문서를 확인하는 것이다. 조직에서 통용되는 문서의 종류와 기준은 회사의 조직문화가 강하게 연결되어 있다. 가장 효율적인 커뮤니케이션 방식은 기존의 방식이다. 제 아무리 대단히 뛰어난 방식이라도 현재 조직에서의 학습 비용이 필요하고 적응 기간이 필요하기 때문에 근본적으로 변화의 필요성이 없을 때에는 구관이 명관이라는 것이다. 물론 기존 업무 방식에 개선점은 있을 수 있다. 조직에서 작성하는 문서에 익숙해진다면 이 장에서 다루는 내용을 자신의 업무에 적용하면서 나에게 가장 잘 어울리는 스타일을 정하자. 물론 기본적인 조직의 기조는 있겠지만 조직에서 필요한 부분을 찾아서 당신의 커뮤니케이션 스타일과 문서 작성에 녹일 수 있다면 그것이 당신의 경쟁력이 될 것이다.

3.1.2 기획서의 독자와 맥락

기획서의 본질은 커뮤니케이션이라는 점을 상기하자. 좋은 기획서를 쓰는 방법은 좋은 커뮤니케이션하는 방법으로 이어진다. 좋은 커뮤니케이션에 대한 정의는 다양하겠으나 정보 전달과 의견 교환을 위한 커뮤니케이션을 한다면 가장 첫 번째 조건은 청자를 충분히 이해하는 것이다. 청자의 상황과 요구사항을 파악하고 이에 맞춘 방식으로 전달할 때에 이루어질 수 있다. 같은 말을 하더라도 청자와 독자가 누구인지를 놓치지 말자. 프로덕트 매니저의 역할은 기획서 작성 그 자체가 아니라 기획서를 통해서 전달하고 싶은 바를 전달하고 이에 대한 합의를 이끌어내어 최종적으로 제품을 만드는 과정을 반복하는 것이다. 그러니 기획서를 쓰기 전에 '누가', '언제' 그리고 '왜'를 생각하며 작성한다. 기획서는 문서 자체를 공유하기도 하지만 내용이 방대하고 복잡한 경우가 대다수이므로 이를 구두로 설명하는 회의를 진행하는 것이 보통이다. 이를 업계에서는 '기획 리뷰를 진행한다' 또는 '스펙 리뷰를 한다' 등의 표현으로 가리킨다.

기획서는 요구사항을 구체화하는 작업의 첫 단추이므로 기획서 공유 목적이 유사한 조직 끼리 묶는 경우가 많다. 구현 방향을 잡고 작업을 진행하고 있을 때 이를 번복하면 비용이 비싸지기 때문에 제반 사항에 대한 결정을 마치고 진행하는 것이 좋기 때문이다. 예를 들면 사용자와의 접점이 있는 사업, 운영, CS와 법무, 재무, 개인정보 보안을 포함한 서비스 특성마다 추가되는 유관부서까지의 공유를 먼저 진행한다. 이 과정에서 요구사항 방향에 대한 중대한 문제가 없다면 제품팀의 리뷰를 진행하면서 더 구체화한다. 세세한 제품의 만듦새에 대해서 설명하기 이전에 전반적인 토대에 대하여 점검하는 것이다. 그 다음에는 프로덕트 디자인, 프런트엔드 개발, 백엔드 개발, DB 설계 전문가, QA, 시스템 보안 및 인프라 담당자 등을 묶어 추가적인 리뷰를 진행한다. 이 단계에서는 이전 단계보다 기술적인 맥락에서 상세하며 깊게 파고들어 논의한다. 현업에서는 요구사항 정의서를 작성을 마쳤다면 그 단계에서 첫 번째 리뷰를 하는 것을 추천한다. 이는 유관부서가 이러한 과업이 진행 중이라는 사실과 구현단계가 진행되기 이전에 사전에 검토할 내용을 충분히 살펴볼 수 있도록 하기 위함이다. 미리 문서를 읽고 관련 법령에 대하여 확인하고 법무적인 의견을 주거나 운영상 필요한 자원에 대하여 확보가 가능한지에 대하여 사용자 안내를 어떤 방식으로 할지 고객응대 담당자와도 조율할 수 있다. 마찬가지로 제품팀도 유사한 기능을 제공하는 다른 제품의 사용성에 대해서 자료를 찾아보거나 기존 시스템과의 결합을 고려한 설계에 대한 검토를 할 수 있다. 이후에 요구사항 정의서에 대한 합의가 이루어지면 화면 설계서를 작성하여 그간 논의한 내용을 반영하고 보다 추상 수준이 낮은 요구사항에 대하여 정리하는 것이 가장 정석이다.

이와 같이 기획서를 공유 받는 사람과 그들이 집중하는 것과 예상 문의 사항에 대하여 정리해보자.

기획서 리뷰 대상과 주요 문의 사항 예시

구분	목표	예상 문의 사항
요구사항 발의자 (ex. 사업 담당자, 프로덕트 매니저 본인, 대표, CS 담당자 등)	• 요구사항이 자신이 제시한 목표 달성에 어떻게 기여하는지 확인 • 최초 요구사항 발의 의도와 다르다면 이에 대한 수정 요청 및 공감대 형성	• 이 부분은 제 의도와 다른 설계인데 이유를 알 수 있을까요? • 이 기능 또는 제품은 언제 배포될 수 있을까요?
검토 부서 (ex. 법무, 재무, 보안 등)	• 요구사항이 각 직무 관점에서 문제될 부분이 없는지 확인 • 요구사항과 각 직무 관점에서의 이해관계와 충돌이 있다면 이에 대한 해결 방안 모색	• 관련 법령에 따라 표기하여야 하는 방식을 준수하였나요? • 매출 발생 시점에 이를 어떤 항목으로 인식하고 이를 취급함에 있어서 절차는 어떻게 되나요?
디자인	• 요구사항이 제시한 목표 달성에 어떻게 기여하는지 확인 • 요구사항의 의도를 살려 화면 시안을 작업하고 이에 대한 의견 교환	• 사용자가 언제 어떤 상황에서 이 화면을 보게 되나요? • 이 화면에서 사용자가 어떤 동작을 하는 것이 가장 중요한가요? • 기대하는 사용성의 예시를 공유하여 주세요.
프론트엔드 & 마크업	• 요구사항이 제시한 목표 달성에 어떻게 기여하는지 확인 • 디자인 결과물 구현을 위한 제반 사항 확인 • 백엔드 담당자와의 API 설계를 위한 요구사항 파악 및 최적화 • 서비스 제공 범위에 대하여 확정하고 각기 다른 환경에의 대응을 위한 요건 확인 • 누락된 예외 사항이 있는지와 이에 대한 대응 방식 확인	• 서비스를 제공하는 환경은 무엇인가요? • 화면에서 보여줄 특정 데이터의 갱신 주기는 어떻게 되나요? • 이 데이터는 어떤 데이터를 어떤 기준으로 참조하면 되나요?
백엔드	• 요구사항이 제시한 목표 달성에 어떻게 기여하는지 확인 • 비즈니스 로직 전반에 대한 이해를 바탕으로 백엔드 설계 • 누락된 예외 사항이 있는지와 이에 대한 대응 방식 확인 • 기존 서비스와의 접점과 충돌 여부 있다면 이에 대한 해결 방안 검토 • 인프라를 포함한 서비스 외적인 점검사항 확인	• 향후 이러한 기능 또는 제품이 확장된다면 그 방향은 어떤 것인가요? • 기획서에 정의되지 않은 내용 중에서 이러한 경우도 있는데 이때는 대응을 어떻게 할까요? • 기존 사용자 중 이 기능 또는 제품을 확인할 수 없는 사용자에 대한 대응은 어떻게 하나요?

구분	목표	예상 문의 사항
QA	• 기획서를 바탕으로 테스트 케이스 작성 또는 프로덕트 매니저가 작성한 테스트 케이스를 검수	• 특정 기능은 테스트 환경을 만들기 위해서 특정한 환경 구축이 필요한데 진행이 가능할까요? • (QA 중이라면) 테스트 진행 중 실패 항목이 발생하였는데 이는 의도한 내용인가요?
운영/고객담당	• 요구사항을 제품으로 출시하고 운영하는 과정에 필요한 업무 개괄에 대하여 파악 • 이에 대한 대략의 업무 절차와 리소스를 결정하여 요구사항 수용 여부 판단 • 사용자가 서비스를 이용하면서 제시할 문의 사항에 대해서 사전 검토 • 이에 대한 대응 방안을 마련하고 필요한 경우 요구사항에 추가 반영	• 이 배너 영역에는 어떤 소재의 내용이 어떤 주기로 변경되나요? • 이 배너 소재를 교체하기 위한 기능은 언제 어떤 식으로 제공되나요? • 사용자가 이 페이지를 탐색하다가 이탈하였을 경우에는 어떤 조치를 취할 수 있나요? • 이 기능은 사용자가 '이렇게' 오해할 수 있는데 '저렇게' 표현하여 오해를 방지하면 어떨까요?

각 담당자는 담당 업무 내용을 기획서에서 자신이 확인하고자 하는 내용이 없거나 또는 자신이 원하는 바와 다르면 질문한다. 각 담당자의 이해관계가 다르고 모두를 만족시키는 기획서를 작성하는 것 역시 쉽지 않기 때문에 처음부터 잘 쓰려는 생각은 접어두는 것이 좋다. 완벽한 기획서보다는 완성해가는 기획서를 쓰려고 하는 것이 업무 방식에 있어 타당한 접근이다.

저자의 한마디

제가 경험했던 프로젝트를 참고 사례로 말하자면, QA 조직 대상 리뷰는 디자인/개발 리뷰가 완료된 이후에, 운영/CS 조직 대상 리뷰는 프로젝트 막바지에 (제품 배포 시기가 대략적으로 정해졌을 때, 해당 시기를 몇 주 앞두고) 진행되었습니다.

구체적인 제품 설계와 화면 기획이 1차로 완료되면 디자인/개발 리뷰를 우선 진행하고, 해당 리뷰에서 공유된 기획서를 기준으로 디자인/개발 조직이 작업 일정을 산정합니다. 그 결과를 가지고 대략적인 프로젝트 진행 일정 및 배포 시기를 계산하죠. 그렇게 정리된 예상 일정을 가지고 QA 조직을 찾아가, 기획안 리뷰와 함께 QA 진행이 필요한 시기를 협의하고 일정 예약 등을 진행했습니다.

또 (본격적인 제품 구현이 진행되는 과정에서 자잘한 스펙 변경이나 예상치 못한 이슈로 일정이 재조정되는 경우가 많기 때문에) 최종 배포 일정을 확정하는 것은 흔히 프로젝트 중반을 넘어선 이후에야 가능합니다. 그렇게 최종 배포일이 어느 정도 윤곽이 잡히면, 운영/CS 조직에서 사전 준비에 필요한 기간만큼 그로부터 역산한 시점에 운영/CS 조직 대상 리뷰를 진행했습니다. 물론 운영/CS 처리에 필요한 리소스를 사전에 확보하기 위한 목적의 협의는 프로젝트 초기에 미리 진행하지만, 운영/CS 담당자들이 알아야 할 서비스 개요 및 상세 내용에 대한 리뷰는 이렇게 오픈을 앞두고 가이드 전달과 함께 진행하는 것이 일반적이었습니다.

3.1.3 이상적인 기획서

기본 전제를 다시 한번 상기하자. 기획서는 기록된 커뮤니케이션이다. 따라서 잘 쓴 기획서 역시 좋은 커뮤니케이션의 특징을 반영한다. 모든 상황에 들어 맞는 커뮤니케이션의 정석이 없듯이 모든 상황에 적용할 수 있는 기획서는 없다.

✔ 전달하고자 하는 바가 명확하고 간결한 기획서
✔ 모든 사람이 이해할 수 있고 가능하다면 수정할 수 있는 기획서

다수의 조직에서 업무 환경에서 가장 선호하는 커뮤니케이션 방식은 두괄식이다. 문서의 요지를 파악하는 데 걸리는 시간을 최소화하고 전반적인 내용을 이해한 후, 세부적인 내용으로 진입할 수 있도록 두괄식으로 문서를 작성하는 것이 중요하다. 매끄럽게 두괄식 문서를 작성하려면 자연히 명확하게 전달하고자 하는 바를 제시하고 이를 간결하게 전달

할 수 있어야 한다. 하지만 이와 상반되는 유형으로 잘 쓴 기획서도 있다. 그것은 모든 사람이 이해할 수 있도록 상세하게 풀어 쓴 기획서이다. 기획서의 독자는 앞서 확인한 것과 같이 다양한 직무를 하는 사람들이다. 그중에는 기술적인 배경지식이 문서 작성자보다 풍부하기도 하고, 사용자의 요구사항에 보다 빠르게 이입하고 고충을 처리하는 능력이 뛰어난 사람도 있다. 다양한 동료 모두에게 잘 읽히는 문서를 작성하기 위해서는 쉬운 언어로 작성되어야 한다. 이상적인 기획서라면 그 누구나 수정이 가능해야 하기도 하다. 기획서는 프로덕트 매니저만의 업무 결과가 아니다. 이는 기능 또는 제품의 이력과 방향을 모두 담고 있는 문서이기 때문에 그 누구라도 수정할 수 있어야 한다. 쉽게 풀어쓴 기획서일수록 각 항목에 대한 제공 목적과 내용이 이해가 된다는 의미이므로 수정하기 쉽다고 할 수 있다.

기획서 작성 팁

가독성이 높은 기획서를 쓰기 위해서 활용할 수 있는 문서 작성 팁을 소개한다. 기획서를 공동 문서 편집 툴을 활용하여 작성하는 상황을 가정하였다. 문서 편집 프로그램은 마이크로소프트 파워포인트Microsoft Powerpoint, 엑셀Excel, 구글 독스Google Docs, 아틀라시안 위키Atlasian Wiki, 노션Notion 등을 활용한다. 화면 설계서를 작성 시에는 액슈어Axure, 피그마Figma, 스케치Sketch, 파워포인트 등의 툴을 사용한다. 화면 설계서에 대한 내용은 3.3에서 다룰 예정이므로 여기서는 텍스트 중심의 요구사항 정의서 또는 이에 준하는 문서를 작성할 때의 팁을 설명하겠다.

✓ 시각적인 보조수단을 적극 활용: 다이어그램diagram, 플로우 차트flow chart, 표

✓ 설명하고자 하는 순서대로 문서를 작성

✓ 설명하고자 하는 내용과 상세한 설명을 구분하여 제공

✓ 문서 목차와 문서 변경 이력을 함께 제공

✓ 관련 참고 문서에 대한 링크를 모두 제공

사용하는 툴에서 제공하는 모든 기능을 활용하여 기획서의 독자에게 전달하고자 하는 바를 표현하도록 노력하자. 순차적으로 발생하는 사건이나 기준에 따라 구분할 수 있는 정보가 있다면 줄글보다는 시각적인 보조수단을 활용하면 효율적으로 이를 전달할 수 있다. 플로우 차트는 프로덕트 매니저가 요구사항 정의서를 작성할 때 자주 활용하는 방법이므로 순서도의 기본적인 문법이 낯설다면 이를 별도로 검색하여 학습하는 것도 추천한다.

문서를 작성하는 순서 역시 중요하다. 이 문서를 처음 읽는 사람의 인지의 흐름을 따라 작성하면 된다. 바로 상세 내용을 설명하기보다는 기능 또는 제품의 목적과 목표, 배경에 대해 설명한다. 배경지식 설명 후에 검증하고자 하는 가설을 발표하고, 가설 검증을 위해 어떠한 기능을 만들지 과정을 생각하며 순서대로 작성한다. 기획서는 발표를 위한 자료가 아니라 기록과 보관의 목적이 더 크기 때문에 기획서를 리뷰 할 때는 별도의 문서를 만들기도 한다. 하지만 이를 위한 시간을 할애하기 어렵다면 문서를 구두로 공유할 때에는 가장 필요한 부분 또는 토대가 되는 부분을 강조하여 전달하고 세부적인 사항은 각 담당자가 숙지할 수 있도록 안내하는 것이 좋다. 세세한 부분까지 설명하더라도 청자의 상황에 따라 불필요한 정보일 수 있기 때문에 자연히 집중도는 떨어진다.

아틀라시안 위키에는 목차 기능을 활용하여 문서의 특정 위치로 한번에 이동하는 기능이 있다. 다른 문서 작성 툴에서도 이와 유사한 동작을 유도할 수 있다. 이와 같은 장치가 필요한 이유는 문서를 확인하고자 하는 사람이 전반적인 글의 위계를 파악할 수 있고 이것만으로도 이미 전달하고자 하는 바의 큰 구성을 이해할 수 있다. 때때로 기획서의 특정 부분을 인용 또는 발췌하거나 문의 사항에 참고할 수 있도록 알려줘야 하는 경우가 있는데 목차를 구분해 두면 해당 위치마다 URL이 구분되기 때문에 여러 모로 편리하다. 유사한 목적으로 문서 변경이력을 작성하기도 한다. 매번 모든 독자가 변경사항을 찾아다니면서 문서를 처음부터 끝까지 읽을 수 없으니 어떤 내용이 변경되었는지 이력을 쌓고 그 부분에 대하여서만 확인하면 무엇이 업데이트되었는지 한눈에 알 수 있다.

3.2 요구사항 정의와 지표 설정

3.2.1 요구사항 정의서의 구성요소

이제 요구사항 정의서와 화면 설계서를 자세히 설명하겠다. 요구사항 정의서는 세 가지 질문에 대한 대답을 제공하는 문서이다. 조직의 상황에 따라서 상위 정책 문서라고 부르기도 한다. 요구사항 정의서가 어떻게 작성되었을 때, 제품을 만드는 과정에 효과적으로 기여할 수 있을지 살펴본다. 문서 자체의 항목과 화면 설계서와의 구분에 경도될 필요가 없다. 가령 어떤 조직에서는 화면 설계서로 이 내용을 담을 수도 있기 때문인데 그 또한 조직의 화법이라면 상관없다.

> ✔ 우리가 이 일을 해야 하는 이유가 무엇인가?
>
> ✔ 이 문제의 접근 방향성은 어떠한가?
>
> ✔ 이 문제의 올바른 접근인가?

주니어 프로덕트 매니저라면 업무를 진행하는 것 자체만으로도 벅차서 어떤 일을 해야 하는 이유나 팀원들이 묻는 일이 자신의 역할이 아니라고 생각할 수 있다. 하지만 프로덕트 매니저는 그저 제품을 만드는 사람이 아니라 그 제품을 통해서 어떤 가치를 사용자에게 전달할지를 고민하는 사람이다. 화면 설계를 하고 이를 리뷰하는 과정에 대한 부담과 걱정을 느끼기보다는 기능을 통해 해결하고자 하는 본질에 집중하게 된다면 문서를 작성하거나 동료와 커뮤니케이션할 때 일관성 있게 이야기할 수 있다. 프로덕트 매니저의 자신감은 완벽함에서 오는 것이 아니라 일관성과 꾸준함에서 온다. 정답은 아닐 수 있지만 때마다 최선의 결정을 바탕으로 실험해보고 실패한 실험에서 배워서 다음을 진행하는 것이 프로덕트 매니저가 앞으로 나가는 방법임을 잊지 말자.

요구사항 정의서를 쓰는 상황을 예시로 들어보겠다. 사업 담당자가 새로운 비즈니스 모델을 만들어내기 위하여 어떠한 기능이 필요하다고 원페이저를 작성했다. 그 기능이 메신저의 채팅방 목록 상단에 광고 영역이라고 가정하자. 물론 이 원페이저 안에는 이러한 기능이 왜, 어떻게 그리고 얼마나 제품에 기여할 수 있을지를 서술하였을 것이다. 프로덕트 매니저가 이러한 의견을 직접 내서 시작할 수도 있지만 모든 아이디어를 프로덕트 매니저가 내는 것은 아니므로 이러한 요구사항 요청을 받아 진행하기도 한다. 프로덕트 매니저는 원페이저의 내용을 바탕으로 요구사항 정의서를 작성한다. 원페이저에서 부족한 내용이 있다면 요구사항을 발의한 사람과 논의하거나 논거를 만든다. 물론 이 과정에서 아이디어가 중차대한 문제에 부딪혀 지금 당장 진행하기 어려울 수도 있고 진행하려던 방향과는 다르게 풀릴 수도 있다. 어느 정도 정교화를 거쳐 정리가 되었다고 판단하는 아이디어는 문서화한 뒤에 유관부서 담당자들에게 먼저 공유한다. 기본적으로 합의되지 않은 내용을 정리하면서 작성하는 문서이기 때문에, 요구사항 정의서가 모든 기능에 필요한 것은 아니다. 이미 구체적으로 정해져 있는 요구사항은 곧바로 화면 설계서를 작성하는 경우도 있지만 요구사항 정의서에서 다루는 질문을 화면 설계서에서도 답할 수 있어야 한다.

요구사항 정의서는 건축물의 비계에 해당한다. 어떤 형태로 몇 층짜리 구조를 만들지 토대를 닦는 것이다. 설계도가 있어야 건물이 지어지듯이 요구사항 정의서가 있어야 각 부서가 자원을 투여하여 수행할 업무의 가치와 그 방향성에 대하여 확인할 수 있다. 요구사항 정의서에서 다루는 내용과 내용별 작성하는 이유를 파악하자. 이 장에서는 온라인으로 다수의 사용자가 공동의 편집 툴을 사용하는 환경을 가정하였다. 도구적인 방법에 대해 반드시 언급된 대로 진행하기보다는 이와 같은 독자의 니즈^{needs}를 파악하여 사용 가능한 툴에 맞추어 반영하면 된다.

요구사항 정의서의 구성요소

항목	상세
요약	• 요약만 읽더라도 개괄적인 내용을 파악할 수 있도록 기획서의 압축본을 제공한다. • 모든 문서와 협의는 두괄식으로 진행하는 것이 좋다. 요구사항 정의서를 통해서 전달하고자 하는 바를 최대 5문장으로 요약하여 상단에 제공한다.
업무 요청 체크 리스트	• 유관부서 인원 중에서 업무 요청을 해야 하는 사람이 있다면 담당자 이름과 함께 요청할 업무를 문서 상단에 적어둔다. • 요구사항 정의서는 각 담당자와의 협의와 업무 요청의 집합이기 때문에 요약을 통해서 대략의 내용을 전달하고 무엇을 요청하고 싶은지를 명확하게 한다면 빠르게 업무를 진행할 수 있다.
목표/목적	• 무엇이 문제이고 그 문제가 왜 중요한지에 대하여 설명한다. • 문제의 현황을 파악할 수 있는 정량/정성적인 데이터를 추가한다. • 문제를 해결함으로써 이루고 싶은 바와 그것을 이루었는지 여부를 확인할 수 있는 결과물을 서술한다.
주 사용자	• 이 문제를 해결함에 있어 어떤 사용자가 주 사용자인지 밝혀 적는다. • 어떤 방식으로 사용자가 가치를 얻을 수 있으며 이를 통해 구체적으로 어떤 가치를 얻을 수 있는지 설명한다. • 기능 또는 제품의 최종적인 목표는 사용자에 가치 전달이기 때문에 사용자가 왜 중요한지와 사용자 단위를 목표로 한 이유를 포함한다. 이 사용자 단위를 목표로 한 이유도 포함한다.
주요 사용자 여정	• 요구사항이 정의하는 바에 따라 사용자에게 기능 또는 제품이 어떻게 제공되는지 서술한다. • 사용자가 어떤 경험을 하고 각각의 단계에 어떤 가치를 느낄 수 있으며 그 가치를 전달하기 위하여 집중하여야 하는 사항도 작성한다.
기능 요구사항	• 문서 앞단에서 정의한 것과 같이 어떤 사용자에게, 무엇을 제공하여, 목표를 달성할 수 있을지에 집중하여 대략의 기능 요구사항을 작성한다. • 이 항목이 통상의 원페이저와 가장 구분되는 점이다. 기술 정확도보다 문서에서 이어져온 맥락에 따라 무엇이 필요한지 서술할 수 있도록 한다.
시장 진입 전략	• 기능 또는 제품을 어떻게 타깃 사용자에게 도달하게 할지에 대한 계획이다. • 서비스 내부에서 사용자 알림을 포함한 다양한 기술적인 방법일 수도 있고 서비스를 벗어나 유료 마케팅 툴을 활용한 홍보도 진행할 수 있다.
지표	• 어떤 지표를 확인해야 이 기능 또는 제품의 성공 또는 실패를 판가름할 수 있을지 정의한다. • 측정하고자 하는 수치를 집계하기 위해 별도 개발이 필요할 수도 있다. 그렇다면 그 기간은 개발 기간 안에 포함하여 잡아야 한다. 이 또한 기능의 일부로 보아야 하기 때문이다.

위의 요소를 모두 완벽하게 담아낼 수 있는 문서는 없다. 요구사항 정의서는 작성하는 것이 논의의 시작이다. 이 문서를 기준으로 동료와 협의를 거쳐 최종 합의점에 도달하는 것이 궁극적인 목표이다. 따라서 내용 자체를 완성도 있게 만드는 것도 중요하지만 이에 대한 전달과 공유도 염두에 둘 부분이 있다.

✓ 피드백을 빨리 받을수록 좋다.

✓ 가독성을 높여서 많은 사람이 읽을 수 있도록 하자.

✓ 토론의 여지를 남기고 어떤 지점부터 토론을 시작할지 주도권을 갖자.

✓ 작성 > 논의 > 수정 과정을 무수히 반복하고 지치지 않도록 하자.

요구사항 정의서를 포함하는 프로덕트 매니저가 작성하는 다수의 문서는 피드백을 빨리 받을수록 좋다. 프로덕트 매니저는 제품 구현의 전반을 담당하기 때문에 문서 작성보다 빠른 합의를 이루는 데에 집중하는 것이 좋다. 많은 동료가 빠르게 문서를 파악할 수 있도록 가독성을 높인 문서를 작성하자. 문서를 작성한 뒤에 불필요한 내용은 삭제하거나 표현을 전체적으로 통일하였는지, 설명은 충분히 친절한지 확인한다. 새로이 시작하는 프로젝트라면 용어정리 항목을 별도로 만들어 기입해두는 것도 이상적인 문서의 모습이다.

요구사항 정의서는 논의의 토대이기 때문에 여지를 열어 놓는 것이 중요하다. 이따금 문서를 복잡하게 작성하고 이를 리뷰했다고 생각할 수 있지만, 여력이 있다면 실제로 동료가 논점을 이해하고 보다 나은 결정을 할 수 있도록 논의를 이끌어 낼 수 있어야 한다. 의견을 피력하는 동료가 있다면 이에 감사하고 수용하는 자세로 대하는 것이 중요하다. 간혹 이 과정에서 문서 작성자가 사용자와 자신을 동일시하는 경우가 있다. 프로덕트 매니저는 사용자를 대변하지만 끊임없이 사용자와 거리두기를 해야 한다. 나의 의견과 사용자의 의견이 다를 수 있다는 것을 항상 전제로 하고 의견을 제시할 수 있도록 하자. 논조가 흐려졌을 때 참가자를 다시 중요한 내용으로 집중할 수 있도록 적절하게 유도해야 하며 때에 따라서는 맺음을 명확하게 하고 다른 화제로 관심을 이끌 수도 있어야 한다.

이 과정 역시 쉽지 않고 자신만의 노하우가 생기는 데 시간이 필요하다. 요구사항 정의서를 작성하고 논의하고 수정하는 과정이 반복되어도 지치지 않고 우리의 스타일과 차별점을 만들어 낼 수 있도록 노력해야 한다.

3.2.2 제품 지표의 기초

요구사항 정의서에 포함하는 항목 중 지표에 대하여 구체적으로 살펴보자. 요즘 업계에서 데이터 기반의 의사결정 방식이 화두가 되면서 데이터 독해력에 대한 중요성이 높아졌다. 제품의 성패를 결정하는 사용자를 파악할 수 있는 방법 중 하나이기도 하고 일부 의사결정권자의 직감으로는 더 이상 제품 혁신을 할 수 없기 때문이기도 하다. 사용자 중심으로 일하는 것은 제품을 만드는 사람이라면 어찌 보면 당연한 일이다. 사용자가 원하거나 의미가 있다고 여기는 것을 제공해야 비즈니스가 존속되기 때문이다. 사용자가 무엇을 원하고 필요로 하는지 알아내는 수많은 접근 방법 중 하나가 데이터이다. 사용자에게 직접 물어봤을 때 대답이 때로는 진실일 수 있으나, 사용자는 자신이 무엇을 원하는지 모르거나 심지어 사회적 체면 때문에 대답을 꾸며내기도 한다. 따라서 사용자를 상세히 파악하기 위해서 어떻게 기능 또는 제품을 사용하는지 관찰하여 알아내는 방법이 도입되었다. 이것이 데이터 기반 의사결정의 근간이다. 최근에는 상위 의사결정권자가 지시하는 업무를 수행하기보다는 실무자가 직접 사용자 데이터를 분석하여 아이디어를 제시하기도 한다. 지시 업무를 수행하는 경우에도 데이터 근거를 바탕으로 건설적인 비판이 가능한 경우가 많으므로 더더욱 데이터 독해력의 중요성이 강조되었다.

특정 업무에 대한 중요성이 대두되면서 이를 전문으로 다루는 직군이 발생하고 그 직군에 대한 업계 내 입지가 생기거나 개선된다. 데이터 분석가 또는 데이터 엔지니어 등이 이러한 역할에 해당한다. 이와 같은 직군이 있는 경우, 프로덕트 매니저와의 역할을 구분하여 그 직무의 담당자가 데이터를 독해하고 관리하기도 한다. 하지만 대다수 조직에서는 데이터를 기반으로 한 의사결정으로의 전환이나 합의를 이루지 못하고 의사결정의 한 잣대로만 활용되는 경우가 잦다. 그러므로 프로덕트 매니저도 데이터 분석을 반드시 완벽하게 해내려고 하기보다는 자신이 세우는 가설의 정확도를 높이고 협업할 데이터를 전문적으로 다루는 직군의 동료가 있다면 요구사항을 전달한 뒤 이에 대한 피드백을 주고 받을 수 있는 문해력을 갖추는 것이 중요하다.

어떠한 지표를 확인할 것인지에 대한 결정은 곧 지금 이 기능 또는 제품에서 무엇이 중요한지에 대한 대답과 같다. 어떤 지표를 보고 그 지표에 대한 관리를 어떻게 할 것인지 자체는 이미 별도의 전문분야이며 그로스해킹과 관련된 서적을 찾아보는 것을 추천한다. 이 장에서는 기본적으로 기능 또는 제품의 전반에서 활용하는 대표적인 지표를 소개하고자 한다. 이 개념을 바탕으로 각자 맡은 기능과 제품에 어울리는 지표를 발전 시키거나 타사에서 사용하는 벤치마크를 참고해보면 좋을 것이다.

✓ 활성사용자 active users

✓ 이탈률 churn rate

✓ 고객생애가치 customer life time value

✓ 재방문율 retention rate

✓ 전환율 conversion rate

지표에 대해 다루기 전에 가장 기본적인 개념을 짚어보자. PV pageview는 특정 페이지의 방문 수를 의미한다. 한 명의 방문자가 동일한 페이지를 N번 방문했을 경우, 해당 페이지의 PV는 N회로 카운트된다. 이와 대조되는 개념으로 UV unique visitors는 순방문자 수를 의미한다. 한 명의 방문자가 동일한 페이지를 반복적으로 방문했더라도 순방문자 수는 한 명으로 카운트된다. 아울러 세션 수는 구글 애널리틱스[2]에 따르면 '지정된 기간 내에 웹사이트에서 발생한 사용자 상호작용의 집합'을 말한다. 사이트에서 사용자가 취한 행동의 집합이라고 생각해도 된다. 통상 구글 애널리틱스에서는 30분간 아무 행동을 하지 않으면 한 개의 세션이 만료된다. 35분째에 행해지는 액션은 새로운 세션으로 집계되고 이는 새로운 방문이다. 활성사용자 수의 가장 기본적인 정의는 앱을 사용하거나 웹을 방문한 사용자의 수이다. 앱 실행이나 웹 방문을 하고 아무 행동 없이 닫았더라도 활성사용

---

2 '유니버설 애널리틱스에서 웹 세션을 정의하는 방법', https://support.google.com/analytics/answer/2731565

자로 집계한다. 집계하는 기간에 따라 일단위 DAU^{daily active user}, 월단위 MAU^{monthly active} ^{user}로 세분화할 수 있다. 이 지표는 명시적으로 어떠한 내용을 전달하기보다는 제품의 규모를 가늠하기 위해서 사용하기도 한다. 제품에 대한 사용자의 관심도는 DAU를 MAU로 나눈 고착도^{stickiness}로 확인한다. 고착도는 매월 방문한 사용자 중에서 매일 방문한 사용자의 비율을 의미하기 때문에 사용자가 얼마나 자주 제품에 관심을 주는지를 알 수 있다. 하지만 단순한 앱의 실행이나 웹페이지 방문을 한 사용자를 유효한 활성사용자로 보기 어렵다면 그 기준을 제품에서 정의한 특정 행위로 변경할 수 있다. 이를테면 한 개 이상의 콘텐츠 조회와 같은 식으로 말이다. 하지만 이 수치는 기본적으로 사용자가 얼마나 이탈했는지는 담지 않는다. 사용자 100명이 어제 방문하고 오늘 재방문 하지 않고, 새로운 사용자 100명이 방문하였다면 이와 같은 질적인 변화를 담을 수 없다.

이탈률은 웹을 기준으로 단일 페이지 세션 수를 총 세션 수로 나눈 비율이다. 이 지표로는 사용자가 제품에 관심을 보이지 않고 떠나는 비율을 단편적으로 확인할 수 있다. 앞서 언급한 방문했던 사용자의 이탈 여부에 대해서 구체적으로 확인하기 위해서는 코호트^{cohort} 분석을 해야 한다. 코호트 분석이란 특정 기준을 가지고 동질집단을 정의하고 각 집단을 비교하는 분석기법이다. 일례로 가입한 월에 따라 사용자를 하나의 코호트로 묶고 프로모션이 있었던 달에 가입한 사용자와 그렇지 않은 사용자를 비교할 수 있다. 또는 제품에서 결제를 해본 사용자와 그렇지 않은 사용자를 구분하여 분석할 수도 있다. 이탈 여부와 같은 서비스 전반 상황을 알 수 있지만 이탈 이유에 대한 대답은 할 수 없기 때문에 추가 분석이 필요하다.

고객생애가치^{customer life time value}는 한 명의 사용자가 기능 또는 제품을 더 이상 쓰게 되지 않는 이탈 시점 이전까지 제품에서 발생시킬 것이라 예상되는 매출을 의미한다. 이 지표를 활용하면 사용자 한 명당 정량화된 가치를 파악하고, 이에 따라 제품에서 창출할 수 있는 매출의 규모와 이에 따른 다양한 사업적 기반에 대한 토대를 마련할 수 있다. 다음은 고객생애가치 계산식 예시[3]이다.

---

3 '고객생애가치란 무엇인가? 그 의미와 분석 및 계산 방법 알아보기', https://www.zendesk.kr/blog/life-time-value/

- ✓ LTV = 이익×거래 기간(라이프타임)×할인율(현재 가치 계수)
- ✓ LTV = 고객의 연간 거래액 × 수익률 × 고객 지속 연수
- ✓ LTV = 고객의 평균 구매 단가 × 평균 구매 횟수
- ✓ LTV = (매출액 − 매출 원가) ÷ 구매자 수
- ✓ LTV = 평균 구매 단가 × 구매 빈도 × 계속 구매 기간
- ✓ LTV = (평균 구매 단가 × 구매 빈도 × 계속 구매 기간) − (신규 획득 비용) + 고객 유지 비용)

제품의 매출 발생 방식에 따라 고객생애가치에 대한 계산방법은 서로 다르다. 이와 함께 확인할 수 있는 지표는 고객획득비용customer acquisition cost이다. 고객획득비용은 한 명의 사용자를 제품에 안착 시키기 위한 비용과 비교하여 볼 수 있다. 이 지표를 통해 사용자당 지출 비용이 큰지 또는 발생 매출이 큰지를 비교할 수 있다.

마지막으로 살펴볼 개념은 리텐션retention으로 재방문율이라고도 한다. 가장 기본적인 정의는 한 번 방문한 사용자가 다시 방문하는 비율이다. 활성사용자 수 측정보다 보수적인 접근을 하여 특정행위를 한 뒤 다음 그 행위를 하기까지의 시간으로 잡는 것도 가능하다. 또한 기준에 따라 방문일자로부터 정확하게 n일이 소요한 뒤의 재방문 또는 그보다 적은 시간이 소요되어 재방문한 경우도 재방문으로 집계하는 경우도 있다. 다음은 리텐션을 측정하는 기준의 예시[4]이다.

- ✓ N-Day 리텐션: 특정 일자에 재방문한 사용자의 비율
- ✓ Unbounded 리텐션: 특정 일자를 포함하여 그 이후에 재방문한 사용자의 비율
- ✓ Bracket 리텐션: N-Day 리텐션을 보다 유연하게 확장시킨 것으로, 지정된 기간의 리텐션을 파악

---

4 '리텐션을 측정하는 세 가지 방법', https://blog.ab180.co/posts/retention-series-3-1

데이터를 중심으로 일하는 문화는 현재 한국에서 완전히 정착되었다고 보기 어렵다. 하지만 데이터 기반의 업무 진행이 어떠한 배경을 가지고 주목받게 되었는지를 이해한다면 이에 대한 학습의 필요성도 공감할 수 있다. 데이터에서 의사결정에 대한 답을 찾을 수는 없지만 내가 제시한 가설이 맞아 떨어지는지를 후행으로 점검하거나 가설에 대한 근거로 활용할 수 있다. 제품을 만들고 가꾸는 것에 있어 가장 비싼 자원은 시간이다. 시간을 최대한 효율적으로 사용하기 위한 부가적인 지표로 데이터를 활용할 수 있도록 하자.

3.3 유저 스토리와 화면 설계서

3.3.1 유저 스토리의 정의

화면 설계서 작성을 다루기 전에 유저 스토리^{user story}라는 개념을 파악하자. 유저 스토리는 사용자 관점에서 기능 또는 제품에 대한 요구사항을 명시하는 방법론이다. 유저 스토리는 애자일 개발방법론의 하위 개념이므로 맥락 파악을 위해 애자일 개발방법론을 간단히 살펴보자. 애자일 개발방법론은 프로세스와 도구가 아닌 개인 간의 커뮤니케이션, 사용자가 사용할 수 있는 소프트웨어 중심의 사고, 언제나 사용자 중심으로, 실행 중심의 프로젝트를 진행한다. 유저 스토리와 요구사항의 다른 점은 유저 스토리는 사용자가 제품을 어떻게 사용하고 이를 통해 무엇을 느끼고 얻을 수 있는지에 집중한다. 반면 요구사항은 공급자의 관점에서 기능 또는 제품이 무엇을 제공할 수 있는지에 초점이 맞춰진다. 유저 스토리를 통해 요구사항을 기술하면 자연히 사용자가 가장 중요한 우선순위가 된다. 유저 스토리는 상위 개념인 에픽^{epic}으로 묶을 수 있으며 여러 개의 에픽이 묶여 프로젝트 이니셔티브^{initiative}가 된다. 그러므로 유저 스토리는 요구사항이지만 사용자의 관점에서 기술된 것이며 그 자체가 일의 단위가 된다. 유저 스토리를 적극적으로 도입한 조직에서는 일의 단위를 스토리로 계산한다. 사용자에게 의미 있는 변화를 줄 수 있는 일 덩어리를 묶어 배포함으로써 배포마다 사용자는 유의미한 경험을 할 수 있다. 이는 제품팀에도 동기 부여 요소가 된다. 유저 스토리는 요구사항을 세세하게 명시하기보다 최종적으로 사용자가 기능 또는 제품을 사용할 때에 대한 기술만 필요하기 때문에 협업 방식이 세세한 기술적 요구사항과 다르다. 각 담당자는 각자의 방식으로 유저 스토리에서 명시하는 바를 달성할 수 있으며 동시에 작업할 수 있다. 따라서 조직에 따라서 보다 빠르고 효과적인 업무 진행을 가능하게 한다. 유저 스토리는 단순히 문서를 작성하는 방식의 변화라기 보다는 사용자 중심으로 일하겠다는 조직의 합의를 일하는 방식에 녹인 것이다. 그렇기 때문에 이는 일하는 방식 자체의 변화라고 볼 수 있다.

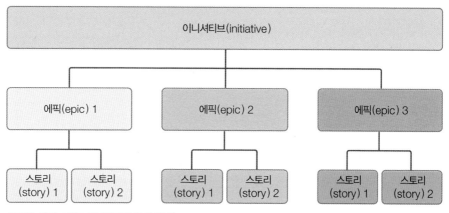

스토리, 에픽 그리고 이니셔티브 간의 위계[5]

사용자 중심의 요구사항을 작성할 수 있도록 사용하는 다양한 양식이 있다. 스크럼 얼라이언스scrum alliance의 창시자 중 한 명인 마이크 콘Mike Cohn이 제시한 코넥스트라 모델connextra model이 이 가장 보편적이다. 뒤를 이어 기능 추가 접근feature injection approach를 고안한 크리스 매츠Chris Matts가 제안한 템플릿도 있다.

---

5 'How to Write User Stories: Template and Examples', https://www.nuclino.com/articles/user-story-template-examples

당초 템플릿의 영문을 직역하기보다는 사용자 중심으로 요구사항을 기술하는 점에 집중하여 작성해보자. 유저 스토리와 한 쌍을 이루는 것이 인수 조건$^{acceptance\ criteria}$이다. 인수 조건은 명확하게 하나의 유저 스토리가 충족되었다고 하기 위하여 어떠한 조건을 맞추어야 하는지에 대한 것이다. 어떤 사람은 유저 스토리를 충족 시켰다고 생각하고, 다른 사람은 아직 부족하다고 생각할 수 있다. 이 부분에 대한 명확한 기준을 세우는 것이 인수 조건이다. 이는 기본적으로 테스트 절차에서의 테스트 케이스 작성과 같은 원리로 이는 책의 후반부에서도 다룬다.

이상적인 유저 스토리의 특성은 독립적이고 합의된 결과물로서 가치 있고, 작고, 테스트할 수 있어야 한다. 독립적이란 위에 명시한 것과 같이 스토리가 업무의 단위이기 때문에 각기 구분되는 호흡으로 작업할 수 있어야 한다는 의미이다. 제품팀 모두가 스토리를 이해하고 집중해서 작업해야 하고 각각의 스토리가 의미 있어야 한다. 또한 애자일의 기조에 따라 스토리는 가능한 한 유의미한 단위라는 전제하에 작아야 하고 테스트가 가능해야 한다.

유저 스토리는 일하는 방식에 가깝다. 기존에 유저 스토리를 사용하지 않던 조직에서 갑자기 프로덕트 매니저가 유저 스토리 양식에 맞추어 요구사항을 작성한다고 해서 획기적인 변화를 기대하기 어렵다. 오히려 기존 요구사항 정의 방식과 상이하여 조직에 혼란을 초래할 수도 있다. 애자일한 개발 환경을 가진 조직에서도 조직 규모와 방식에 따라 요구사항 정의서와 화면 설계서 역시 따라붙는다. 따라서 유저 스토리를 가장 효과적으로 활용할 수 있는 방법은 프로덕트 매니저로서 각 배포의 단위를 쪼갤 때 제품을 만드는 공급자 입장에서가 아니라 사용자 단위로 기능의 단위를 묶기 위한 인식의 단위로 쓰는 것을 추천한다. 또한 이는 사용자 중심의 언어로 작성하기 때문에 제품팀이 아닌 동료에게 제품에 대하여 설명할 때 직관적으로 설명하기 용이하다. 가장 애자일한 조직이 가장 뛰어난 성과를 내지는 않는다. 지금 조직에서 필요로 하는 유의미한 가치를 보다 빠르게 자주 사용자에게 전달하기 위한 업무 방식을 발굴하자.

3.3.2 화면 설계서와 구성요소

화면 설계서storyboard는 요구사항 정의서에 대한 조직 내 공감대가 이루어졌고 무슨 일을 어떻게 할 것인지 가닥이 잡혔을 때 작업한다. 전문으로 담당하는 화면 설계 담당자가 있다면 프로덕트 매니저가 하지 않지만 대부분은 프로덕트 매니저가 하거나 프로덕트 디자이너가 하는 것이 일반적이다. 화면 설계서의 작성 목표는 제품팀 모두가 동일한 제품을 만들고 배포할 수 있도록 하기 위함이다. 사용자에게 보여지는 것 이외에도 제품 내부에 어떤 구성이 있는지를 기록하여 필요할 때 변경할 수 있도록 기록을 남기는 일이다. 화면 설계서 양식은 인터넷에서 흔하게 찾을 수 있으니 이번 장에서는 업무에 있어서의 주의사항을 먼저 설명하겠다.

화면 설계서의 구성요소

항목	상세
대상 사용자 과업	• 이 화면 기획서에서 다루고자 하는 사용자의 과업을 명시한다. • 사용자의 과업은 유저 스토리의 양식을 사용하면 좋다. 통상 같은 기능을 제공하는 유사한 제품의 필수 기능인데, 작업 대상인 제품에는 그 기능을 반영하지 않을 것이라면 이를 밝혀 두어도 좋다.
IA/화면흐름	• IA^{information architecture}는 하나의 사이트가 가지는 정보가 어떻게 배치되어 있으며 서로 어떠한 연관성을 가지는지에 대하여 알려주는 사이트맵과 유사한 기능을 한다. 이를 통해서 화면 설계서의 독자가 전체적인 조망을 하고 상세한 문서를 확인할 수 있다. • 모든 디지털 환경에서는 이전 화면으로 이동하거나 버튼을 클릭하여 다른 화면으로 이동하는 동선이 생긴다. 이때 이전 화면과 이동할 화면이 무엇인지 텍스트로 설명하겠지만 지도와 같이 모두 살펴볼 수 있는 흐름도를 작성하면 좋다.
각 화면에 대한 상세 서술	• 화면 설계 단계에서 대략의 화면 구성안을 잡고 각각의 요소가 '언제', '어떻게', '왜' 동작하는지에 대해서 작성한다. • 동작 자체의 상세한 서술보다는 어떠한 동작을 할지와 정보를 어떤 출처에서 가져와 보여줄지 집중한다.

기획서를 각 화면에 대한 상세로 국한하여 설명하는 경우가 있다. 화면 설계서는 모든 의사결정의 마무리 단계에서 구체적인 지시와 협의 과정을 담은 결과물이라고 볼 수 있다. 화면 설계서에서 집중해야 할 내용은 데이터의 흐름, 사용자 행동에 따른 흐름, 사용자 환경에 따른 특이사항, 기능 또는 제품 특성으로 인한 예외 사항이나 특이사항이다. 우리가 다양한 기기에서 만나는 모든 기능과 제품은 데이터의 흐름을 근간으로 만들어진다. 어떤 서비스에 로그인하면 지정한 닉네임이 나온다고 가정하자. 로그인하는 계정에 따라 닉네임 값은 각 계정에 따라 바뀌어야 하고 이는 계정마다 다르다. 닉네임 정보가 어디에 저장되어 있고 언제 취득되었으며 취득 시점에 길이 제한 등이 있었는지를 확인해야 한다. 그래야 그 영역에 제공될 정보의 특성에 맞춘 사용자 경험을 구성할 수 있다.

또 다른 예시를 보자. 어떤 서비스에 진입하였을 때 화면 전면을 덮는 팝업 배너가 제공된다고 생각해보자. 배너 이미지는 운영자가 등록한 이미지로 노출되며 사용자가 사용하는 기기마다 다른 사이즈로 보여진다. 그러면 하나의 배너를 노출하기 위해 이미지 등록 방법과 기기에 따라 보여지는 이미지 사이즈 등을 결정한다. 일주일간 보지 않기와 같은 버튼을 클릭하면 일주일 동안 이 사용자에게 팝업을 보여주지 말아야 하는데 사용자가 로그인하기 전이기 때문에 이것은 데스크톱을 사용하는 웹 브라우저라면 브라우저에 저장하거나 모바일 앱을 사용하는 상황이라면 기기의 식별 값을 참조하여 노출 여부를 판단하는 로직을 추가한다. 화면 설계의 핵심은 의도하는 동작을 어떻게 구현할 것인지를 기술 용어로 풀어내는 것이다.

각 화면의 세세한 부분을 작업하듯이 전체적인 조망도 잊지 말자. 사용자 행동에 따라 화면 이동과 개별 화면에서의 완성도, 사용자 경험 전체에서의 점검과 맥락도 챙겨야 한다. 구현 담당자가 디테일에 놓치지 않도록 화면 설계 담당자는 전체적인 흐름을 놓치지 않아야 단계별로 유효한 결정을 할 수 있다. 사용자가 서비스를 접근하는 환경과 이에 대한 대응도 필요하다. 이를테면 어떤 사용자가 다른 잠재적 사용자에게 메신저로 링크를 전송했다고 가정하자. 대부분의 한국 메신저는 메신저 앱 내에서 제공하는 별도 브라우저에서 이 링크를 읽어 늘이기 때문에 그 동작이 iOS 기본 브라우저인 사파리^{safari} 또는 안드로이드 기본 브라우저의 동작과 다르다. 사용할 수 있는 동작과 불러올 수 있는 정보도 제한되는 경우가 있다. 기능 또는 제품을 만들면서 가장 중요한 동선이라면 대응도 갖추어야 한다. 예외 사항과 특이사항도 마지막으로 적는 이유는 당연히 잊지 않기 위해서이다. 제품팀의 구성원이 바뀔 수도 있고 시일이 한참 지나서 다시 이 기능 또는 제품을 확인하였을 때 보통 하지 않는 결정을 하거나 놓치기 쉬운 부분이 있다면 반드시 적어두자.

화면 설계서를 처음 쓰는 사람이라면 예외 사항을 놓치거나 각 요소에 대한 명칭을 바르게 명시하지 못했을까 걱정하는 경우가 많다. 앞으로 작성하게 될 수만 장의 화면 설계서 중 완벽한 것은 단 하나도 없을 것이다. 디테일을 챙기기엔 프로덕트 매니저가 수행해야 할 일이 무수히 많으며 수시로 변경되어 구현 담당자가 아니라면 알 수 없는 것도 많다. 우선순위가 낮은 목표에 힘을 쏟지말고 자신이 제품을 만드는 사람임을 끊임없이 상기하자. 제품을 만들기 위해 비어 있는 일을 찾아서 해내고 제품을 사용자에게 제공하는 것이 더 중요한 일이다.

제 동료가 프로덕트 매니저로 진행했던 프로젝트를 곁에서 지켜봤던 경험 하나를 공유합니다. 팀에서 만들어본 적 없는, 완전히 새로운 제품을 만드는 프로젝트였는데요. 처음 디자인/개발 리뷰를 진행했던 기획서는 수십 페이지였는데, 리뷰 때 나온 문의 사항과 이후 본격적으로 개발이 진행되는 과정에서 계속 추가되는 문의 사항에 대응하며 끊임없이 개발을 진행하다 보니, 오픈을 앞두었을 때는 기획서가 백 장이 넘게 훌쩍 불어나 있더라고요.

제품 안에서 정의되어야 하는 모든 세부를 기획서를 처음 그려 나갈 때부터 다 인지하고 담아내는 것은 불가능합니다. 모두가 그것을 알기 때문에, 정의가 필요한 부분을 발견하면 프로덕트 매니저에게 질문을 던지고 프로덕트 매니저 또한 그때마다 필요한 부분을 고민하고 정리하여 계속 기획안을 발전시켜 나가는 것이죠(물론 프로덕트 매니저의 입장에서는 그 과정이 몹시 고되고 스트레스일 수 있지요). 핵심은 그 모든 과정이 자연스럽고 당연하다는 것이고, "처음부터" 모든 것이 다 들어 있는 완벽한 기획서를 만들기 위해 노력할 필요는 없다는 겁니다.

Chapter 4

제품 구현

1차로 완성된 기획서로 유관부서 리뷰를 마치고 나면, 본격적인 제품 구현 과정에 돌입한다. 기획 단계에서는 주로 프로덕트 매니저 혼자 또는 제한된 관련자하고만 협업하며 문서로 된 결과물, 즉 기획서를 만드는 작업 중심으로 업무가 진행되었다. 그러나 구현 단계부터는 디자인, 개발 등 직접적으로 제품을 만들어내는 각 분야의 담당자들이 작업을 시작하고, 프로덕트 매니저의 주요 업무 또한 다양한 담당자들과 소통하며 구현 작업 전체 흐름을 관리하는 것으로 이동하게 된다.

이 장에서는 제품 구현의 전반적인 흐름에 대해 구체적으로 다룬다. 제품의 어떤 부분부터 어떠한 순서로 구현 작업이 진행되는지, 그리고 프로덕트 매니저로서 각 담당자와 가장 주요하게 협업하고 확인해야 하는 부분에는 어떤 것이 있는지를 설명한다. 또한 제품 구현 과정에서 설명을 빼놓을 수 없는 것이 바로 1장에서 다루었던 스프린트^{sprint}이다. 제품 구현이 진행되는 동안 프로덕트 매니저가 스프린트 운영에서 특히 중점적으로 맡게 되는 역할에 대해서도 다룰 것이다. 아울러 구현 과정 전반에 걸쳐 발생할 수 있는 돌발 상황에는 어떤 것이 있는지, 어떤 식으로 대처해야 하는지에 대해서 짚어본다.

4.1 구현 과정과 담당자별 작업

4.1.1 구현 과정 흐름

1차 기획 완료 후, 제품 구현 과정은 크게 보면 다음과 같은 순서로 진행된다.

제품 구현 과정 흐름 (웹 기준)

사용자가 사용하는 제품은 크게 두 가지 영역으로 구성되어 있다. 하나는 사용자가 직접 눈으로 보고 조작하며 사용하는 서비스 화면이고, 나머지 하나는 제품 뒷단에서 구동하면서 제품의 실제 동작과 운영을 가능케 하는 서버 로직과 데이터베이스 등의 설계이다. 전자를 간단히 프런트엔드$^{front-end, FE}$ 또는 프런트라고 부르고, 후자는 백엔드$^{back-end}$라고 부른다. 제품 프런트를 구현하는 데에는 디자인, 마크업, 프런트엔드 개발[1]이 필요하고, 백엔드 구현은 서버 개발을 비롯하여 인프라, 데이터베이스 등 제품의 기저에 해당하는 영역을 포함한다.

프런트와 백엔드 구현 작업은 정해진 선후관계 없이 병렬로 진행된다. 두 영역은 구성과 제작 방식에 큰 차이가 있기 때문에 구현 작업과 담당자도 구분되어 있다. 하지만 그렇다고 해서 완전히 서로 무관하게 따로따로 진행하는 것은 결코 아니다. 제품이 제대로 동작하려면 사용자 액션에 따라 프런트와 백엔드가 적절한 시점에 논리적인 상호작용을 주고받으면서 데이터를 처리해야 한다. 따라서 제품을 만들어 나가는 과정에서도 프런트와 백엔드는 필연적으로 상호 간섭이 발생할 수밖에 없다. 이 두 영역의 구현을 맡은 담당자, 특히 프런트엔드 개발자와 백엔드 개발자는 서로에게 필요한 것을 요청하고 의견을 주고받으면서 구현 과정 전반에 걸쳐 밀접하게 협업을 진행하게 된다.

웹 프런트 구현은 디자인, 마크업, 프런트 개발 순서로 진행된다.

가장 먼저 디자인 담당자가 요구사항 정의서와 화면 설계서를 바탕으로 제품 화면을 디자인하면 이를 바탕으로 마크업 개발자가 마크업 작업을 진행한다. 마크업이 1차로 완료

---

1 일반적으로 웹 제품에서는 FE 개발, 앱 제품에서는 클라이언트(iOS, 안드로이드) 개발이라고 한다.

되면 디자인 담당자가 마크업 결과물과 디자인을 비교하여 디자인 필터링을 진행하고, 마크업 담당자가 이 필터링 피드백을 반영하여 수정함으로써 마크업 결과물이 완성된다. 이 마크업을 활용해서 프런트 개발자가 제품 프런트 개발을 본격적으로 진행하게 된다.

앱 제품의 경우에는 디자인 후 별도 마크업 없이 곧장 프런트 개발자가 작업을 진행하며, 프런트 개발이 1차로 완료된 후 디자인 필터링을 진행한다. 앱과 웹 구현에 있어 상세한 부분은 기술적인 환경에 영향을 많이 받으므로 그 부분은 이 책의 범위를 넘어선다. 9장을 참고하여 추가적인 학습을 하는 것도 추천한다.

백엔드 구현의 경우 서버 개발자를 주축으로 인프라, 보안 등 다양한 유관부서 담당자들과 협업하며 진행된다.

프런트와 백엔드 구현 작업이 1차로 완료되면 제품은 어느 정도 기획서에 그려낸 것과 유사한 모양새를 갖추게 된다. 물론 실제 사용자가 곧바로 사용할 수 있는 수준은 아니다. 무수한 테스트와 디버깅 작업을 진행하면서 완성도를 끌어올려야 한다. 긴 테스트를 거치고 난 뒤 서비스 환경에 최종 배포를 진행하면 마침내 완성된 제품이 사용자에게 공개된다. 테스트와 배포에 대해서는 5장에서 자세히 다룬다.

프런트와 백엔드 구현 과정이 진행되는 동안 프로덕트 매니저가 맡은 가장 중요한 역할은 두 가지이다. 현재 작업을 진행 중이거나 진행을 앞둔 담당자들과 커뮤니케이션하면서 각각의 작업 결과물이 기획서에 정의된 대로 적합하게 진행되고 있는지 점검하는 것, 그리고 일정 관리이다. 머리를 싸매고 문서 툴을 붙들고 수정과 개선을 거듭하며 요구사항 정의서와 화면 설계서를 그려내던 것에 비하면 상대적으로 수월하다고 느껴질 수도 있다. 그러나 그것은 섣부른 생각이다. 기획 문서를 만들어내는 것은 자신의 손만 움직이면 되는 일이었지만, 제품 구현 단계로 넘어간 순간부터는 자신이 아닌 다른 담당자들의 손을 움직여야 한다. 무언가 확인이 필요할 때 직접 알아내는 것에는 한계가 있어서 담당자에게 문의해야 하고, 문제가 발생했을 경우에도 직접 처리할 수는 없지만 처리가 되도록 만들어야 한다. 물론 성향에 따라 그러한 일을 더 선호하는 사람도 있겠으나, 일반적으로 혼자 일하는 것보다는 다른 이들과 협업하는 쪽이 훨씬 더 섬세하고 복잡한 업무 스킬을 필요로 한다. 호불호를 떠나 결코 더 쉬운 일이라고는 할 수 없을 것이다. 게다가 제품 구현 단계부터는 본격적으로 일정 압박을 의식하며 업무를 진행해야 하기 때문에 갈수록 더 바빠지는 것이 일반적이다.

이에 못지 않게 중요한 것이 바로 여기저기에서 들어오는 문의 사항이나 문제 상황을 확인하고, 대답 또는 해결책을 제시하는 것이다. 이 과정에서 발생하는 담당자 간 의견 조율이나 합의 도출, 의사결정 또한 프로덕트 매니저의 몫이다.

제품 구현 담당자는 작업을 진행하다가 기획서에 정의된 제품 요구사항에서 이해되지 않는 부분이 있으면 프로덕트 매니저에게 문의한다. 정확한 기획 의도를 파악하기 위한 질문도 있고(ex. 이 화면을 꼭 이런 방식으로 보여줘야 하는 이유가 있나요?), 요구사항에 대한 개선 의견일 수도 있고(ex. 이 버튼은 라디오 버튼이 아니라 토글 버튼으로 하는 게 더 자연스럽지 않을까요?), 프로덕트 매니저가 미처 다 정의하지 못한 부분에 대한 질문일 수도 있다(ex. 이 날짜 입력란에 존재하지 않는 날짜를 입력하면 어떻게 되어야 하나요?). 제품을 실제로 구현하다 보면 기획 단계에서는 전혀 예상치 못했거나 달리 생각했던 문제들이 쏟아지기 시작한다. 모든 구현 담당자가 설계도로 삼고 있는 것이 바로 프로덕트 매니저가 만든 기획 문서이기 때문에 구현 단계에서 발생한 질문을 프로덕트 매니저에게 묻는 것은 당연하다. 프로덕트 매니저는 이러한 질문이 제품의 구현 완성도뿐 아니라 기획의 완성도까지 높여 나가는 과정임을 이해하고, 질문을 던진 담당자에게 문서로는 다 전달되지 못했던 기획 의도를 정확하게 전달하여 궁금증을 해결해 주어야 한다. 또한 기존의 요구사항이나 더 나아가 기획 의도를 더 나은 방향으로 개선해 나갈 여지가 있다면, 프로젝트 일정이나 작업 흐름에 영향을 끼치지 않는 범위 안에서 적극적으로 검토해야 할 필요가 있다(물론 이미 구현이 시작된 시점에서 이 범위는 무척 한정적이기는 하다).

기획 문서와 일정표를 지도로 삼아 전체 프로젝트를 올바른 방향과 속도로 이끌어 나가는 것, 그것이 바로 제품 구현 단계에서 프로덕트 매니저의 역할이라고 할 수 있다.

4.1.2 디자인과 마크업

제품 프런트 구현은 디자인에서 시작된다. 디자이너는 1차로 완성된 요구사항 정의서와 화면 설계서를 바탕으로 실제 사용자에게 보여질 제품 디자인을 완성하는 역할을 담당한다.

일반적으로 하나의 제품은 단일 화면으로 구성된 것이 아니라 다양한 메뉴와 페이지, 그리고 개별 기능에 따른 세부 UI^user interface를 갖추고 있다. 디자인 작업 범위는 사용자의 눈에 들어오는 그 모든 제품 요소를 아우른다. 공통 디자인 몇 개만 만들어두고, 어떤 경우에는 어떤 부분을 어떻게 변경해서 구현하면 된다고 프런트 개발자에게 말로 설명해줄 수는 없다. 어떤 경우에 어떤 부분이 어떻게 변경된다면, 그 변경 모습에 대한 디자인 결과물도 나와야 한다. 그래서 디자인 작업 결과물은 제품의 규모와 기능 복잡도에 따라 매우 많은 이미지를 포함하게 된다.

디자인 작업은 최종 결과물이 나오기 전에 우선 시안을 잡아서 몇 차례 리뷰를 거치게 된다. 제품 담당 디자이너가 제품팀 소속이 아닌 별도 디자인 직군 팀에 소속되어 있을 경우, 해당 팀 내에서 먼저 시안 리뷰를 진행한다. 디자인팀 내에서 시안 리뷰가 끝나서 자체적인 업데이트가 완료되면 그 이후에 프로덕트 매니저에게 리뷰를 진행하게 된다. 해당 시안에 대해 프로덕트 매니저나 유관부서 담당자의 수정 의견이 있을 경우, 각 의견을 어떤 식으로 반영할 것인지 논의하여 디벨롭하는 과정을 거쳐서 최종 버전을 확정한다.

디자인 직군의 역할 정의는 회사마다 또는 개인마다 다를 수 있다. 어떤 디자인 담당자는 프로덕트 매니저가 전달한 화면 설계서를 거의 그대로 구현하는 방식으로 디자인 결과물을 만들어내는가 하면, 어떤 담당자는 디자인적 의견을 적극적으로 반영하여 문서에 그려져 있는 화면안과는 다소 다른 결과물을 가져오기도 한다. 어떤 경우이든 프로덕트 매니저는 시안을 꼼꼼히 검토하면서 기획서에 정의된 세부 요소들이 모두 다 적합하게 디자인에 반영되어 있는지 확인하고, 혹시 누락되거나 잘못 들어간 부분이 있다면 그에 대한 수정을 요청해야 한다. 어떤 디자인이 더 나아 보인다는 식의 문제에 대해서는 여러 사람의 의견을 모아 보거나 다른 제품 사례를 참고하여 최종 시안을 결정할 수 있다. 그러나 단순히 시각적인 문제가 아니라 제품의 핵심적인 기능이나 동선, 또는 기획 의도에 어긋나는 디자인이 있을 경우에는 어떤 부분이 왜, 어떻게 수정되어야 하는지 구체적으로 디자인 담당자에게 전달해야 한다. 디자인은 최종 시안이 확정되고 나면 이후 마크업과 프런트 개발이 연달아 진행된다. 개발이 진행 중인 시점에서 디자인을 수정한다면 또다시 디자인 – 마크업 – 프런트 개발 작업을 똑같이 반복해야 한다는 것에 주의하자. 그러니 분량이 아무리 많더라도 놓치는 부분이 없도록 주의 깊게 검토하고, 신중하게 최종 시안을 확정하도록 하자.

최종 시안이 확정되고 나면 디자인 담당자는 해당 시안을 바탕으로 프런트 구현 작업을 진행할 수 있도록 디자인 리소스를 마크업 담당자에게 전달한다. 전달 방식은 조직별로 다르다. 디자인 작업 원본 파일 형태로 전달하거나 제플린, 피그마 등 협업 툴을 통해 전달하기도 한다.

웹 제품에서 디자인 다음으로 진행되는 작업은 마크업 개발이다. 마크업은 간단히 말하면 이미지로 된 디자인이 코드로 된 웹페이지로 만들어지기 위한 연결고리와 같은 작업이다. 마크업 개발자는 디자인 리소스를 바탕으로 제품을 구성하는 페이지를 하나씩 html 형태로 구현해낸다. 이 마크업 페이지는 실제로 동작하는 것은 아니고 말 그대로 제품의 디자인을 고스란히 코드 형태로 옮긴 것으로 보면 된다. 브라우저에 띄워 놓으면 실제 제품 페이지로 보이지만 클릭을 한다고 해서 무언가가 바뀌지도 움직이지도 않는 껍데기뿐인 페이지라고 생각하면 쉽다. 그러나 마크업으로 구현된 이상 그것은 더 이상 단순한 이미지가 아닌, 코드로 짜여진 웹페이지이다. 그리고 이렇게 만들어진 마크업을 가지고 실제로 동작하는 페이지를 만들어내는 것이 바로 프런트 개발에서 진행하는 작업이다.[2]

마크업 담당자가 1차 마크업 결과물을 완성하면 우선 프로덕트 매니저에게 이를 공유하고, 프로덕트 매니저는 마크업 결과물을 검토하면서 기획서와 다르게 구현된 부분이 있는지 확인한다. 필요시 마크업 담당자에게 수정을 요청해서 결과물에 반영시킨다. 경우에 따라서는 마크업에 군이 반영할 필요 없이 프런트 개발에서 처리가 가능한 것도 있으

---

2 앞에서 앱 제품은 별도 마크업 없이 클라이언트 개발이 진행된다고 언급했다. 그 이유는 앱에서 껍데기만 구분해서 제작하는 것이 불가능하기 때문이다. 따라서 프런트 개발자가 디자인 리소스를 활용해서 웹 제품 구현의 마크업 단계를 포함한 작업까지 직접 진행하게 된다.

니, 마크업 담당자의 의견을 참고하도록 하자.

프로덕트 매니저가 요청한 수정 사항이 마크업에 모두 반영되면 디자인 담당자에게 디자인 필터링을 요청한다. 디자인 필터링이란 마크업 결과물이 시각적으로 디자인을 정확하게 반영하고 있는지 디자이너가 검수하는 작업을 말한다. 필터링 작업이 필요한 이유는 코드 영역에서 이루어지는 마크업 작업을 하다 보면 디자인과 완전하게 일치하지 않는 부분이 발생할 수 있기 때문이다. 비록 일반적인 사용자는 눈치채기 어려운 미세한 차이일지라도 제품의 시각적인 모양새는 본질적으로 디자이너의 손에서 만들어진 디자인과 동일해야 한다. 디자인 담당자는 이러한 필터링 작업을 통해 이미지로 된 디자인 결과물을 제작하는 것을 넘어서 실제로 구현된 제품의 디자인을 감독하는 역할 또한 수행하게 된다.

디자인 필터링에서 마크업에 수정이 필요한 부분이 발견되면 디자인 담당자가 이를 마크업 담당자에게 전달하고 마크업 담당자는 다시 해당 사항을 수정 반영하여 마크업을 완성한다. 다만 마크업은 이 시점에서 최종본이 완성되었다고 보기는 어렵다. 이후 마크업을 전달받아 프런트 개발을 진행하는 과정에서 이번에는 프런트 개발 담당자가 마크업 담당자에게 수정을 요청할 수도 있기 때문이다. 디자인 필터링에서 전달되는 수정 요청이 마크업이 시각적으로 구현한 부분에 대한 요청이라면 프런트 개발 과정에서 전달되는 수정 요청은 코드 레벨에서의 요청이다. 사실 이 중에서 프로덕트 매니저가 직접적으로 관여할 수 있는 부분은 없다. 그러나 현재 제품 구현이 어느 단계를 지나고 있으며 각 담당자가 어떠한 작업을 진행하고 있는지, 어떤 상황이 발생하고 있는지는 항시 파악하고 있어야 하므로 이러한 작업의 흐름은 반드시 이해하고 있어야 한다.

4.1.3 프런트엔드 개발과 백엔드 개발

프런트엔드 개발은 앞서 이야기했듯 실제로 동작하는 제품 프런트를 구현하는 작업이다. 사용자 관점에서 보면 제품 프런트는 어떤 모양새로 되어 있는지(디자인), 어떤 기능과 동선을 제공하는지(기획, UX)가 가장 핵심일 것이다. 프런트를 동작하게끔 하는 기술이란 단순히 레이아웃에 따라 필요한 정보를 화면에 뿌려주고, 어떤 메뉴를 클릭하면 선택한 메뉴 페이지로 이동하면 되는 단순한 수준으로 상상할 수도 있다. 그러나 프런트 개발은 기술적으로 어떻게 가장 효율적으로(빠르면서 안정적으로) 화면을 구현할지, 화면에 노출되는 각 영역에 보여줄 내용을 불러오기 위해 어떤 API$^{application\ programming\ interface}$를 언제 호출할지, 그 안에서 어떤 필드값을 활용해서 정보를 구성하여 어떻게 화면에 뿌려줄지, 제품 프런트에서 사용자가 수행한 액션에 따라 어떤 방식으로 정보를 처리하고 이를 서버에 전달할지 등 매우 복잡하면서도 세밀한 영역을 아우르고 있다.

프로덕트 매니저 입장에서 UX가 복잡해 보일수록 구현이 어렵다고 생각할 수도 있다. 그러나 어떤 기능의 모양새나 동작의 복잡도만으로 구현 난이도를 판단할 수는 없다. 복잡해 보이는 기능도 활용 가능한 라이브러리가 있다면 비교적 간단하게 구현할 수 있는가 하면, 매우 단순해 보이는 기능이라도 이를 구현하기 위해서는 프로덕트 매니저가 예상치 못했던 조건이나 복잡한 로직을 필요로 할 수도 있다. 프런트 개발자든 백엔드 개발자든 그들이 어떤 요구사항을 처리하기 위해서 대략 어떤 종류의 작업을 진행해야 하며 어느 정도 일정이 소요되는지, (비록 처음에는 그 내용을 다 이해하지 못하더라도) 개발자에게 질문을 던지고 확인하는 습관을 들이자. 그런 경험이 쌓여서 결국 개발자가 일하는 방식에 대한 이해도와 협업 기술을 높이는 밑거름이 된다.

제품 화면에 사용자가 기대한 정보를 보여주는 일, 사용자의 액션에 따른 결과를 처리하는 일은 대부분 서버와의 통신을 통해 이루어진다. 서버가 가지고 있는 정보를 화면에 노출하기 위해 클라이언트[3]는 필요한 정보 API를 호출^{call}하고, 서버가 전달한 응답^{response} 안에서 적합한 필드^{field} 값을 참조하여 화면을 구성한다. 사용자의 입력값을(ex. 사용자가 작성한 콘텐츠, 사용자가 장바구니에 넣은 상품) 저장하거나 처리하는 일 또한 필요한 API를 호출하여 진행하곤 한다. API는 한 제품에 하나만 필요한 것이 아니라 제품 화면에서 노출해야 하는 정보의 내용과 유형, 처리해야 하는 액션 종류에 따라 각각 따로 만들거나 몇 개의 공통 API를 조합하여 사용한다. 프런트 개발자는 구현 작업에 본격적으로 돌입하기 전, 필요한 API 요구사항을 먼저 정리하여 전달 방식부터 인터페이스 규

---

3 클라이언트는 서버로 데이터를 요청하고, 서버는 클라이언트가 요청한 데이터를 제공(응답)하는 구조이다. 클라이언트의 예시로는 웹 브라우저나 모바일 어플리케이션 등이 있다. 서버는 예시를 들기보다 '서버'를 검색해서 이미지 결과를 한번 보기를 추천한다.

격까지 백엔드 개발자와 협의하고, 협의된 결과에 따라 개발을 진행해 나간다.

백엔드 개발은 디자인이나 마크업 등 별도 작업 없이 기획이 완성된 시점부터 바로 착수할 수 있다. 물론 이는 백엔드 개발자가 바로 코딩을 통한 구현을 시작할 수 있다는 의미는 아니다. 기획서를 만들 때 문서 자체를 작성하는 일보다 그 내용을 구상하고 결정하는 것이 본질적으로 더 중요하듯이 개발 작업 또한 직접적인 코딩 외에도 머릿속으로 전체적인 설계를 잡는 것이 매우 중요한 부분이다. 특히 백엔드 개발이 맡은 것은 제품의 밑바탕을 이루는 데이터 흐름을 구현하는 것으로, 가장 눈에 보이지 않는 부분이지만 이것에 문제가 생기면 제품 전체가 무너질 수밖에 없다.

제품을 상점에 비유한다면 프런트 개발에서 구현하는 것은 상점 내부를 가지런하게 꾸미고 쾌적하게 유지하는 것, 상점에 들어온 손님에게 전반적인 서비스 제공, 손님이 구매하려는 상품을 전달하고 결제를 진행하는 부분일 것이다. 이에 비해 백엔드 개발에서 구현하는 것은 상점에서 판매할 상품의 유통 및 재고 관리, 회원제로 운영되는 상점이라면 고객 정보 관리, 손님이 구매한 상품과 결제 정보를 받아서 장부를 기록하고 정산하는 부분이라고 볼 수 있다. 백엔드에서 한번 잡아 놓은 구조를 나중에 가서 바꿔야 한다면 이는 제품의 모든 로직과 프런트 설계에까지 영향을 미치며, 그만큼 규모가 큰 작업이다. 그것이 사용자 입장에서는 아무런 차이를 감지할 수 없는 변경이라 할지라도 말이다. 따라서 백엔드 개발자는 실제 구현 작업에 들어가기 전, 안정적으로 장기간 유지 운영이 가능하면서도 제품 오픈 이후 변경 요구사항이 발생할 수 있음을 고려하여 가급적 유연한 구조로 백엔드를 설계하는 데에 많은 공수를 들이게 된다. 필요시 프런트 개발자와 어떤 데이터를 어떤 방식으로 주고받을지 대략적으로 논의하면서 구조 설계에 반영한다. DB 테이블의 구조를 잡을 때에는 DA$^{\text{data architect}}$ 또는 DBA$^{\text{database administrator}}$ 담당자와 협의를 진행하기도 한다. 이러한 설계가 완성된 이후부터 본격적으로 프런트 개발자가 요청한 API 스펙을 협의하여 결과물을 전달하고, 실제 제품 백엔드를 구현해 나가는 작업이 시작된다.

프로덕트 매니저는 프런트, 백엔드 개발 담당자가 각자 정리한 구현 일정 계획을 확인하고 프런트, 백엔드 간 협업 필요시점에 병목 없이 프로젝트가 진행 가능한 방향으로 계획이 잡혀 있는지 우선 확인한다. 프런트 개발 담당자와 백엔드 개발 담당자 사이의 개발 협의가 진행될 때는 일차적으로 관여할 필요까지는 없으나, 제품 전체의 안정성과 확장성, 효율적인 운영 유지 등 이러한 관점에서 의견을 전달할 수 있는 부분이 있다면 함께 논의하며 조율하도록 한다. 개발자와의 협업을 어려워 말고 적극적으로 참여하여 어떤 논의가 이루어지는지 듣고, 자신의 의견에 대해 개발자는 어떤 피드백 의견을 주는지 기회가 있을 때마다 대화를 나눠 보자. 바로 옆 동료와의 업무 대화는 그 어떤 문서나 서적보다 더 훌륭한 성장의 원천이 될 것이다.

저자의 한마디

이 장은 저자의 웹 서비스 구현 경험을 바탕으로 작성된 내용이 주를 이룹니다. 실제로 프런트엔드 개발의 업무 범위는 조직의 제품 구조, 의사결정 구조에 따라서 달라지기도 합니다. 가령 앱 서비스인 경우, 단순히 완성된 디자인을 앱에서 작동하는 서비스로 만드는 것뿐만 아니라 각 버전에 대한 관리도 담당합니다. 앱 버전의 각 코드는 호환되지 않고 버전별로 구분됩니다. 2.20 버전에서 새로이 제공하는 기능이 있다면 2.19 버전에서는 그 기능을 사용할 수 없습니다. 이 기능이 서비스 전반에 모두 반영되어야 한다면 강제 업데이트와 같은 결정을 하기도 합니다. 안드로이드와 iOS는 별개의 구현 방식을 가지고 각기 다른 기능이 포함되는 경우도 있으므로 이 역시도 관리합니다. 웹 서비스라면 화면의 해상도에 따라 동일한 디자인도 다르게 보일 수 있으므로 기획 및 디자인 의도를 다양한 사용자 환경에 맞춰 제공하는 것이 프런트엔드 담당자의 역할입니다.

또한 API 구현 시에는 프런트엔드와 백엔드 구현 담당자가 상의하여 진행하고 이에 필요한 API를 직접 작업하는 경우도 조직에 따라 있을 수 있습니다. 한 단계 더 나아가서는 프런트엔드만을 위한 별도 서버를 구성하고 이 역시도 프런트엔드 담당자가 작업하기도 합니다. 따라서 프런트엔드와 백엔드의 업무 범위 역시 조직마다 다르다고 할 수 있어요. 가장 큰 범주에서 구분하자면 프런트엔드는 사용자와 마주하는 제품의 일체에 집중하는 반면 백엔드는 그러한 제품이 동작할 수 있도록 데이터를 관리하고 저장하고 프런트엔드로 보내주는 전반을 관장한다고 이해하면 됩니다.

4.2 스프린트 운영

4.2.1 백로그와 스프린트 관리

제품 구현 단계에서는 말 그대로 쉴 새 없이 스프린트가 돌아간다. 스프린트는 주로 프런트 개발과 백엔드 개발 담당자가 주축이 되어 (대개는 전체 프로젝트 기간 중에서 이들의 작업에 소요되는 비중이 가장 크다) 주기에 맞춰서 이슈를 처리하고 다음 주기 작업으로 넘어가는 방식으로 진행된다. 프런트, 백엔드 개발 직군 안에서는 각각 그들의 업무 진행 및 관리 방식에 맞춰서 제품팀 전체 스프린트와는 별개의 스프린트를 운영할 수 있다. 데이터 구조 변경이나 코드 리팩토링[4] 등과 같이 사용자에게 직접적인 영향을 미치지 않는, 개발 직군 내부 업무가 진행되는 스프린트가 대표적인 예이다. 이는 완전히 개발 영역에 속한 이슈만으로 이루어진 스프린트라서 프로덕트 매니저가 관여하거나 관리해야 할 대상은 아니다. 다만 프런트, 백엔드 개발의 진행 현황을 파악하기 위해 스프린트 주기나 각 스프린트에 할당된 이슈 또는 스프린트 목표 등을 공유받기도 한다.

프로덕트 매니저가 관리하는 스프린트는 제품팀 전원이 참여하는, 제품 구현 작업의 전체 흐름을 이루는 스프린트이다. 제품 기획이 완료되고 본격적인 구현 단계에 접어들면 프로덕트 매니저는 우선 어떤 주기로, 어떤 방식으로 스프린트를 운영해 나갈지 제품팀 구성원과 협의하여 정리하는 것이 필요하다. 디자인, 마크업, 프런트, 백엔드 각 담당자들이 기획서에 정의된 제품 스펙을 기준으로 산정한 각자의 작업 예상 일정과 진행 순서를 참고하여 해당 프로젝트에 가장 적합한 호흡과 일감 분배 계획을 잡아 보도록 하자.

스프린트 운영의 큰 틀이 잡히고 나면, 프로덕트 매니저는 프로젝트를 완료할 때까지 계속 스프린트를 반복 진행하면서 전체적인 관리를 맡는다. 스프린트 관리에서 가장 핵심적인 요소를 꼽자면 백로그[backlog]를 들 수 있다.

백로그란 제품에서 구현이 필요한 기능 또는 프로젝트 안에서 처리해야 하는 과제의 세

---

4 Code Refactoring. 제품 코드를 정리하여 보다 깔끔한 형태로 만드는 작업을 말한다.

부 목록을 말한다. 이는 단순히 해야 하는 일의 나열이 아니라 더 복잡한 개념이다. 백로그를 이루는 개개의 과제 항목을 흔히 이슈^{issue}라고 부르는데(대표적인 업무관리 협업 툴인 지라에서는 티켓^{ticket}이라고도 부르며, 칸반보드 형태의 툴에서는 카드가 이에 해당한다), 모든 이슈는 기본적으로 다음과 같은 필수 요소로 이루어져 있다.

유형

이슈의 유형은 3장에서 설명한 유저 스토리^{user story}와 연결되어 있다. 백로그 관리에 사용하는 툴에 따라 더 세분화된 유형을 가질 수도 있지만 이슈의 유형은 기본적으로 태스크^{task}, 스토리^{story}, 에픽^{epic}으로 나뉜다.

스토리는 곧 유저 스토리를 말한다. 3장에서 설명했듯이 제품의 기능 또는 제품에 대한 요구사항을 사용자 관점에서 간단명료하게 서술한 것이다. 하나의 스토리는 그 자체로 독립적이면서 구분된 업무 단위로 취급할 수 있는 크기여야 하며, 한 개의 제품 피처^{feature}에 대응하는 범위가 이상적이다. 태스크도 스토리와 유사하나 그보다 작은 서브태스크^{subtask}로 쪼갤 수 있다는 차이가 있다. 서브태스크는 하나의 태스크를 구현하기 위해 실제로 처리해야 하는 개별 업무 단위 이슈이다. 가장 작고 기본적인 단위로, 하나의 서브태스크는 단일 스프린트 기간 안에 처리가 가능해야 한다. 에픽은 반대로 가장 큰 업무 단위이다. 하나의 스토리가 단일 스프린트 기간 안에 처리가 불가능한 크기일 경우 이를 에픽으로 삼고, 그것을 구성하는 세부 스토리를 쪼개어 에픽 하위에 둔다.

요약(제목), 설명(내용)

요약은 해당 이슈의 핵심을 한 문장으로 정의한 제목과 같은 것이라고 생각하면 된다. 백로그는 대개 각 이슈에 대한 설명 없이 요약만 나열한 목록 형태이므로, 요약만 보고 해당 이슈의 내용이 무엇일지 쉽고 명확하게 인지할 수 있는 형태로 작성하는 것이 좋다. 설명의 경우 해당 이슈에서 처리해야 하는 과업에 대한 설명과, 가능하면 인수 조건^{acceptance criteria}(3장 참고)까지 포함하여 간단명료하게 정리한다. 하나의 이슈는 담당자 한 명만 보는 것이 아니고 해당 이슈와 연관된 작업을 가진 사람, 직접적인 연관은 없더라도 제품의 다른 부분을 구현하기 위해 해당 이슈를 참고해야 하는 사람, 해당 이슈가 해결되었을 때 테스트 해야 하는 사람 등 두루 확인해야 한다. 따라서 설명은 제품 구현 관련자라면 누구라도 어느 정도 그 내용을 이해할 수 있도록 작성하는 것이 여러 모로 도움이 된다.

담당자

특정 이슈의 담당자는 이슈를 실제로 처리해야 하는 스프린트 구성원으로 지정된다. 이슈가 제품 프런트와 관련된 것이라면 프런트 개발자가, 제품 백엔드와 관련된 것이라면 백엔드 개발자가 담당자가 된다. 때로는 하나의 이슈를 처리하기 위해 여러 명의 구성원이 순차적으로 또는 동시다발적으로 작업을 진행해야 할 수도 있는데, 이때는 맨 처음으로 작업해야 하는 사람을 우선 담당자로 지정하고, 담당자가 맡은 작업을 끝내면 그 다음으로 이어서 작업을 진행할 사람으로 담당자를 변경하면서 계속 이슈를 넘겨주는 형태로 진행한다. 일하는 방식에 따라서는 이슈가 개발 측면에서 완료된 후 프로덕트 매니저 또는 테스터에게 테스트를 요청할 때 테스트 담당자를 이슈 담당자로 변경했다가, 테스트가 완료되어 배포만 남은 시점에 다시 개발 담당자로 이슈 담당자를 변경하기도 한다.

우선순위

우선순위는 해당 이슈를 얼마나 우선적으로 처리해야 하는지를 나타내며 크게 높음, 중간, 낮음으로 구분한다(지라에서는 가장 높음highest, 가장 낮음lowest 단계도 존재한다). 프로젝트를 진행하다 보면 구현해야 하는 기능 또는 요구사항의 규모와 복잡도에 따라 적게는 수십에서 많게는 수백 건까지 백로그가 쌓이게 된다. 따라서 모든 이슈는 생성할 때부터 우선순위를 매겨두어서 긴 프로젝트 기간에 걸쳐서 전체적인 일 처리를 효율적으로 진행할 수 있도록 해야 한다. 우선순위를 산정하는 방식은 이슈의 중요도와 시급도, 필요 리소스 등을 종합적으로 고려하여 정하되, 제품팀 안에서 공통으로 적용할 기준을 따로 마련해두는 것이 좋다. 이 기준은 프로젝트 상황에 따라 언제든 변경될 수 있으며, 특히 급박하게 작업이 진행될수록 우선순위 산정 기준을 빠르게 재검토하여 상황에 맞춰서 빠르고 유연하게 가져가는 것이 필요하다.

상태

상태는 해당 이슈의 처리 상태를 말하는 것으로, 크게 진행 전 – 진행 중 – 완료의 흐름으로 구성된다. 백로그에 쌓인 이슈는 기본적으로 진행 전 상태이고, 이슈가 스프린트에 할당되어 담당자가 관련 작업을 진행하기 시작하면 진행 중 상태로 돌입하며, 처리가 모두 끝나면 완료 상태가 된다. 물론 이 또한 백로그 관리에 사용하는 툴이나 제품팀 구성원 간 협의에 따라 훨씬 더 세밀하게 나눌 수 있다. 대표적으로 지라에서는 Open – Ready to Progress – In Progress – Resolved – In Test – Ready to Realease – Closed/Reopened라는 긴 흐름으로 이슈 상태를 구분한다. 한 스프린트가 종료되는 시점까지 해당 스프린트에 할당된 이슈를 모두 완료하는 것이 목표이며, 스프린트가 끝날 때까지도 완료되지 못한 이슈는 다음 스프린트로 넘어가게 된다.

이처럼 개개의 이슈는 그 자체로 하나의 과제를 정의하고 설명하며, 유형의 위계에 따라 서로 유기적으로 연결되어 있다. 또한 그것을 누가, 언제, 어떤 방식으로 처리해야 하는지까지 내포하고 있다. 백로그는 바로 그러한 이슈의 총합으로서 스프린트와 결합하여 제품이 조직적으로 완성되어 나갈 수 있도록 이끄는 강력한 도구라고 할 수 있다.

백로그를 활용하여 스프린트를 운영하는 흐름은 다음과 같다(1장의 '스프린트' 항목 참고).

1) 이슈 작성

(프로덕트 매니저를 포함한) 스프린트 참여자가 본인이 처리해야 하는 과제를 이슈로 작성하거나 다른 담당자에게 처리를 요청할 과제를 이슈로 작성하여 백로그에 쌓는다.

2) 백로그 정제

백로그에 추가된 이슈를 검토하면서 과제가 올바르게 정의되었는지, 작업 규모와 우선순위는 적당한지, 스펙아웃spec out되었거나 다른 이슈와 중복되는 등 불필요한 이슈는 없는지 등을 판단하여 이슈를 다듬는다. 이는 사소해 보여도 중요한 과정이다. 조립식 가구를 구매했을 때 가장 먼저 하는 일이 상품 완성에 필요한 모든 부품이 다 제대로 왔는지 확인하는 일인 것처럼, 일을 진행하는 단위인 백로그가 부정확하거나 깔끔하지 않을 경우 이후 스프린트 진행에도 영향을 주게 되기 때문이다. 그렇다고 해서 백로그를 하나하나 분석하듯 꼼꼼하게 진행할 필요는 없고, 관련 담당자들이 함께 빠르게 이슈를 훑어보면서 문제가 없는지 검토하는 정도면 충분하다.

3) 이슈 할당(스프린트 계획)

백로그에 쌓여 있는 이슈를 검토하여 적당한 스프린트에 할당한다. 프로젝트 기간이 짧아서 몇 번의 스프린트로 끝날 경우, 첫 번째 스프린트에 돌입하기 전에 사전에 작성해 둔 모든 이슈를 한꺼번에 할당할 수도 있다. 다만 프로젝트 진행 과정에서 이슈가 추가되는 경우가 빈번하므로 새로 작성된 이슈들을 모아서 다시 스프린트에 할당하는 작업을 정기적 혹은 비정기적으로 진행할 수 있다. 어느 정도 기간이 있는 프로젝트의 경우에는 스프린트 할당 작업 또한 스프린트처럼 주기적으로 진행하면서 그때마다 갱신된 백로그를 다시 검토하고 우선 처리가 필요한 이슈 위주로 인접한 스프린트에 할당한다.

한번 스프린트에 할당된 이슈는 그 상태로 고정되는 것이 아니라, 프로젝트 진행 상황에 따라 얼마든지 유동적으로 변경될 수 있다. 스프린트 할당 작업을 진행할 때는 그것을 고려하여 이미 할당이 완료되어 이후 진행을 앞둔 이슈들에 대해서도 재검토가 이루어질 수 있다.

4) 스프린트 진행

하나의 스프린트는 시작하기 전에 해당 스프린트에서 처리할 이슈 할당이 끝난 상태여야 하고, 종료할 때에는 할당된 모든 이슈가 완료된 상태여야 한다. 물론 상황에 따라서 빠르게 처리해야 할 긴급한 이슈가 있거나 당초 예상보다 스프린트 진행 리소스에 여유가 있을 경우, 새로운 이슈가 진행 중인 스프린트에 중도 할당될 수도 있다.

반면 이미 할당된 해당 스프린트에서 처리하기 어렵다고 판단될 경우에는 해당 이슈를 이후의 스프린트로 옮기기도 한다. 직후 스프린트에 바로 이어서 작업을 진행할 예정이라면 곧장 다음번 스프린트로 옮기면 된다. 그렇지 않고 할당 재검토가 필요한 경우라면 일단 이슈를 다시 백로그로 옮겼다가, 이후 다시 스프린트 할당 작업 시점이 찾아왔을 때 새로운 스프린트로 할당한다.

프로덕트 매니저는 위에 정리된 전 과정에 걸쳐 관리자 역할을 수행한다. 이슈 작성은 스프린트에 참여한 여러 명이 각자 진행하지만 프로덕트 매니저는 수시로 백로그를 확인하면서 어떤 이슈가 쌓여있는지 확인하고 전체 프로젝트에서 처리해야 할 일감의 규모를 파악해 두어야 한다. 작업이 필요한 이슈가 누락되었을 경우에는 해당 이슈를 진행할 담당자에게 이슈 작성을 요청하거나 프로덕트 매니저가 담당자를 지정하여 직접 이슈를 작성하기도 한다. 백로그 정제 또한 제품 전체의 설계도를 그린 사람이 바로 프로덕트 매니저이므로, 프로덕트 매니저의 시각에서 각 이슈의 적합도를 판단하는 것이 필수적이다.

이슈 할당에는 스프린트 참여자 전원이 참석한다. 각 이슈를 실제로 작업해야 하는 담당자가 업무 진행 가능 시기와 투여 리소스 등을 검토해야 하기 때문이다. 프로덕트 매니저는 이슈 할당을 위한 스프린트 계획 회의의 주관자로서, 사전에 적절한 할당 안을 먼저 잡아두고 회의 자리에서 각 담당자들의 의견을 요청하거나, 담당자들과 처음부터 논의하면서 의견을 조율해 나간다.

마지막으로 스프린트가 진행되는 동안 프로덕트 매니저는 현재 스프린트에 속한 각 이슈 처리가 잘 진행되고 있는지 담당자들을 통해 수시로 중간 점검해야 한다. 스프린트 종료를 앞둔 시점에는 스프린트에 속한 모든 이슈가 적합한 형태로 최종 완료되었는지를 체크하여 현 스프린트와 이후 일정에도 문제가 없는지 확인하는 것도 프로덕트 매니저의 몫이다.

4.2.2 일정과 문서 관리

일정 관리는 그야말로 스프린트를 진행 중인 모든 프로덕트 매니저의 머릿속에서 가장 중심에 자리잡은 과업이 아닐까 한다. 스프린트에 참여하고 있는 각 담당자들은 본인이 지금 당장 진행 중인 이슈나 조만간 진행하게 될 이슈의 일정을 주로 생각한다. 그러나 프로덕트 매니저는 항상 프로젝트 전체 진행 상황을 체크하면서 앞으로 남은 이슈는 얼마나 되는지, 처음 산정했던 일정에 맞춰서 진행이 완료될 수 있는지 점검해야 한다. 또한 제품팀 내부 작업 현황은 물론 외부의 여러 관련 상황에도 관심을 두고 혹여 일정에 영향을 미칠 만한 점은 없는지 미리 확인해야 한다. 그렇게 함으로써 예정했던 오픈 날짜에 정상적으로 제품을 선보일 수 있도록 만드는 것이 프로덕트 매니저의 가장 중요한 역할이라 해도 과언이 아니다.

대부분 프로젝트는 빠듯한 일정으로 진행된다. 한정된 자원으로 최대의 성과를 올려야 하는 기업에서 일정을 여유롭게 허용해주는 경우가 얼마나 되겠는가. 그 누구도 전체 일정을 관리하지 않는 프로젝트가 정해진 일정 안에 완료되기를 바라는 것은 시계 없이 시간을 맞추려 하는 것과 다름없다. 그리고 그 전체 일정 관리의 책임자가 바로 프로덕트 매니저임을 잊지 말자.

일정 관리를 잘하려면 무엇보다도 제품팀 구성원들과의 적절한 커뮤니케이션이 중요하다. 결국 일정에 맞춰서 작업을 진행해야 하는 사람은 디자인, 마크업, 프런트/백엔드 개발자 등 프로덕트 매니저가 아닌 다른 담당자들이다. 이들이 작업을 진행하는 데에 문제는 없는지, 협업이 필요한 부분이 어디선가 막히거나 꼬여 있지는 않은지, 작업 완료 예상 시점은 언제이며 필요시 조정은 가능한 상황인지 등, 일정과 관련된 현황과 제반 사항들을 제때 파악하려면 수시로 동료들과 대화를 나누고 확인해야 한다. 동료가 작업과 관련해서 문의하거나 확인을 요청한 사항이 있다면 작업 일정에 필요한 기한 내로 빠르게 피드백을 전달하자.

일정과 더불어 프로덕트 매니저가 중요하게 챙겨야 할 것 중 하나가 바로 문서 관리이다. 스프린트 작업을 진행하다 보면 앞서 이야기했듯 프로덕트 매니저에게 다양한 문의가 들어오는데, 프로덕트 매니저는 그에 대해 자신이 답변 또는 판단한 내용을 반영하여 기획서를 계속 부지런히 업데이트해 나가야 한다.

흔히 기획서에 누락된 부분이 있거나 기획 내용에 변화가 있을 경우에만 문서를 업데이트하면 된다고 생각하기 쉽다(여기에 대해서는 이어지는 장에서 따로 다룬다). 하지만 함께 프로젝트를 진행하고 있는 담당자가 기획서를 보고 의문을 갖거나 이해하지 못한 부분을 질문했다면, 그에 대한 대답도 문서에 정리해 두는 것이 좋다. 아무리 잘 만든 기획서로 리뷰까지 잘했다 하더라도 그것만으로 모든 제품팀 구성원이 프로덕트 매니저와 동일한 수준으로 기획 의도와 제품 스펙을 이해하게 될 수는 없다. 심지어 프로덕트 매니저 본인조차도 제품의 모든 요소를 처음부터 완벽하게 다 생각해 두었을 수는 없다. 결국 기획서에는 여기저기 구멍이 있는 것이 당연하다. 그리고 누군가가 구멍을 발견했다면 (기획서를 작성한 프로덕트 매니저 본인이 발견하는 것도 포함된다) 그것을 메워서 다시 공유해야 한다. 제품 구현을 진행하면서 모두가 동일하게 보아야 하는 유일한 설계도가 바로 기획서이기 때문이다.

누군가가 질문을 했다면 다른 사람도 같은 질문을 할 수 있다. 의견 제시도 마찬가지다. 그리고 질의응답이나 논의에 대한 결론을 문서로 남겨두지 않으면 그것은 그냥 날아가 버리고 만다. 시간이 흐르면 서로가 엇갈리게 기억할 수도 있고 아무도 기억하지 못할 수도 있다. 게다가 기획서는 제품 구현이 완료될 때까지만 보는 것이 아니라 제품을 운영하는 과정에서 파악해야 할 부분이 생겼을 때나 제품 개선안을 기획할 때와 같이 제품이 존재하는 한 계속 참고하게 될 수밖에 없는 문서이다. 결국 기획서에 담긴 내용을 세밀화하며 업데이트해 나가는 것은 해도 그만 안 해도 그만인 문서 작업이 아니라, 프로덕트 매니저를 포함한 제품팀 모두를 위한 매우 중요한 일이다.

어떤 이유로 얼마큼 수정했든, 기획서를 업데이트할 때마다 이전의 문서와 구분할 수 있도록 파일명에 버전명이나 업데이트일을 명시하여 버전 관리를 하는 것은 기본이다. 그리고 문서 첫장에는 버전별로 어떤 내용이 변경되었는지, 변경된 부분은 문서의 몇 페이지에 해당하는지를 나열한 목록을 항상 첨부하자. 이러한 업데이트 내역은 문서마다 해당 버전의 내역만 기재하는 것보다는 최초 버전부터 해당 버전까지 이어진 모든 내역을 나열하는 것이 좋다. 그래야 최신 버전의 문서를 볼 때 해당 기획서의 내용이 어떤 흐름으로 디벨롭되어 왔는지 파악할 수 있기 때문이다.

4.3 상황별 대응

4.3.1 기획서 내용 변경

앞서 문서 관리에 대해 언급하면서 제품 구현 담당자가 기획서를 보고 의문을 품거나 이해하지 못한 부분이 있을 경우 이에 대한 설명을 추가하여 기획서를 업데이트해야 한다는 점을 강조했다. 이는 프로덕트 매니저 본인은 전달이 필요한 내용을 다 기획서에 담았다고 생각했지만, 기획서를 보는 사람 입장에서는 불충분했던 부분을 메꿔나가는 측면에 대한 이야기다.

그렇다면 이보다 좀 더 크게 와닿는 상황, 이를테면 기획서에 담겨야 할 일부 스펙이 아예 누락되었거나 기획서에 정리한 내용을 변경 또는 삭제해야 하는 경우에 대해 이야기해 보자.

우선 짚고 넘어가자면 이런 일은 비일비재하게 일어난다. 그리고 이를 반기는 프로덕트 매니저는 없을 것이다. 기획서를 일부 다시 작성해야 하는 수고로움은 둘째치고, 제품팀을 다시 불러모아서 자신의 기획에 오류 또는 부족함이 있었음을 밝히고 각 담당자가 새로 받아들여야 하는 내용을 전달하는 것은 결코 유쾌하지 않은 일이다. 프로덕트 매니저의 잘못이 아니라 외부 상황 때문에 어쩔 수 없이 벌어진 일이라 해도 마찬가지다. 변경된 기획서를 공유하는 과정에서 제품팀 구성원에게 마치 질책처럼 들리는 피드백을 받을 수도 있고 (ex. 다음부터는 이런 부분은 사전에 검토를 마치고 스펙을 확정했으면 좋겠네요.) 그냥 그 상황이 발생했다는 것 자체에 자신감이 꺾일 수도 있다.

다시 말하지만, 이것은 생각보다 꽤 자주 발생하는 일이다. 매번 너무 스트레스를 받지 않도록 마음을 다스리도록 하자. 프로덕트 매니저는 온갖 예상치 못했던 변수며 이벤트, 예외적인 상황, 매뉴얼 하나 없이 새로운 업무를 어떻게든 해내야 하는 일에 익숙해져야 한다. 그리고 무엇보다도 자신의 기획서나 프로젝트 진행 방식에 대해 동료가 당연히 할 수 있는 피드백을 본인에 대한 비난이나 공격으로 받아들이지 않는 태도를 익혀야 한다. 프로덕트 매니저는 모든 직군과 협업하기에 모두로부터 일상적으로 피드백을 받게 된다. 그 결과 프로덕트 매니저는 성장하거나 완고해지거나 의기소침해지게 되는데, 어느 쪽으로 나아갈지 스스로 결정할 수 있다고 믿자.

변경된 기획서를 공유할 때에는 기존 기획에서 왜 변경이 발생하게 되었는지에 대해 동료들이 이해할 수 있는 수준으로 설명하고, 변경된 항목 위주로 간단히 리뷰를 하면 된다. 기존에 인지하지 못했던 오류나 취약점을 개선하거나 사용자에게 보다 더 편리한 동선을 제공하고자 하는 등 합당한 이유가 있다면, 이는 그 중요도에 따라 마땅히 기획 변경을 고려해야 할 일이다. 변경된 기획서로 제품팀 담당자들에게 리뷰를 마치고 검토 의견을 받으면 이를 참고하여 변경안을 진행할지 포기할지 또는 다시 수정하여 검토할지 결정을 내린다. 변경안으로 진행하되 예상 소요시간 등 기존 대비 변경되는 부분이 있을 경우에는 이를 파악하여 제품팀 전체와 상위 의사결정권자에게 공유한다.

만약 기획서에서 누락되었거나 자신이 실수로 잘못 작성한 내용이 있다면 최대한 빠르게 이를 수정하여 담당자에게 공유해야 한다. 실수는 늦게 바로잡을수록 치러야 하는 비용이 비싸진다는 것을 명심하자. 어렵더라도 두려움을 잠시 내려놓고, 실수를 사과하고 고쳐야 할 부분을 명확하게 정리해서 관련 담당자에게 수정을 요청하자. 본인의 실수를 기억하고 배우는 것에 집중하자.

4.3.2 일정 지연

당초 계획보다 일정이 지연되는 것도 현업에서 자주 마주치게 되는 곤욕스러운 상황 중하나다. 우선, 일정 지연 여부는 마감일에 임박해서 판단하는 것이 아니다. 수시로 일정 관리를 하면서 계획된 일정에 맞출 수 있을지 판단하고, 판단 결과 지연이 발생할 가능성이 높다는 결론이 나면 그때부터 바로 일정 지연 대응에 돌입해야 한다.

가장 먼저 지연이 발생한 원인을 확인하고, 지연으로 인해 변경될 예상 일정은 언제가 될지 구체적으로 계산하자. 더 나아가 변경된 예상 일정에서 추가로 지연이 발생하지 않으려면 어떤 조치를 미리 취해 두어야 하는지까지 파악하는 것이 좋다. 그 다음으로 빠르게 상위 의사결정권자에게 확인한 내용들을 공유하고 이후 대책을 마련해야 한다. 선택지는 대개 셋 중 하나다. 어떻게든 일정을 맞추기 위해 추가 리소스를 투입하거나 프로젝트 완료 기한을 늦추거나 최초 기획한 제품 스펙에서 일부를 스펙아웃 시키는 것이다. 최종 선택을 하는 것은 의사결정권자이지만, 프로덕트 매니저 입장에서 가장 나은 선택지는 무엇일지 먼저 고민해보자. 일정을 맞추기 위해서는 리소스가 얼마나 더 필요한지, 스펙아웃 가능한 후순위 기능은 어떤 것이 있으며 스펙아웃시 어느 정도까지 일정 단축이 가능한지 등, 각 선택지마다 추가로 검토가 필요한 사항을 정리해 보면 어떤 것이 현재의 제품팀 상황에 가장 적합한 방향인지 어느 정도 판단이 될 것이다. 또한 이러한 사항들은 어차피 의사결정권자가 선택을 내리기 위해 프로덕트 매니저에게 요구하는 정보이기도 하니, 미리 준비해두면 도움이 될 수 있다.

물론 가장 좋은 것은 일정 지연이 발생하지 않도록 하는 것이겠지만 그것은 프로덕트 매니저가 마음만 먹으면 해낼 수 있는 성질의 것은 아니다. 디자인, 마크업, 개발 담당자가 작업을 진행하다 보니 처음에 기획서를 기반으로 도출했던 소요 일정보다 더 오랜 시간이 걸릴 수도 있고, 제품팀 인력의 퇴사나 예기치 못했던 장기 부재 등 갑작스럽게 투입 리소스 변동이 생길 수도 있다. 중요한 건 일정 지연이 발생할 가능성을 얼마나 빨리 판단하는가이다. 빠르게 판단할수록 미리 대응할 수 있고, 결과적으로 지연이 발생하더라도 그 폭을 최소화할 수 있다. 평소 수시로 일정 관리와 프로젝트 상황 체크를 하는 것과 더불어, 언제 어떤 상황에서 어떤 이유로 주로 지연이 발생했었는지 자신의 경험을 쌓아서 데이터로 활용하자. 그러다 보면 어느 순간 프로젝트마다 유사한 패턴과 진행 양상이 눈에 들어오면서 남들이 보지 못한 부분까지 빠르게 인지하고 기민하게 대응할 수 있는 시니어 프로덕트 매니저가 되어 있을 것이다.

4장에서 다루는 내용은 주니어 프로덕트 매니저를 위한 구명조끼 같아요. 프로덕트 매니저 업무는 백과사전처럼 정리해서 알려주기 어렵습니다. 처음 일하기 시작했을 때는 나무 하나하나 보기에 급급했어요. 모두의 의견을 반영하고 제때 일을 처리해야 하고 전체적인 과정을 훑어보고 경중을 구분하여 일할 수 있었으면 좋았을 것 같아요. 그런 의미에서 이 장은 나무보다는 숲을 볼 수 있는 관점을 제시한다는 정도로 이해했으면 합니다. 실제로 경험하거나 또는 경험할 내용과 다를 수 있고 그것에 대해서는 언제든지 함께 이야기해 보고 싶습니다.

Chapter

5

테스트와 배포

이 장에서는 제품이 만들어진 뒤부터 배포를 완료하기까지의 단계를 다룬다.

흔히 제품을 만드는 것을 하나의 긴 과정이라고 한다면 배포는 그 과정이 끝났을 때 찍는 '마침표'라고 생각하기 쉽다. 그러나 배포는 결코 하나의 '마침표'가 아니다. 물론 제품을 만드는 데 소요되는 시간에 비하면 상대적으로 짧지만, 배포 또한 그 자체로 적지 않은 일정과 리소스를 들여 진행해 나가야 하는 별개의 '과정'에 가깝다.

제품 개발이 1차로 완료되면 그때부터 몇 단계에 걸친 페이즈^{phase}별 테스트를 진행한다. 그리고 테스트가 완료될 때마다 코드를 수정하여 다음 페이즈에 배포한 뒤 다시 테스트하는 사이클을 반복하게 된다. 그리고 마지막 테스트가 완료되면 비로소 실제 제품에 코드를 배포^{release}하여 사용자들에게 선보이게 된다.

이 장은 크게 '테스트 시나리오'와 '배포 시나리오' 두 파트로 나누어 서술한다. 테스트 시나리오에서는 배포 전 테스트에 필요한 사전 준비사항을 중심으로 설명하고, 배포 시나리오에서는 실제 서비스 배포를 진행하기 위한 시나리오 정리와 실제 배포 과정을 설명한다.

5.1 테스트 시나리오

5.1.1 테스트 시나리오의 정의와 목적

테스트 시나리오란 무엇일까.

단어 자체에서 직관적으로 알 수 있듯이 테스트 시나리오는 무엇을, 어떻게 테스트할 것인지 정리한 문서라고 생각하면 된다.

그렇다면 테스트 시나리오는 언제, 왜 필요한가?

테스트는 개발 완료 후 사용자에게 전달(즉, 배포)되기 전에 진행된다. 목적은 요구사항에 맞게 개발이 잘 진행되었는지, 예상치 못한 오류는 없는지 확인하기 위함이다. 제품에 따라 빈도의 차이만 있을 뿐 기능의 추가나 변경은 늘 발생하며, 수정된 코드는 반드시 테스트를 통해 서비스에 적합한 상태임을 확인한 뒤 배포해야 한다. 그러나 모든 테스트에 테스트 시나리오가 필요한 것은 아니다.

일반적으로 제품의 출시 또는 대대적인 개편과 같이 일정 규모 이상의 제품 스펙이 단일 배포에 한꺼번에 묶여 있는 경우에 테스트 시나리오를 작성한다. 이러한 배포는 거기에 엮여 있는 테스트 필요 항목만 나열해도 최소 수십에서 많게는 백 단위까지 거든히 나오는데, 항목마다 페이즈별, OS/기기별로 테스트를 진행해야 하는 만큼 그 범위가 대단히 넓고 복잡하다. 따라서 이 테스트를 진행하는 데만도 적지 않은 시간과 인력이 소요된다.

규모가 큰 회사라면 이러한 테스트를 담당하는 QA$^{quality\ assurance}$ 전담 조직을 별도로 두고, 각 제품팀에서 개발 일정에 맞추어 미리 QA 리소스를 요청하여 할당을 받는 방식으로 진행하기도 한다. 경우에 따라서는 제품팀 안에서 (주로 기획직군이) 직접 내부 테스트만 진행할 수도 있고, 내부 테스트를 1차로 진행한 뒤 QA 테스트를 추가로 진행하는 경우도 있다. 이는 전적으로 배포 스펙과 조직의 리소스 상황에 달린 문제로, 방식에 따라 소요되는 테스트 기간 또한 며칠, 몇 주, 수 개월까지 천차만별이다.

어떤 방식을 선택하든 다수의 인력이 짧지 않은 기간에 걸쳐 테스트를 진행해야 하기 때문에 반드시 사전에 테스트 스펙과 방식을 정하고 이를 위한 일정과 리소스를 미리 협의해두어야 한다. 또한 광범위한 테스트 과정에서 누락되는 부분이 없도록 세부적으로 테스트 케이스를 설계해야 한다. 테스트를 위한 이 모든 사전 작업이 곧 테스트 시나리오에 해당한다.

즉 테스트 시나리오는 대규모 테스트의 설계도다. 그만큼 중요하다. 프로덕트 매니저는 앞서 설명한 수많은 기획서만큼이나 테스트 시나리오에도 공을 들여야 한다. 기획서를 통해 그려낸 제품이 실제로 만들어졌을 때의 품질을 결정하는 부분이기 때문이다.

5.1.2 테스트 시나리오의 필수 사항

테스트 시나리오를 정리하는 방식은 (기획서와 마찬가지로) 정해진 양식이 있는 것은 아니다. 다만 주요하게 갖춰야 할 필수 사항을 정리해보면 대략 다음과 같다.

테스트 리소스 및 일정 협의

별도 QA 조직에 테스트를 요청해야 할 경우, 테스트 준비 단계에서 가장 먼저 진행해야 하는 것은 테스트 리소스와 일정을 협의하여 확보하는 일이다. QA 조직은 전사적으로 다수의 제품에 대한 테스트를 진행하기 때문에 내가 담당한 제품의 협의가 늦어질 경우 필요한 일정에 맞춰 테스트를 진행하는 것이 어려울 수 있다. 또한 QA 조직에서 테스트 진행을 위해 사전 준비 작업을 진행하는 일정도 고려해야 한다.

협의는 테스트를 진행해야 하는 시점보다 최소 1개월 정도는 앞서 진행하는 것으로 생각하자. QA 조직의 일정이 빠르게 채워지는 편일 경우 이보다 더 빠른 시점에 협의를 진행해야 하며, 제품 프로젝트의 자체 규모가 상당히 크다면 아예 킥오프kick-off 단계부터 QA 담당자와 협업을 진행하기도 한다. 제품 개발이 거의 완료되어 가는 상황에서 테스트 진행에 낭패를 겪지 않으려면, QA 조직의 상황과 요청 가이드를 사전에 미리 파악해두는 것이 좋다.

제품팀 내부에서만 테스트를 진행하는 상황이라면 외부 조직과 협의해야 하는 것보다는 상대적으로 여유가 있을 것이다. 그러나 적절한 시점에 미리 테스트 담당자를 선정하고 그들의 업무 일정을 조율해 두도록 하자. 앞서 말했듯 테스트 시나리오가 필요한 수준의 대규모 테스트는 1회만으로 끝나는 것이 아니라 최소 2-3회 이상 진행이 필요하며, 테스트 담당자들은 짧지 않은 기간 동안 테스트 업무에 집중해야 한다. 테스트 기간은 개발이 완료되고 배포까지 얼마 남지 않은 시점이기 때문에 그렇지 않아도 시간적, 심리적 여유가 부족할 것이다. 테스트 기간에 임박해서 갑작스럽게 테스트 담당자들이 일정을 빼야만 하는 상황이 발생해서는 안 된다.

이처럼 QA 조직과 테스트 관련 협의를 해야 하는 상황이든, 제품팀 내부에서만 테스트를 진행해야 하는 상황이든, 우선 테스트의 스펙을 먼저 파악해야 이후 리소스와 일정을 산정할 수 있다. 이를 위해서는 기본적으로 아래와 같은 항목을 정리해야 한다.

1) 제품 스펙 & 테스트 요구 스펙

내부 테스트만 진행할 경우, 테스트 담당자들이 제품에 대해 이미 알고 있기 때문에 제품과 테스트 요구 스펙을 특별히 정리할 필요는 없다. 그러나 QA 조직에 테스트를 요청할 경우에는 테스트를 진행해야 하는 제품에 대한 대략적인 정보를 사전에 전달해야 한다.

✓ 제품 개요

✓ 신규 제품인지, 기존 제품인지

✓ 웹 서비스: PC 웹인지, Mobile 웹인지, 반응형 웹인지

✓ 앱 서비스: 안드로이드, iOS, 둘 다

✓ 테스트 환경: 디바이스, OS, 브라우저 등

✓ 테스트 페이즈: dev / sandbox / cbt / production

테스트 환경과 페이즈에 대해서는 다음 내용에서 조금 더 자세히 설명하겠다.

위와 같은 정보와 함께 제품 규모와 세부 내용을 파악할 수 있는 기획서나 디자인 시안 등을 함께 전달하면, QA 조직에서는 해당 내용을 검토한 후 제품팀에 제품에 대한 상세 리뷰를 요청하게 된다. 이후 본격적으로 테스트의 규모를 파악하면서 필요한 리소스와 일정을 산정하기 시작한다.

2) 테스트 요구 환경

테스트 요구 환경이란 제품 테스트가 필요한 기기, OS 버전, 브라우저 등의 환경을 말한다. 사용자가 제품을 사용하는 환경은 무척 다양하므로 각 환경에서 제품이 모두 동일하게 정상적으로 동작하는지 확인이 필요하다. 테스트 요구 환경을 정리할 때 일반적으로 앱 서비스는 기기와 OS 조건을 필수로 정의하며, 웹 서비스는 거기에 추가로 브라우저 조건까지 포함한다. 간단히 예시를 들면 대략 아래와 같은 모습으로 환경 조건을 나열해 볼 수 있다.

	테스트 환경						
기기	PC	갤럭시S10	갤럭시S9+	아이폰11	아이폰12	아이패드 Pro	그 외
OS	Window10	And10.0	And 9.0	iOS14.0.1	iOS14.0.1	iOS13.3	그 외
브라우저	IE11	크롬	삼성 브라우저	크롬	사파리	사파리	그 외

이때 중요한 것은 어느 범위까지 테스트 대상으로 볼 것인가이다.

사용자 환경은 개인의 성향이나 현실적 조건에 따라 수십 가지 조합이 나올 수 있다. 모든 환경에서 제품이 완벽하게 동작하도록 대응하는 것은 불가능하다. 어떤 환경에서는 문제없이 동작하는 기능이 그와 유사한 다른 환경에서는 기대했던 것과 다르게 동작하거나 아예 동작하지 않는 경우가 비일비재하다. 그러한 일이 발생하는 원인은 사례마다 다 다르며, 잘못 동작하는 것을 바로잡기 위해 들여야 하는 리소스 또한 천차만별이다.

따라서 제품이 반드시 정상적으로 동작해야만 하는 필수 환경을 우선 정의하고, 거기서 여유가 된다면 추가로 대응이 가능한 범위까지 제한하여 테스트 대상으로 삼아야 한다. 이 범위는 제품의 주 사용자층과 실제로 가장 많은 사용이 발생하는 (또는 그러할 것으로 예상되는) 환경 등을 고려하여 잡는다. 또한 테스트를 진행하는 조직에서 환경별 세팅에 필요한 기기를 테스트 일정 안에 확보하는 것이 현실적으로 가능한지도 사전에 검토해야 한다. 별도 QA 조직에서 테스트를 진행할 경우, 이미 구비되어 있는 테스트용 기기와 OS 중 테스트 대상을 선별 협의하는 과정을 진행할 수 있다.

테스트 요구 환경을 정의할 때의 접근에 대해서 첨언하고 싶어요.

모든 경우의 수를 고려해서 최대한 촘촘하게 검수를 하는 것이 서비스의 완성도를 높이는 길이
겠지만 그것이 불가능한 경우도 잦습니다. 이를테면 모든 경우의 수를 대응할 인력이 모자라거
나 테스트 환경이 갖추어지지 않은 경우도 있죠. 그런 경우에 가장 사용자의 인입이 많을 시나
리오에 따라서 테스트하는 것도 방법입니다.

하나의 이벤트 홍보 페이지를 공개하고 그 페이지를 홍보할 때 사용자에게 추가적인 리워드를
제공한다고 가정합니다. 그렇다면 가장 자연스러운 동작은 사용자가 페이지 내부에 포함된 카
카오톡으로 공유하기 또는 링크 복사하기 등을 통해 자신이 쓰는 메신저나 SNS를 통해 다른
사용자에게 공유하는 것입니다. 이러한 경우가 아니더라도 이벤트에 대한 홍보를 인스타그램
스토리로 게시했다면 인스타그램에서 곧바로 이 웹페이지를 접근하겠죠. 그런 경우 테스트 요
구 환경에 카카오톡 인앱 브라우저와 인스타그램 인앱 브라우저에서의 테스트가 필요합니다.
사용자가 가장 많이 접하는 환경이 그것이기 때문이죠.

하나의 요구사항에 대한 결정을 할 때 목표 달성 확률을 가장 높이는 방향으로 결정하듯이, 테
스트 환경에 대한 결정을 할 때도 마찬가지로 가장 사용자의 접촉이 많은 매체와 동선부터 챙
기는 것이 좋습니다.

3) 테스트를 진행할 페이즈

개발이 완료된 제품은 곧바로 실제 서비스에 배포하는 것이 아니라, 사전 테스트 및 검
증 용도의 여러 단계별 배포를 거친다. 이 단계를 Deploy Phase, 줄여서 페이즈라고 부
른다.

회사나 조직마다 각 페이즈를 부르는 명칭이 다를 수 있지만, 여기에서는 다음과 같은 정
의를 차용한다.

✔ dev: 최초 개발 작업을 진행하는 단계

✔ sandbox: 사내외 유관 조직과 함께 개발/테스트를 진행할 수 있는 단계

✔ cbt: 실제 서비스에 배포하기 직전, 실제 서비스 환경에서 동작할 때 문제가 없는지 최종 확인할 수 있는 단계(실제 서비스와 동일한 DB^{database}를 사용)

✔ production(real): 일반 사용자들에게 공개되는, 최종적인 실제 서비스 단계

앞선 페이즈에서 테스트가 완료되면 테스트에서 발견한 오류를 수정한 코드를 그 다음 페이즈에 배포하여 다시 테스트를 진행한다. 이러한 과정을 거쳐 최종적으로는 production phase에 배포를 하게 되고, 그때부터 비로소 사용자는 배포된 내용을 제품 안에서 확인할 수 있다.

테스트 시나리오를 정리할 때에는 어느 페이즈에서 각각 몇 회씩 테스트를 진행할지 결정해야 한다. dev 혹은 sandbox부터 production까지 내부 테스트만으로 모두 진행할 수도 있고, 내부에서 dev 혹은 sandbox 테스트를 우선 진행하여 어느 정도 코드 완성도를 높인 뒤 QA 조직에 다음 페이즈에서 본격적인 테스트를 진행하도록 요청할 수도 있다. 항상 모든 페이즈를 대상으로 다 테스트를 해야만 하는 것은 아니고, 필요에 따라 일부 페이즈에서만 테스트를 진행할 수도 있다. 페이즈와 횟수의 조합은 상황에 맞게 협의하여 (ex. sandbox에서 내부 테스트를 1회, cbt에서 QA 테스트를 2회 진행) 조정하면 된다.

전체 테스트 일정을 산정할 때에는 테스트하기로 결정한 각각의 페이즈마다 테스트 그 자체의 일정과 테스트 결과에 따른 코드 수정 일정을 함께 고려해야 한다. 일반적으로 단계를 거칠 때마다 코드 수정 부분이 줄어들기 때문에, 앞선 단계에서는 뒤 단계보다 일정을 며칠 정도 길게 잡는다.

흔치는 않은 일이지만 프로젝트에 따라서는 단일 제품이 아닌 여러 개의 제품이 서로 관련된 스펙을 공유하면서 함께 배포되어야 하는 경우가 있다. 이때는 테스트 일정뿐 아니라 각 제품의 테스트 대상 페이즈도 레벨을 맞춰야 한다. 같은 회사 안에서도 조직에 따

라 페이즈를 다르게 설정하여 운영하는 경우가 있기 때문에 테스트 대상 페이즈의 설정이 서로 일치하는지 미리 확인하고, 사전에 설정 조율이 필요할 경우 미리 협의하여 세팅해 두는 것이 필요하다.

저자의 한마디

테스트 대상 페이즈는 해당 조직의 개발 환경 구성에 따라 모두 다릅니다.

이를테면 저는 Alpha(개발 환경) > Beta(QA 환경) > Staging(운영 환경과 동일하게 최종 테스트) > Production/Real(사용자가 만나는 환경)을 기준으로 여러 조합을 경험했습니다. 이에 대한 정답은 존재하지 않을뿐더러 기획자가 결정할 사안이라기보다는 조직 전체의 요구사항을 받아서 결정합니다. 그리고 동시에 여러 기능을 테스트 하는 경우, 각기 환경을 그 목적과 다르게 사용하는 경우도 있습니다.

테스트 케이스 설계

테스트 케이스test case는 말 그대로 테스트가 필요한 세부적인 항목을 정의한 것이며, QA 명세서라고도 한다.

테스트 리소스 및 일정 협의가 테스트를 진행하기 위한 사전준비라면 테스트 케이스 설계는 본격적으로 실제 테스트를 진행하기 위한 구체적인 계획을 짜는 것에 해당한다. 어떻게 보면 테스트 시나리오에서 가장 핵심이 되는 부분이라고도 볼 수 있다. 테스트 케이스 설계가 완료되면 각 테스트 담당자는 해당 문서를 지침 삼아 한 땀 한 땀 테스트를 진행하면서, 촘촘하게 정의된 테스트 요구사항의 결과(Pass/Fail)를 채워나가게 된다. 테스트에 실패한 케이스는 이후 개발자에게 전달하여 코드 수정을 요청한다.

테스트 케이스를 설계할 때 무엇보다 중요한 것은 명료함이다. 테스트 시나리오가 필요한 규모의 배포에서 테스트는 대개 여러 명이 동시에 진행하게 된다. 따라서 테스트 케이스는 다수의 테스트 담당자가 거기에 명시된 내용만을 읽고 모두 동일한 방식으로 정확하게 테스트를 수행할 수 있는 수준으로 작성해야 한다.

QA 전담 조직이 있을 경우에는 해당 조직에서 아예 테스트 케이스 설계부터 담당하는 것이 일반적이다. 이때는 제품팀의 프로덕트 매니저가 QA 조직의 테스트 담당자를 대상으로 제품 리뷰를 진행하고, 해당 내용을 기반으로 테스트 담당자가 직접 테스트 케이스를 설계한다. 제품을 리뷰할 때 특히 집중적으로 테스트를 진행해야 할 부분이나, 테스트를 진행할 때 헷갈릴 수 있는 포인트를 미리 정리하여 공유하면 테스트 케이스를 보다 효과적으로 설계하는 데 도움이 될 수 있다.

테스트 케이스 주요 요소

❶			❷	❸	❹	❺			
1depth	2depth	3depth	사전 조건	테스트 동선	기대 결과	갤럭시 S10(10.0) 삼성브라우저	아이폰 11(14.0.1) 크롬	아이폰 12(14.1) 사파리	PC Window IE
GNB	쿠폰	쿠폰 목록	쿠폰이 1개 이상 등록된 상태	쿠폰 썸네일에 마우스 포인터 가져가기	쿠폰 설명 툴팁이 노출됨 툴팁 노출 문구 : 〈혜택 보러 가기〉	Pass	Pass	Fail	Pass
				쿠폰 썸네일 클릭	쿠폰 상세페이지 이동	Pass	Pass	Pass	Pass
		쿠폰 상세	–	쿠폰 상세페이지 접근	쿠폰명, 할인금액, 쿠폰받기 버튼, 쿠폰 적용 상품 목록 노출	Pass	Pass	Pass	Fail
			비로그인 상태	쿠폰받기 버튼 클릭	로그인 페이지로 이동	Pass	Pass	Pass	Pass
			로그인 상태 Gold 미만 등급 계정 Gold 등급 이상 회원전용 쿠폰	쿠폰받기 버튼 클릭	얼럿 노출: 〈Gold 회원 전용 쿠폰입니다.〉	Pass	Fail	Pass	Pass
			로그인 상태 전체 등급 사용가능 쿠폰	쿠폰받기 버튼 클릭	얼럿 노출: 〈쿠폰을 다운받았습니다.〉	Pass	Pass	Pass	Pass
					MY 〉 쿠폰 페이지에 다운받은 쿠폰 추가	Fail	Pass	Pass	Fail

❶ 테스트 영역

제품 안에서 각 테스트 항목이 위치하는 영역을 말한다. 제품의 뎁스depth별 메뉴 트리menu tree를 통해 정의하기도 하고, 제품을 이루는 큰 기능별로 나누어 정의하기도 한다.

❷ 테스트 사전 조건

테스트 항목별로 올바른 테스트 진행을 위해 사전에 설정해야 할 조건이 있을 경우 추가로 명시한다. 예를 들어 사용자가 로그인 한 상태일 때에만 노출되어 동작하는 버튼을 테스트한다고 할 때, 해당 버튼의 테스트 사전 조건은 '로그인 상태'가 된다.

❸ 테스트 진행 동선

각 항목에 대한 테스트를 구체적으로 어떻게 진행해야 하는지 정의한 것을 말한다. 테스터가 진행해야 할 액션을 처음부터 끝까지 하나하나 지정해주는 것이라고 생각하면 이해하기 쉽다. 그렇다고 구구절절 설명하는 것은 오히려 전달력이 떨어지므로 최대한 간단명료하게 명령어를 입력하듯 작성하는 것이 좋다.

❹ 기대 결과

각 항목별로 '테스트 진행 동선'에 따라 테스트를 진행했을 때, 기획안에 따르면 어떤 결과가 나타나야 하는지 정의한 것을 말한다. 테스트 결과가 기대 결과와 동일할 경우 해당 항목의 테스트는 통과[pass] 한 것으로 보고, 그렇지 않으면 실패[fail]로 본다.

❺ 테스트 결과

테스트 항목별로 테스트에 통과했는지[pass] 또는 실패했는지[fail]를 말한다.

당연한 이야기지만, 테스트 결과는 테스트 케이스 문서 안에 미리 기입하는 것이 아니라 입력란만 만들어두면 된다. 앞서 설명한 다섯 가지 요소를 테스트 케이스 표 안에 고정 머릿행/열로 배치한 뒤, 나머지 표의 영역에 각 항목의 결과를 기록한다.

주의해야 할 사소한 포인트

1) 하나의 케이스는 하나의 테스트 대상만 담도록 작성한다

하나의 테스트 케이스가 여러 대상을 포함할 경우, 테스트 결과가 실패했다고 기록되었을 때 정확히 어떤 부분을 어떻게 수정해야 하는지 단번에 파악하기 어렵다. 또한 테스트 완료 후 실패로 기록된 케이스 건수와 실제 수정 작업을 진행해야 하는 이슈의 건수에도 차이가 발생하게 된다.

간단히 예를 들어 쇼핑 앱 서비스를 오픈하기 위한 테스트 케이스를 작성한다고 해보자.

	진행 동선	기대 결과
예시 1	홈 〉 상품 목록 〉 썸네일 클릭	상품 상세 화면으로 이동
예시 2	홈 〉 상품 목록 〉 썸네일/제품명/가격 클릭	상품 상세 화면으로 이동

예시1은 한 개의 테스트 대상만을 담고 있는 반면 예시2는 세 개의 테스트 대상을 하나의 케이스 안에 포함하고 있다.

예시2로 진행할 경우 테스트 담당자는 썸네일, 제품명, 가격을 각각 클릭하여 상품 상세 화면으로 잘 이동하는지 테스트한 뒤, 그 세 번의 테스트 결과를 하나의 테스트 케이스에 대한 결과로 기록하게 된다. 그렇다면 해당 테스트 케이스의 결과가 '실패'로 기록되었을 때, 구체적으로 어떤 것을 수정해야 하는지는 부연설명을 해야만 알 수 있다. 즉 썸네일/제품명/가격 클릭이 모두 다 동작하지 않는 것인지, 일부만 동작하지 않는 것인지 다시 한 번 확인을 거쳐야 하는 것이다. 또한 썸네일/제품명/가격 모두가 클릭이 제대로 동작하지 않는 상황일 경우, 테스트 결과지에는 한 개의 '실패'로 잡히지만 수정 작업이 필요한 이슈는 세 개가 되는 상황이 발생한다.

이러한 사례가 테스트 전체에 걸쳐 조금씩 쌓이다 보면 불필요한 커뮤니케이션 비용이 발생하고, 전체 테스트 결과를 파악하는 데에도 오류가 생길 수 있다.

2) 인접한 영역에서 테스트해야 하는 케이스는 목록 안에서도 인접한 순서로 작성한다

테스트는 목록에 따라 순차적으로 진행되므로 목록 순서가 중구난방일 경우 테스트 진행 속도와 효율이 떨어진다. 또한 테스트 케이스 작성자 본인도 테스트 대상을 누락하거나 동일한 케이스를 중첩하여 작성하는 실수를 범하기 쉽다.

예를 들어 쇼핑 앱 서비스에서 '상품 목록' 페이지의 테스트 케이스를 작성한다고 해 보자. 페이지 최상단의 검색창에 대한 테스트 케이스를 제일 먼저 작성한 뒤, 검색창 바로 옆에 위치한 검색 필터 버튼에 대한 테스트 케이스는 순서를 건너뛰고 목록 아래에 작성한다면, 테스트 진행 동선 또한 혼란스러워질 수밖에 없다.

이를 방지하기 위해서는 테스트 영역을 구분할 때부터 제품을 구성하는 메뉴 또는 영역을 일정한 순서에 따라 (ex. 제품 사용 흐름에 따른 순서, 또는 제품 내 배치상 좌상단에서 우하단으로 진행하는 순서 등) 단계적으로 정의한 뒤, 동일 메뉴 또는 영역 안에서 개별 테스트 케이스를 나열할 때에도 규칙을 정해 순서대로 작성하는 것이 좋다. 이때 순서의 규칙은 개별 테스트 담당자들도 쉽게 파악할 수 있도록 직관적이어야 하며, 테스트 진행 흐름을 끊거나 방해하지 않는 방식이어야 한다.

테스트 실패 케이스 처리 계획

테스트 케이스 설계까지 모두 완료되고 나면 본격적으로 테스트에 돌입하기 전에 개발자와 테스트 담당자 모두와 협의하여 아래 내용을 정리해두어야 한다.

> ✔ 테스트를 통과하지 못한 케이스를 어떤 방식으로 개발자에게 전달할 것인지
>
> ✔ 해당 케이스를 개발자가 수정하고 테스터가 확인하여 처리를 완료하기까지 일련의 과정을 어떤 방식으로 진행할 것인지

위에서 말한 방식은 기본적으로 스프린트^{sprint} 진행에서 백로그^{backlog}를 관리하는 방식을 본따서 정리한다. 즉 테스트를 통과하지 못한 케이스는 백로그를 쌓는 것과 동일한 방법

으로 이슈를 생성하여 개발자에게 전달하고, 개발자가 해당 이슈를 처리한 후 이슈 생성자에게 다시 전달하면 재테스트를 통해 해결 여부를 확인하여 최종적으로 이슈를 완료하게 된다.

다만 테스트 진행 시에는 정해진 기간 동안 집중적으로 이슈를 생성하게 되고, 계속되는 테스트 진행을 위해 빠른 주기로 해당 이슈를 처리해 나가야 한다. 또한 별도 QA 조직에서 테스트를 진행할 경우에는 평소 스프린트와 달리 제품팀 외부에서 이슈를 생성하여 개발자와 주고받아야 하는 점도 고려해야 한다. 따라서 효율적인 진행 및 관리를 위해 이러한 이슈 생성-전달-처리-재확인-완료에 이르는 흐름의 세세한 부분까지 미리 설정해두는 것이 좋다.

- **이슈 제목:** 제목만으로 이슈의 핵심 사항을 파악할 수 있도록 말머리 또는 작성 형태를 정해둔다. 실제 작성 시에는 테스트 케이스에 정의된 테스트 영역이나 기능, 요소 명칭을 활용하면 더욱 명료하게 전달할 수 있다.

- **이슈 내용:** 이슈 작성자마다 다른 방식으로 작성하기보다 정해진 템플릿에 맞춰서 개발자에게 전달이 필요한 핵심 내용만 기술하도록 한다. 기본적으로 이슈가 발견된(즉, 테스트를 통과하지 못한) 환경과 테스트 케이스에 정의된 테스트 영역, 사전 조건, 진행 동선, 기대 결과를 동일하게 기술한다. 이후 테스트 결과 어떤 방식으로 기대 결과와 다르게 나타났는지 구체적이면서도 간단명료하게 기술하며, 해당사항이 있을 경우 이슈를 재현할 수 있는 테스트 계정 또는 페이지 링크를 추가로 전달한다.

- **이슈 담당자 등:** 이슈 발생 부분에 따라 누구를 담당자로 지정할지 담당자를 특정하기 어려운 이슈일 경우에는 누구를 1차 담당자로 지정할지 결정한다. 후자의 경우에는 주로 개발 쪽 리더 또는 프로덕트 매니저를 1차 담당자로 지정하여 이후 올바른 담당자에게 이슈가 할당될 수 있도록 한다.

- **컴포넌트**component**, 레이블**label**, 태그**tag **등:** 이슈 필터링이 필요한 요소에 맞춰서 지정하되, 기본적으로 몇 차 테스트인지 지정하는 요소를 두어서 다른 스프린트의 이슈와 구분할 수 있도록 한다. 이렇게 지정한 요소별 필터링은 테스트 진행 중에는 요소별 진척률을 체크할 때, 테스트 완료 후에는 제품의 어떤 부분에서 특히 많은 이슈가 생

성되었는지 체크할 때 유용하다.

- 이슈 작업 흐름 상태값과 변경방식: 이슈가 생성^{open}된 시점부터 처리완료^{closed}되기까지 작업 흐름을 나타내는 상태값은 조직마다 필요에 따라 정의하여 사용한다. 앞서 말한 것처럼 테스트를 통해 진행되는 작업 흐름은 평소 스프린트보다 촘촘하게 진행된다. 또 제품팀 외부와 협업하기도 하므로 테스트에서 사용할 상태값을 별도로 정의하는 것이 필요한 경우가 많다. 같은 이유에서 상태값을 다음 단계로 변경하는 정확한 시점과 누가 변경할 것인지도 함께 정의한정의한다(ex. 개발자가 이슈 1차 해결 후 보고자에게 재테스트를 요청하는 시점에 개발자가 이슈 상태값을 in progress에서 resolved로 변경한다).

때로는 테스트 진행 도중, 제품 기획 단계에서는 생각하지 못했던 개선 포인트가 발견되기도 한다. 이는 애초에 테스트 케이스에 정의되지 않은 부분이기 때문에 엄밀히 말하면 테스트에 실패한 것은 아니다. 그러나 프로덕트 매니저는 해당 포인트가 지금 당장 처리하여 최종 배포 스펙에 포함시켜야 할 부분인지, 배포 이후 진행해도 괜찮을 부분인지 빠르게 판단해야 한다. 이때 판단의 기준은 배포일을 미뤄서라도 최종 배포 스펙에 반드시 포함시켜야 할 만큼 치명적인 이슈인지로 잡으면 좋다.

이슈를 해결하는 데에 추가적인 개발 및 테스트 리소스가 그리 많이 필요하지 않을 경우, 빠르게 수정하여 함께 배포하고픈 욕심이 들기 쉽다. 그러나 간단히 수정할 수 있는 이슈는 그만큼 중요도가 높지 않은 이슈일 가능성이 크다. 중대한 제품 하자로 판단될 만큼의 이슈가 아니라면, 테스트에서 발견한 개선 필요 사항은 일단 기록해 두고 가급적 제품 배포 이후 스프린트로 일정을 넘기도록 하자. 이미 배포를 앞두고 집중 테스트를 진행하는 시점에 배포 스펙을 변경하는 것은 작업 흐름의 복잡도를 증가시켜 막판 스퍼트를 올리고 있는 동료들에게 혼란을 줄 수 있다. '완벽한' 제품이란 없다. 특히 IT 업계에서 제품은 배포와 동시에 완성형으로 고정되는 것이 아니라, 스프린트를 거듭하며 계속 개선되어 나가는 것임을 기억하자.

5.2 배포 시나리오

5.2.1 배포 시나리오의 정의와 목적

테스트까지 완료되면 드디어 실제 서비스에 최종 배포가 이루어진다.

배포는 개발자 한 명이 버튼 하나만 누르면 한순간에 짠 하고 끝나는 것이 아니라, 담당자별로 필요한 과정을 순차적으로 거치면서 이루어진다. 테스트 단계에서 페이즈별로 이루어지는 배포는 그 과정이 비교적 단순하지만, 실제 서비스 배포는 일반 사용자에게 제품을 완전히 공개하는 것이기 때문에 이전 페이즈의 배포보다 훨씬 신중하게 진행해야 한다.

이러한 실제 서비스 배포를 어떤 과정으로 어떻게 진행할지 정의한 것이 바로 배포 시나리오다. 배포 시나리오는 테스트 시나리오에 비하면 상대적으로 간단해 보일 수 있지만, 훨씬 더 꼼꼼하고 치밀하게 정리해야 한다.

오랜 기간 진행하는 테스트와 달리 배포는 분, 초 단위로 상황을 점검하면서 수십 분에서 몇 시간, 아무리 길어져도 대개 당일 안에 완료된다(대형 서비스 개편의 경우 실서버 중 일부에 테스트로 진행하는 배포를 포함하여 몇 개월에 걸쳐 배포를 진행하는 경우도 있으나, 여기에서는 다루지 않는다). 실제 서비스에 영향을 미치는 상황이므로 배포 도중 이슈가 터지면 오래 고민할 여유 없이 최대한 빠르게 대응해야 한다. 이러한 배포를 매끄럽게 진행하려면 배포 당시에 무언가를 서둘러 판단해야만 하는 상황을 최소화해야 한다. 즉 발생 가능한 모든 상황을 최대한 예상하여 그때마다 어떤 식으로 일을 진행할 것인지 미리 결정해두고 필요한 준비를 마쳐 두어야 하는 것이다. 이것이 바로 배포 시나리오의 목적이다.

배포 시나리오에는 배포를 시작하는 정확한 시점과 진행 순서뿐 아니라 배포 직후 문제가 발생했을 때 배포 전 상태로 되돌리는 롤백^{rollback}에 대한 부분까지 구체적으로 담게 되며, 앞서 말한 것처럼 배포 당일 예상 가능한 이슈에 대한 대응 계획까지 들어가 있어야 한다. 배포 전후로 처리되어야 하는 배포 이외의 중요 사항도 함께 작성한다.

5.2.2 배포의 과정

배포 시나리오를 작성하려면 우선 어떤 단계로 배포가 이루어지는지 알아야 한다. 배포 당일 진행되는 배포 이벤트 외에도, 크게 보면 테스트가 완료된 시점 이후부터 배포가 완료되기까지 진행되는 모든 단계를 배포의 과정으로 볼 수 있다.

코드 프리징

실제 서비스 배포 전 최종 단계의 테스트에서 발견된 이슈가 모두 해결되어 코드가 배포 가능한 상태로 준비되면, 그때부터 배포 시점까지는 더 이상 코드를 수정하지 않고 유지한다. 이를 코드 프리징code freezing이라고 한다. 일반적으로 배포일에서 약 1주 내외로 여유를 두고 코드 프리징을 하게 된다.

배포

배포 당일, 완성된 코딩 결과물을 개발자가 서버에 올리는 것을 말한다. 제품에서 사용하는 모든 서버에 대해 배포를 완료해야 배포가 다 끝났다고 할 수 있는데, 서버나 코드의 규모, 배포 방식, 제품을 이루는 코드의 복잡도 등에 따라 배포 이벤트 자체에 소요되는 시간도 천차만별이다. 따라서 배포에 대략 어느 정도나 시간이 소요될지 미리 개발 담당자에게 확인해 두는 것이 좋다. 배포가 완료된 서버부터 사용자에게 제품 코드를 전달하게 되므로 사용자도 제각각 다른 시점에 배포된 제품을 접하게 된다는 것도 참고하자.

개발 모니터링

배포 전 여러 단계의 테스트를 거치기는 했어도 실제 서비스 환경에 배포를 하게 되면 테스트 환경에서는 미처 알 수 없었던 여러 이슈가 발생하기도 한다. 테스트 환경을 실제 서비스 환경과 완전히 동일하게 구성할 수는 없기 때문이다. 그래서 배포 직후에 트래픽 등 기본적인 서비스 시그널에서 이상이 감지되지 않는지 배포를 담당한 개발자가 우선 살펴본다. 이때 이상이 발견되면 즉시 원인을 파악하여 무시해도 되는 이슈인지, 빠르게 해결 가능한 이슈인지, 롤백이 필요한 상황인지 등을 1차로 판단하여 공유하게 된다.

실제 서비스 테스트

개발 모니터링에서 아무 이슈가 없으면 본격적으로 실제 서비스 환경에 배포된 제품을 대상으로 테스트를 진행한다. 배포 전 테스트에서 미처 발견하지 못했거나 발견 자체가 불가능했던 이슈가 없는지 확인하기 위해서다. 이때부터는 일반 사용자도 동일하게 배포 완료된 제품을 보고 있는 상황이므로, 배포 전 테스트처럼 테스트 케이스 순서대로 진행하는 것이 아니라 크고 중요한 기능부터 최대한 빠르게 테스트를 진행한다. 이 단계에서도 이슈를 발견할 경우 이후 처리, 즉시 해결, 롤백 등 필요한 대응 단계를 결정하여 공유한다.

배포 완료 공유 및 이후 진행

실제 서비스 테스트에서 아무 문제가 발견되지 않았거나 발견된 문제가 모두 빠르게 해결되었을 경우, 비로소 배포가 완료되었음을 공유하고 이어서 진행해야 할 부분으로 넘어가게 된다.

롤백

롤백을 진행해야 하는 상황인 것으로 확정된 경우, 미리 정리한 시나리오대로 바로 빠르게 롤백을 진행한다. 롤백이 완료되었을 때에도 배포가 완료되었을 때와 마찬가지로 정상적으로 롤백이 되었는지 모니터링 및 테스트가 필요하다.

배포 이벤트 자체의 경우, 한 번으로 끝나는 것이 아니라 서버와 FE^{front-end} 배포를 각각 진행하게 된다. 배포 스펙에 따라 서버나 FE 어느 한 쪽만 배포가 이루어지거나 서버와 FE의 배포 날짜 자체를 다르게 진행하는 경우도 있다. 어느 쪽에서 언제 배포가 이루어져야 하는지는 각 개발 담당자들과 협의가 필요하며, 이러한 내용까지도 배포 시나리오에 포함되어야 할 부분이다.

5.2.3 배포 시나리오의 필수 사항

배포 시나리오에서 정리해야 할 구체적인 항목들에 대해 알아보자.

기본적으로는 앞서 설명한 배포 과정을 참고하여 각 단계에 필요한 준비를 진행하는 것으로 이해하면 되지만, 그것으로 끝이 아니다. 배포가 곧 제품을 사용자에게 공개하는 것임을 생각하면 배포에 엮여서 함께 진행해야 할 것도 적지 않다.

배포 전 진행 항목 확인

배포를 진행하기 전, 배포 외에 서비스적으로 준비해야 할 항목과 각각의 일정을 정리한다.

- **앱 심사 요청:** 앱 서비스일 경우 제품이 마켓(스토어)에 공개되려면 플랫폼 심사를 통과해야 한다. 심사에는 최소 1주일 이상 기간이 소요되므로 배포 일정에 맞추어 미리 요청해 두자.

- **제품 공지사항:** 제품을 공개하면 해당 제품 내 공지사항 페이지 또는 공식 SNS 등에 제품 공개를 알리는 공지를 올리게 된다. 사용자에게 제품을 처음으로 소개하는 콘텐츠인 만큼 제품의 주요 특징을 사용자들에게 매력적으로 전달할 수 있도록 작성한다. 또한 배포가 성공적으로 완료되었을 때 바로 공개할 수 있도록 미리 준비해 둔다(비공개 상태로 콘텐츠를 작성할 수 있는 플랫폼이라면 배포일 전에 미리 콘텐츠를 업로드했다가 배포 직후에 공개한다).

- **보도자료:** 제품 공지사항과 함께 사용자들에게 제품 오픈 또는 개편을 알릴 수 있는 주요 창구 중 하나이다. 기존에 우리 제품이나 관련 분야에 관심이 있던 사용자 외에 훨씬 넓은 범위에 도달할 수 있다는 장점이 있다. 물론 공지사항 콘텐츠보다는 형식에 제한이 있다는 단점도 있다. 사내에 보도자료 작성/배포를 담당하는 부서가 있을 경우, 해당 부서의 가이드에 맞게 미리 보도자료 작성에 필요한 내용을 전달하고, 작성이 완료된 보도자료 내용을 검토하여 확정하는 단계가 필요하다.

- **CS 노트 작성 및 전달:** 사용자로부터 인입될 CS에 어떻게 응대할지 미리 예상 CS 내

용과 답변을 정리한 것을 CS 노트라고 한다. 신규 제품을 출시할 때에는 제품 전반에 관련된 CS 노트를 모두 작성해야 하고, 개편 배포일 경우 기존 제품에서 변경되는 부분을 대상으로 CS 노트를 업데이트해야 한다. 특히 CS 응대를 전담하는 별도 조직이 있을 경우, 필수로 제품 배포 일정 및 주요 변경 사항을 사전에 공유해야 하며, 해당 조직에서 배포 관련사항을 미리 준비할 수 있도록 필요한 여유기간을 두고 CS 노트를 전달해야 한다. (CS 노트 및 대응에 대해서는 이후 7장에서 구체적으로 다룬다)

배포 시점

정확한 배포 시작 시간을 결정한다. 실제 서비스 환경에서는 트래픽이나 서버 상황 등 배포에 상대적으로 더 적합한 시간대나 반대로 피해야 할 시간대가 있을 수 있다. 우선 개발자에게 배포에 적합한 시간대를 문의하여 확인한 뒤, 해당 시간대 안에서 구체적인 배포 시각을 정할 때는 관련 담당자들과 모두 협의하여 정한다. 앞서 배포 과정에서도 설명했듯이 배포는 개발자 혼자 진행하는 것이 아니다. 배포에 참여해야 하는 담당자들의 일정은 빼놓지 않고 체크하여 정해진 배포 시점에 모두 함께 대기할 수 있도록 한다.

배포 순서

제품을 이루는 개발 모듈 중 어느 것부터 어떤 순서로 배포를 진행할지 결정한다. 가장 간단한 예시로 서버/FE 중 어디가 먼저 배포를 진행할 것인지 결정하는 식이다. 단일 제품이 아닌 여러 제품이 엮여서 함께 배포되어야 할 경우, 제품별 배포 순서 또한 협의하여 정리해 두어야 한다(동시에 배포를 진행할 수도 있고, 어느 한 쪽이 다른 쪽보다 먼저 배포가 완료되어야만 할 수도 있다). 또한 앞서 배포 과정에서 설명한 배포 후 개발 모니터링 단계는 각각의 모듈 배포마다 이루어져야 한다.

롤백 시나리오

배포 당일 예상치 못한 이슈가 발생하여 결국 배포를 원상 복구해야 할 경우, 어떤 방법으로 롤백시킬지 미리 담당 개발자에게 준비를 요청하여 확인해둔다. 담당 개발자가 롤백 방법을 결정하면, 배포처럼 롤백 또한 미리 테스트하는 것이 좋다. 그리고 반드시 롤백을 진행해야 할 상황에는 어떤 것이 있을지 미리 예상 시나리오를 상정해 보는 것도 도움이 된다.

배포 완료 후 진행 항목 확인

배포가 성공적으로 완료되면 이어서 진행해야 할 항목을 정리한다. 제품 공지사항 공개와 보도자료 배포처럼 미리 준비했던 항목 중 배포 직후에 진행해야 할 것을 추리고, 제품팀 외부에 추가적으로 배포 완료를 공유해야 할 대상이 있는지 검토한다. 가장 중요한 것은 막 오픈한 제품 안에서 기능들이 제대로 동작하고 있는지, 사용자가 순조롭게 인입되고 있는지, 특별한 이상 징후는 없는지 모니터링하는 것이다. 배포 후 어느 정도 시일이 경과하면 주요 온라인 커뮤니티 등에서 제품에 대한 사용자 반응이 어떤 식으로 올라오고 있는지 확인해볼 필요도 있다.

이렇게 배포까지 완료되면 드디어 제품을 세상에 선보이기까지의 기나긴 대장정을 한차례 마무리 짓게 된다. IT 제품은 배포가 끝이 아니라 바로 그 순간부터 다시 끊임없는 모니터링과 개선 배포의 사이클이 시작된다. 이는 아무리 강조해도 지나치지 않을 만큼 중요한 IT 제품의 핵심적인 특성 중 하나라고 할 수 있다.

따라서 배포가 잘 끝났다면, 그때부터 프로덕트 매니저는 새로운 단계의 업무로 넘어가게 된다는 것을 인지하고 다시금 긴장감을 재정비하도록 하자. 제품 오픈 직후부터 안정기에 접어들기 전까지의 기간에는 수시로 문제 상황이 발생하게 마련인데 그때마다 얼마나 기민하게 초기 대응을 잘했느냐에 따라 이후 제품 성과 지표에 영향을 미치기도 한다.

그러니 다시 한번 되새기자. 배포부터 다시 시작이다.

Chapter

6

제품 구현 이후

실제 서비스 배포까지 무사히 마치고 오픈을 했다면, 그때부터 사용자 반응에 대한 궁금증이 밀려올 것이다. 과연 얼마나 많은 사용자가 방문했을까? 사용자들은 제품의 어떤 페이지, 어떤 기능을 얼마나 활발하게 사용하고 있을까? 우리 예상보다 사용자 반응이 좋거나 저조한 부분은 어디일까?

이와 같은 제품 관련 지표는 제품의 운영과 확장에 대한 방향성을 결정하고 부족한 부분을 개선하는 데 꼭 필요한 중요한 데이터이다. 특히 PV^{pageview}, 클릭 수와 같은 지표는 어느 날 갑자기 개발자에게 확인해달라고 요청하면 뚝딱 추출되는 것이 아니라 제품 안에 미리 로그를 심어두어 데이터가 축적될 수 있도록 사전 작업을 해두어야만 한다. 이를 위해 프로덕트 매니저는 어떠한 지표가 어떤 형태로 필요할지, 쌓인 데이터를 어떤 주기와 방식으로 추출해볼 것인지 먼저 정의해야 한다.

아울러 제품 오픈이나 개편 직후에는 제품 담당자뿐 아니라 그동안 협업해 온 유관부서, 제품 기획 단계부터 보고받고 제작을 승인한 의사결정권자도 모두 제품에 대한 사용자 반응을 궁금해하기 마련이다. 그래서 제품 신규 오픈이나 개편 이후에는 적당한 시일 내에 리뷰를 진행한다. 제품팀 내부 회고와 상급자에 대한 보고는 필수이고, 때에 따라 유관부서 대상의 리뷰를 별도로 진행하기도 한다.

이 장에서는 프로덕트 매니저가 제품 관련 지표 데이터 축적과 추출을 위해 무엇을 준비해야 하는지 정리하고, 그러한 지표를 통해 확인할 수 있는 주요 사항에는 어떤 것이 있는지 간단히 소개한다(지표를 본격적으로 분석하는 것은 매우 광범위하고 심도 있게 다루어야 하는 내용으로, 여기에서는 다루지 않는다). 또한 제품 오픈 직후의 회고와 보고에 대한 내용을 다룬다.

6.1 지표 확인

6.1.1 미리 준비해야 할 것

확인 대상 지표 정의

제품 지표를 확인하려면 지표 데이터를 쌓기 위한 사전 준비가 필요하다. 가장 먼저 해야 할 일은 앞으로 어떤 지표를 확인해야 할지 그 대상을 구체적으로 목록화하는 것이다. 예를 들어 클릭 수나 PV처럼 화면단에서 발생하는 지표에 대한 확인이 필요할 경우 어떤 페이지, 어떤 요소에 대한 지표가 필요한지에 대해 하나하나 정의해야 한다. 그저 제품에서 발생하는 모든 클릭에 대한 지표를 확인하겠다는 방식은 곤란하다. 사용자가 특정 버튼을 클릭한 횟수를 집계하려면 해당 버튼에 대한 클릭 액션이 발생할 때마다 이를 기록할 수 있도록 FE$^{front-end}$ 코드 안에 로그를 심는 작업이 필요하다. 이러한 작업 자체는 물론 프런트엔드 개발자의 몫이지만, 어느 영역에 작업이 필요한 것인지는 프로덕트 매니저가 (제품 구현에 대한 상세 기획서를 작성하듯) 문서로 정의하여 개발 담당자에게 전달해야 한다. 아울러 이러한 로그 작업이 필요한 요소가 늘어날수록 전체적인 프런트엔드 개발에 드는 공수도 늘어나게 되므로 일정에 대한 부분도 고려해야 한다.

화면단에서 발생하는 것 외에 DB^{database}로 구축되는 데이터와 관련된 지표도 있다. 예를 들어 회원 수, 결제금액, 구매 건수 등의 수치를 생각하면 쉽다. 이러한 데이터는 프로덕트 매니저가 요구하지 않더라도 개발 담당자가 백단 구조를 잡을 때 자연스럽게 DB로 구축되도록 설계하는 것이 일반적이다. 이렇게 쌓인 데이터를 프로덕트 매니저가 원하는 지표 형태로 가공하여 보기 위해서는 DB 설계 단계부터 그러한 요구사항을 미리 전달해 두어야 한다. 그 부분을 전혀 고려하지 않고 DB 설계가 이루어지면, 막상 지표를 추출해야 할 때 원하는 형태로 뽑아내기가 복잡해질 수도 있다. 가장 쉬운 방식은 어떤 지표를 어떤 형태로 뽑아서 보고 싶은지 표나 차트 형태로 예시를 작성하여 전달하는 것이다.

어느 쪽이든 우선 확인이 필요한 지표가 구체적으로 무엇인지, 해당 지표 데이터를 쌓으려면 무엇을 세부적으로 정의해야 하는지, 어떤 작업이 필요한지 개발 담당자에게 문의하도록 하자. 지표에 따라 사전 작업을 진행해야 하는 개발 담당자도 요구사항이 모두 다를 수 있다.

지표 유형에 따른 사전 정의 대상

	화면단 발생 지표	DB 데이터 관련 지표
항목(예시)	클릭 수, PV 등	회원 수, 결제금액, 구매 건수 등
필요한 사전 작업	지표 카운트를 위한 로그 심기	지표 추출을 고려한 DB구조 설계
정의 필요 항목	지표 집계 대상 화면 & 클릭 요소	지표 집계 대상 데이터 항목
정의 방식(예시)	지표 집계 대상 페이지, 요소를 화면 단위로 구분하여 명시	집계 대상 지표 항목을 어떤 방식으로 추출해서 볼 것인지 표, 차트 형태 예시로 작성

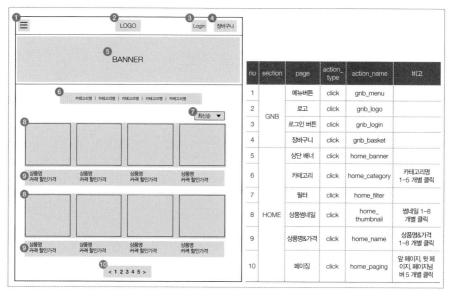

화면 지표 정의서 예시

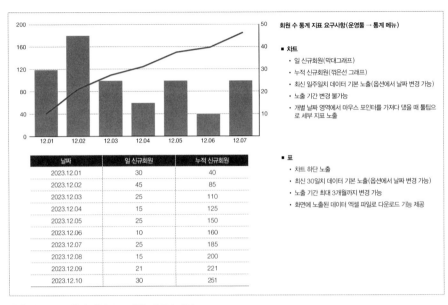

날짜	일 신규회원	누적 신규회원
2023.12.01	30	40
2023.12.02	45	85
2023.12.03	25	110
2023.12.04	15	125
2023.12.05	25	150
2023.12.06	10	160
2023.12.07	25	185
2023.12.08	15	200
2023.12.09	21	221
2023.12.10	30	251

회원 수 통계 지표 요구사항 (운영툴 → 통계 메뉴)

■ 차트
• 일 신규회원(막대그래프)
• 누적 신규회원(꺾은선 그래프)
• 최신 일주일치 데이터 기본 노출(옵션에서 날짜 변경 가능)
• 노출 기간 변경 불가능
• 개별 날짜 영역에서 마우스 포인터를 가져다 댔을 때 툴팁으로 세부 지표 노출

■ 표
• 차트 하단 노출
• 최신 30일치 데이터 기본 노출(옵션에서 날짜 변경 가능)
• 노출 기간 최대 3개월까지 변경 가능
• 화면에 노출된 데이터 엑셀 파일로 다운로드 기능 제공

추출 대상 지표 확인 방식 요구사항 정의서 예시

지표 집계 기간 기준 정의

지표 집계 기간 기준은 각각의 지표를 집계하는 기간 단위를 어떻게 정하느냐이다. 이를 판단하기 위해서는 제품 특성을 고려하여 해당 지표를 얼마나 자주 확인할 필요가 있을지를 생각해보면 도움이 된다. 일 단위, 주 단위 통계가 필요한 지표가 있을 수도 있고 때로는 시간 단위 통계가 필요한 지표가 있을 수도 있다.

활성사용자 수 또는 순방문자 수와 같은 지표의 경우, 짧은 시간 단위로 쪼개어 보는 것보다는 월간/주간/일간 누적 지표를 확인하는 것이 더 유용하다. 이러한 지표는 단위 기간마다의 수치뿐 아니라 지표의 상승, 하락, 정체 등 장기간에 걸친 흐름을 파악하는 것이 중요하다. 특히 활성사용자 수, 순방문자 수는 제품의 규모와 성장 추이를 가장 단적으로 보여주는 데이터로, 제품팀 내에서뿐 아니라 필요시 외부 조직 또는 아예 회사 외부에까지 공개될 수도 있는 데이터이다. 지표를 보다 보면 프로덕트 매니저로서 지표를 '관리해야 한다'는 압박을 느낄 수도 있는데, 이는 당연한 일이다. 지표를 과장하거나 왜곡

된 의도로 포장하는 것은 단연코 금물이다. 만약 지표가 하락세이거나 정체기에 접어들었다면, 이를 반등시키기 위해 서비스적으로 어떤 개선이나 활성화를 꾀해볼 것인지에 대한 고민은 필요하다.

클릭 수나 PV처럼 단시간에 다량 발생할 수 있는 지표의 경우에는 오랜 기간에 걸쳐 누적된 수치보다는 일간 또는 시간당 발생 지표를 보는 것이 제품 파악에 도움이 된다. 일간, 시간당 지표를 볼 때에는 특히 지표의 패턴을 찾아내는 것이 중요하다. 일 단위 지표에서 확인할 수 있는 가장 대표적인 패턴은 일주일 중 어느 요일, 일년 중 어느 시기에 가장 사용자들이 제품을 많이 사용하는지와 같은 유형이다. 시간 단위 지표에서는 하루 중 시간대별로 사용자가 어떤 패턴으로 늘어나고 줄어드는지, 어떤 시간대에 가장 서비스가 활성화되는지 등을 확인할 수 있다. 이러한 일간, 시간당 지표를 수시로 확인하면서 서비스로 인입되는 사용자 규모와 사용 행태가 정상적인 패턴을 유지하고 있는지 파악하는 것 또한 프로덕트 매니저의 기본 소양이라고 말할 수 있다.

제품 내 결제금액(매출)의 경우에는 앞서 말한 활성사용자나 순방문자와 같이 월간/주간/일간 지표를 보는 것뿐만 아니라 시간당 발생 지표를 파악하는 것이 유용하다. 이는 결제 지표가 활성사용자 수 등과 같이 제품을 단적으로 대표하는 지표인 동시에, 어느 시기 또는 어떤 시간대에 특히 많이 발생하는지 반드시 파악이 필요한 지표이기 때문이다. 예를 들어 일반적인 쇼핑몰 서비스라면 자연스럽게 밸런타인데이나 빼빼로데이, 연말연시, 크리스마스이브 등의 시기에 서비스 활성 지표가 특히 높게 나올 것이다. 그렇다면 이에 맞춰서 매출을 극대화할 수 있는 이벤트를 기획하는 한편, 해당 시기에 트래픽 부하로 인한 서비스 장애 등이 발생하지 않도록 미리 대비를 해두어야 한다.

트래픽 지표는 시간당 지표보다 더 잘게 쪼갠 분당, 심지어 초당 지표까지 볼 수 있다. 트래픽은 서비스에 사용자가 얼마나 인입되고 있는지를 실시간으로 확인할 수 있는 지표이기 때문에, 특히 서비스가 정상적으로 돌아가고 있는지 파악하는 데에 유용하다. 트래픽이 평소와 달리 갑작스럽게 급감하거나 급증할 경우 이는 곧 서비스 장애 또는 외부로부터 비정상적인 접근이 발생하고 있는 상황이 아닌지 의심해야 한다. 사실 이러한 상황은 평온하게 지표를 들여다보다가 발견하기보다는 대부분 자동 감지 시스템을 통해 인지하게 된다. 이에 대한 구체적인 내용은 7장에서 다룰 것이다.

지표 집계 기간 기준별 예시 데이터 항목

지표 항목	지표 집계 기간 기준				
	월간	주간	일간	시간당	분/초당
활성사용자, 순방문자					
결제금액					
클릭 수					
PV					
트래픽					

통계 확인 방식 협의

제품을 출시하고 사전에 정의된 조건대로 지표 관련 데이터가 쌓이기 시작하면 이 데이터를 확인하기 위한 인터페이스가 필요하다. 인터페이스 또한 사전에 개발 담당자와 협의가 필요하다. 예를 들어 통계를 조회할 수 있는 별도의 페이지를 제작할 수도 있고, 봇이 피드 형태의 게시글로 단위 기간마다 지표 기록을 남기는 방식을 택할 수도 있다. 개발 담당자가 지표 데이터를 축적하고 이를 불러오는 방식을 어떻게 설계했느냐에 따라 어떤 형태로 구현할 수 있는지 달라진다. 프로덕트 매니저의 입장에서 특별히 필요한 스펙이 있다면 미리 요구사항을 전달하여 이에 대한 협의를 진행해야 한다.

만약 별도 통계 페이지를 만든다면 해당 페이지에서 어떤 모양새로 데이터를 노출할지, 조회 기간 설정 등의 옵션을 넣을 것인지 등을 정리한 기획이 필요할 수 있다. 텍스트로 된 요구사항 명세만 전달하면 될지, 구체적인 화면 기획 문서까지 필요할지는 개발 담당자와 협의하여 진행하면 된다.

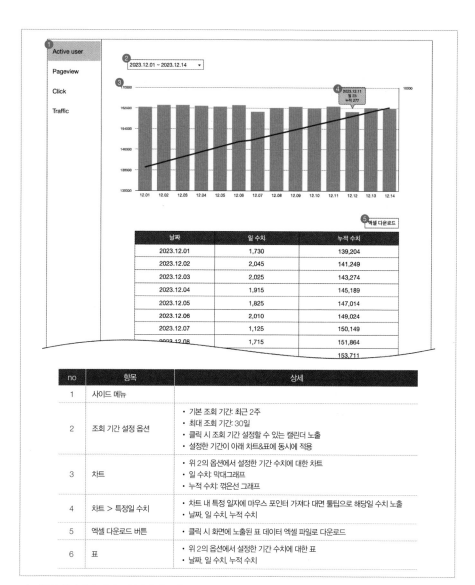

no	항목	상세
1	사이드 메뉴	
2	조회 기간 설정 옵션	• 기본 조회 기간: 최근 2주 • 최대 조회 기간: 30일 • 클릭 시 조회 기간 설정할 수 있는 캘린더 노출 • 설정한 기간이 아래 차트&표에 동시에 적용
3	차트	• 위 2의 옵션에서 설정한 기간 수치에 대한 차트 • 일 수치: 막대그래프 • 누적 수치: 꺾은선 그래프
4	차트 > 특정일 수치	• 차트 내 특정 일자에 마우스 포인터 가져다 대면 툴팁으로 해당일 수치 노출 • 날짜, 일 수치, 누적 수치
5	엑셀 다운로드 버튼	• 클릭 시 화면에 노출된 표 데이터 엑셀 파일로 다운로드
6	표	• 위 2의 옵션에서 설정한 기간 수치에 대한 표 • 날짜, 일 수치, 누적 수치

지표 확인 인터페이스(별도 웹페이지) 기획 문서 예시

활용 가능한 외부 툴 사용

DB 데이터 관련 지표는 담당 개발자와 협의하여 비교적 간단하게 확인이 가능한 편이다. 그러나 화면단에서 발생하는 지표를 수집하여 데이터로 구축한 뒤 시각화까지 하는 작업은 조직에서 이를 위한 기술 인프라 환경을 제공하지 않을 경우 제품팀 내부에서 자체적으로 모두 진행하기에는 어려움이 있을 수도 있다. 이럴 경우 외부에서 제공하는 지표 분석 툴을 사용할 수 있다. 가장 대표적으로 구글 애널리틱스가 많이 활용된다. 다만 이때도 로그를 심는 것과 동일하게 구글 애널리틱스에서 제공하는 추적 코드를 제품 프런트엔드 코드 안에 심는 작업이 필요하므로 기본적으로 프런트엔드 개발자와 협업이 필요하다.

이러한 외부 툴을 사용할 계획이라면 우선 사용법과 활용 범위를 구체적으로 파악한 뒤, 툴 사용가이드에 따라 필요한 사전 작업 및 설정을 해두어야 한다. 이는 개발자가 해줄 수 있는 부분이 아니라 결국 지표를 확인해야 하는 프로덕트 매니저가 직접 관련 내용을 속속들이 알고 있어야만 한다. 미리미리 툴 기능에 대한 정보를 부지런히 수집해서 자신이 담당한 제품에 정말 필요한 기능이 포함되어 있는지, 어느 정도까지 튜닝과 활용이 가능한지 등을 파악해 두도록 하자. 사내에서 동일한 툴을 이미 사용 중인 제품팀이 있다면 정중하게 조언을 구해보기를 권한다. 같은 회사 안에서 제품의 기본적인 제작 및 운영 인프라가 비슷할테니 타 제품에서의 활용 사례보다 참고할 부분이 많을 것이다. 또한 테스트가 가능한 상황이라면 제품을 완전히 공개하기 전 가벼운 샘플 테스트를 해보는 것도 방법일 수 있다.

지표를 올바로 파악하고 그로부터 유의미한 통찰과 결론을 도출하는 역량을 높이기 위해서는 제품에서 유의미한 지표가 무엇인지 고민하고 파악하여 그 숫자의 볼륨과 흐름에 익숙해진 뒤, 적합한 분석 방법론을 공부하고 현업에 적용해보며 숙고하는 경험을 꾸준히 쌓아가는 것 외에는 달리 왕도가 없다. 여기에 정리된 모든 내용은 기본적인 참고만 될 수 있을 뿐, 모든 제품에 천편일률적으로 다 적용할 수 있는 것은 아니다. 자신이 담당한 제품의 기본적인 카테고리나 특성에 따라 더 중요하고 더 유효한 지표가 있을 수 있으며, 그 지표를 어떤 주기로 집계해야 할지, 어떤 방식으로 화면에 그려내는 것이 가장 효과적일지 또한 다 다르다.

따라서 자신이 담당한 제품을 가장 잘 파악할 수 있는 지표는 무엇인지, 자신과 동료와 상급자가 가장 궁금하게 여기는 것을 해소할 수 있는 지표는 무엇인지 끊임없이 고민해야 한다. 그리고 그러한 고민의 결과로 뽑아낸 지표에 익숙해지기 위해서는 일단 핵심 지표를 매일같이 확인하고 추이를 관찰하는 것부터 시작하길 권장한다. 프로덕트 매니저라면 적어도 본인이 맡은 제품의 사용자 볼륨이 어느 정도나 되는지, 하루 제품 트래픽이 오르내리는 그래프의 모양새가 어떤 특징을 갖고 있는지는 상식처럼 알고 있어야 하지 않겠는가.

6.1.2 개선점/이상징후 발견하기

지표를 수시로 확인하다 보면 중단기적으로 개선이 필요한 부분을 발견하게 된다. 목표치나 예상치를 현저히 밑도는 수치가 지속될 경우 또는 평소 추이와 다르게 지표가 급격히 치솟거나 하락한 경우에는 이에 대한 원인을 파악하고 그에 맞는 대응 방안을 강구해야 한다.

중단기 개선점 파악

만약 제품 방문자 수가 늘지 않는다거나 전반적인 액션 지표 추이가 부진하다면 이는 제품 전체의 방향성이나 운영행태와 관련된 이슈일 것이다. 제품의 활성화와 확장을 위한 고민은 장기적인 방향성 문제이므로 전략을 세워 시도해본 결과를 확인할 수 있을 뿐 명확한 해답을 찾기 어렵다. 그러나 예를 들어 제품 내 특정 페이지의 PV가 다른 페이지에 비해 유독 낮다거나, 특정 기능 버튼의 클릭 수가 거의 나오지 않는다면 상대적으로 간단하게 문제의 원인을 진단할 수 있다.

이처럼 지표를 통해 사용자가 불편을 느끼거나 매력을 느끼지 못하는 부분을 비교적 명확하게 파악하는 경우, 빠르게 그에 대한 개선 방안을 마련해볼 수 있다(특정 기능을 제거하거나 보완한다든지 제품 내 동선을 바꿔본다든지).

이러한 개선 방안을 하나하나 백로그로 관리하면서 각각의 중요도, 복잡도, 필요 리소스에 따라 우선순위를 매겨 순차적으로 진행하고, 진행 이후에는 개선 효과를 확인하는 것은 제품 오픈 이후 프로덕트 매니저가 진행하는 중요한 업무 중 하나다. 제품에 새로운 기능을 추가하여 범위를 확장하거나 거창한 개편 전략을 세우는 것 외에도, 제품 전체의 품질과 완성도를 높여 나가기 위해서는 이러한 중단기적 개선 효과를 지속적으로 쌓아 나가야 한다.

단기 이상징후 발견

어느 날 갑자기 지표가 평소의 추이를 큰 범위로 벗어났다면, 이는 제품 내부에서 이슈가 발생했거나 사전에 감지하지 못한 외부의 영향이 미쳤다는 것을 의미한다. 따라서 지표상에서 이상이 발생했을 경우 반드시 원인을 파악하고 대응이 필요한 부분인지 판단해야 한다. 일시적인 이슈로 확인되면 별다른 조치를 취하지 않아도 하루이틀 안에 지표가 다시 정상화되는 경우도 있으나 때로는 장애처럼 적극적으로 대응해야 하는 문제일 수도 있다.

지표 이상 발견 시 우선 제품팀 내부에 공유하고 해당 지표와 관련된 담당 개발자와 함께 원인 파악을 진행한다. 필요시 진행 현황에 대해 제품팀에 중간 공유를 진행하고, 원인이 확인되면 대응 여부 및 (대응 필요시) 대응 방안을 정리하여 다시 한번 공유해야 한다. 시급도에 따라 즉각 대응을 진행하거나 당장 개선이 어려울 경우 중단기 개선점과 마찬가지로 백로그로 관리하며 이후 진행 가능한 시점에 대응하도록 한다.

6.2 회고와 보고

6.2.1 회고의 목적과 형식

제품을 신규로 오픈하거나 대대적 개편 이후 담당 실무자들이 모여서 지난 과정을 돌아보면서 의견을 나누는 것을 회고라고 한다. 회고는 프로젝트 완료를 함께 자축하기 위함도 있지만, 가장 중요한 목적은 지금까지의 업무 진행 방식과 내용에 대해 좋았던 점과 그렇지 못했던 점을 함께 짚어보면서 앞으로도 함께할 팀 내 협업 역량을 성장시키는 것이라고 할 수 있다. 하나의 제품 프로젝트로 모인 실무자들은 별다른 특이사항이 없으면 대개 앞으로도 계속 해당 제품을 담당하게 되기 때문에 이후 협업을 더 매끄럽고 효율적으로 진행하기 위해서도 회고는 필수적이다.

회고는 주로 프로젝트의 PM$^{project\ manager}$ 역할을 담당했던 프로덕트 매니저가 준비하고 진행한다(경우에 따라 개발이나 디자인 등 프로젝트에 참여한 직군별로 회고를 준비할 수도 있다. 필요하다고 판단되면 직군별 리더에게 회고 준비를 요청하자). 정해진 형식은 없지만 기본적으로 다음과 같은 내용을 정리하여 공유하고, 이후 모두가 함께 자유로운 형태로 후기를 나누는 방식으로 진행된다고 생각하면 된다.

✔ 프로젝트 목적

✔ 지금까지의 주요 진행 사항 및 일정

✔ 프로젝트 마무리 직후 주요 서비스 지표

    ✅ (개편 프로젝트일 경우) 주요 개편 성과

✔ 이후 진행 과제 및 마일스톤[1]

✔ (PM 입장에서 봤을 때) 프로젝트 진행에 가장 좋았던 점과 어려웠던 점

---

1 milestone. 프로젝트에서 이정표로 삼을 만한 중/단기, 장기 목표를 선후 관계로 나열한 것을 말한다. 현실적으로 반드시 달성이 필요한 항목과 장기적인 비전에 따른 지향점 모두를 아우를 수 있다.

회고의 분위기는 프로젝트의 난이도와 피로도, 단기 지표, 프로젝트 구성원의 성향에 따라 천차만별일 수밖에 없다. 그래도 회고의 목적을 생각했을 때 처음부터 끝까지 프로덕트 매니저의 나홀로 발표로 진행하기보다 앞서 언급한 마지막 항목만큼은 가급적 모든 구성원의 평가와 의견을 함께 나눌 수 있는 자리로 만들어보도록 하자. 회고는 격식을 차린 보고가 아닌 제품팀 구성원만 참여하는 마무리 자리이므로, 허심탄회한 분위기를 이끌어낼 수 있도록 여러 아이디어를 활용해보기를 권한다. 회고용 문서를 어떻게 만들지, 진행 방식을 어떻게 가져갈지 등 조직 분위기상 허용하기 어려운 것은 제외하고 자유롭게 시도해보자. 회고 자리에서 바로 의견을 주고받기가 어려운 분위기라면, 미리 각자의 생각을 정리해서 프로덕트 매니저에게 전달하거나 익명으로 설문을 받아서 회고 자리에서 공개하는 것도 좋은 방법이다.

물론 핵심은 그렇게 나온 의견들 가운데 각자가 느꼈던 힘들고 어려웠던 부분을 정리해서 앞으로 일할 때에는 이것을 어떻게 해결할 수 있을 것인지 이야기하는 것이다. 명쾌한 해답이 나오지 않아도 그러한 내용을 함께 논의하는 것만으로도 큰 도움이 될 것이다.

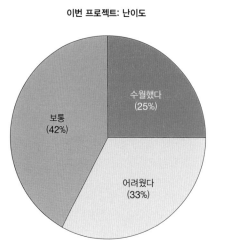
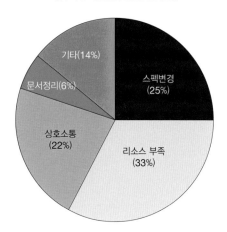

회고 문서 아이디어 예시 1 – 프로젝트 멤버 설문조사

멤버 한마디 : 이제는 말할 수 있다.

 막판에 변수가 많이 생겨서 정신없었는데 그래도 누락되는 일 없게 OO님이 잘 챙겨줬어요.

 내부 테스트 진행 도중에 갑자기 오픈 일정이 변경된 게 제일 아쉬웠어요. 여유가 있었다면 QA 전까지 조금 더 자잘한 이슈를 챙겨서 갔을 텐데 그러지 못해서 후반에 너무 티켓이 쏟아진 것 같네요. ㅠㅠ 다들 고생하셨습니다.

 플젝 한 번 할 때마다 체력이 훅훅 깎이는 느낌....상시 간식 공구 원합니다.

 스펙 변경 건은 가급적 바로바로 위키에도 업데이트해주시면 좋을 것 같아요. 문서 파일로만 돌아다니니까 나중에 최종본이 뭔지 헷갈렸다는...

 sandbox에서 끈 불씨 cbt에서 다시 보자.

회고 문서 아이디어 예시 2 – 프로젝트 멤버 소감 한마디

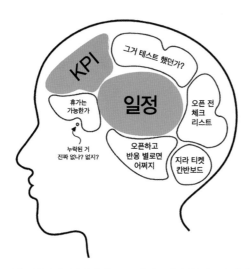

회고 문서 아이디어 예시 3 – 프로덕트 매니저 (또는 각 멤버) 뇌 구조(PM OOO의 뇌 구조 – 오픈 직전 편)

프로덕트 매니저로서 진행하는 회고는 마냥 달갑지만은 않았던 것 같아요. 아무래도 프로덕트 매니저로서의 책임감은 비단 제품뿐만 아니라 동료의 만족도까지 포함한다고 생각해서였겠죠. 사용자 반응을 확인하는 일도 설레는 한편, 원치 않는 결과를 보게 될까 두려울 때가 있잖아요. 그런데 매일 직접 대면하는 동료들의 반응을 확인하는 거니까요. 하지만 이런 책임감에서 벗어나고서부터, 그러니까 완벽하게 행복한 놀이공원 같은 업무 환경은 내가 절대로 만들 수 없다는 걸 인정하면서부터는 훨씬 마음이 편안했어요. 나는 지금 민원 접수를 하는 게 아니라 나 역시 구성원의 일부로 참여하는 거라고 생각하니까 낫더라고요. 앞으로도 이런 마음으로 회고에 임하는 것이 좋다고 생각합니다.

저의 경우 특히 기억에 남는 회고가 하나 있는데요. 프로젝트 자체는 성공적으로 마무리된 편은 아니었습니다. 프로젝트 목표와 방향성 자체가 제품팀 외부에서 대부분 윤곽이 정해진 형태로 내려왔고, 일정 또한 프로젝트가 한창 진행되는 도중에 갑작스러운 상부의 결정으로 인해 대폭 축소되었거든요. 사실 그런 환경일수록 실무자끼리 서로 힘을 합쳐서 '해야 할 일을 완수하는' 것이 중요한데, 엎친 데 덮친 격으로 제품팀 내부에서도 의사소통이 자꾸 어긋나면서 업무 자체도 무척 더디게 진행된, 사실 제가 경험한 것 중에서 손꼽게 괴로운 프로젝트였어요.

한 가지 다행이었던 것은 제품팀 구성원이 그전부터 함께해 온 동료들로, 서로 간의 분위기 자체는 크게 경직되지 않은 편안한 환경이었다는 점이었어요. 어찌어찌 프로젝트를 끝내고 나서 회고를 준비할 때, 그동안 제가 가장 고민했던 것들과 제게 가장 스트레스를 주었던 것들을 솔직하게 발표했어요. "프로젝트 기간 동안 나의 심경 변화 그래프"와 "프로젝트에 대한 나의 뇌구조" 같은 유머러스한 형식을 차용해서 편하게 그려냈습니다.

회고를 끝낸 뒤 동료들로부터 많은 피드백을 들을 수 있었어요. 동료들도 그동안 고민했던 것들, 힘들었던 것들, 제가 제시한 문제들에 대한 각자의 의견 등을 함께 이야기했는데, 힘들었던 프로젝트였기 때문에 회고에서 이야기를 많이 나눌 수 있었다는 생각이 들었어요.

물론 회고 한 번을 통해 어떤 문제가 해결되었다거나 그간 쌓였던 피로가 해소된 것은 아니었습니다. 하지만 프로젝트가 '성공적이지 않았다'고 해서 모든 것이 당연히 '실패'로 귀결되는 것은 아니라는 당연한 사실을 확인했습니다. 끊임없는 프로젝트의 연속이라고 볼 수 있는 이 업계 생활 속에서 어떤 것을 챙기면서 나아가야 하는지에 대한 희미한 인식을 얻을 수 있었던 회고였습니다.

6.2.2 보고의 목적과 형식

제품 오픈 또는 개편 이후, 프로젝트 PM은 해당 프로젝트를 승인한 상위 의사결정권자에게 프로젝트 완료 직후 성과에 대한 보고를 진행한다. 보고의 목적과 성격은 회고와는 전혀 다르다. 회고는 실무자들이 모여서 서로를 위한 피드백을 주고받는 자리라면, 보고는 의사결정권자에게 인정받기 위한 자리다.

열심히 만들고 개선한 제품은 사용자들에게 평가받을 것이고 결과는 지표로 나타날 것이다. 프로덕트 매니저는 지표를 기반으로 의사결정권자에게 오픈 또는 개편의 성과를 어필하고 해당 조직에서 그 제품이 갖는 중요도와 의미를 각인시켜야 한다.

물론 제품 자체가 너무나 훌륭하고 제품팀의 역량도 뛰어나다면, 제품은 순조롭게 성장할 것이다. 그러나 구성원이 열심히 하기만 하면 조직의 인정과 보상이 따라오는 것은 아니다. 어필하지 않으면 성과가 존재하지 않게 되는 경우가 비일비재하다. 그뿐만 아니라 조직에서 인정받는 제품일수록 당연히 그것을 운영, 개선, 성장시켜 나가는 데 필요한 지원도 우선적으로 받게 된다.

따라서 상위 보고를 할 때에는 겸손은 잠시 접어 두도록 하자. 프로젝트 성과 위주로, 마땅히 인정받아야 하는 부분을 효과적으로 전달할 수 있어야 한다. 물론 제품을 오픈 또는 개편하자마자 바로 눈부신 성과가 나타나는 경우는 극히 드물다. 지표 수치 이외에도 객관적으로 제시할 수 있는 사용자들의 긍정적인 반응, 제품의 핵심 가치와 성장 비전, 앞으로의 마일스톤을 정리하여 제시할 수 있어야 한다. 또한 지금은 부족해 보이는 부분일

지라도 어떤 방식으로 보완해 나갈 것인지에 대한 계획과 기대 성과에 대한 예상치에 대해서도 설득력 있는 내용을 준비해야 한다.

이러한 보고와 어필을 어떻게 해내느냐에 따라서 본인은 물론 함께 협업하는 동료들의 성과에 대한 평가도 달라질 수 있음을 염두에 두고, 본업만큼 성실하게 보고를 준비하도록 하자. 결국 상위 의사결정권자나 조직장과의 커뮤니케이션도, 유관부서와의 커뮤니케이션과 마찬가지로 프로덕트 매니저의 주요 역할 중 하나이기 때문이다.

Chapter

7

운영

지금까지 살펴본 내용들은 제품을 '만드는' 부분에 초점이 맞춰져 있었다. 그렇다면 만들어 낸 제품을 가지고 이제부터 무엇을 어떻게 해야 할까?

흔히 제품과 관련해서 가장 많은 노력을 쏟아부어야 하는 지점이 어디일지 생각해 본다면, 기획부터 개발/디자인이 붙어 뚝딱뚝딱 만들어 나가기까지의 과정을 떠올리기 쉽다. 또한 프로덕트 매니저의 역량을 평가할 때, 제품 출시나 개편 등 대대적인 프로젝트를 처음부터 끝까지 주도하여 완성해본 경험이 있느냐를 주요 기준 가운데 하나로 꼽기도 한다.

제품을 만드는 목적은 만들어내는 사람들의 자기만족을 위해서가 아니다. 제품은 사용자에게 유용함 또는 즐거움을 주기 위한 것이고, 제품을 만들어 세상에 오픈했다는 것은 이제 겨우 우리가 하고자 하는 일의 출발선에 도달했다는 것뿐임을 기억해야 한다. 중요한 것은 이제 여기서부터 어떻게 제품을 굴러가게 할 것인가, 즉 어떻게 서비스를 운영해 나갈 것인가이다.

서비스 운영은 제품을 만들어내는 것과는 또 다른 결의 복잡도를 지니고 있다. 새로운 이해당사자로 등장한 '사용자'와의 상호작용을 늘 고려해야 한다. 이 장에서는 서비스의 상시 또는 비상시(장애) 운영을 위해 프로덕트 매니저가 챙겨야 할 전반적인 항목을 다룬다.

7.1 상시 운영과 모니터링

7.1.1 운영 관리

운영이란 간단히 말하면 서비스가 정상적으로(즉, 기획 의도대로) 돌아가게 하는 모든 활동을 뜻한다. 구체적인 예시를 몇 개만 꼽아봐도 서비스 안에서 유통되는 콘텐츠의 생산 또는 제휴, 콘텐츠 노출 형태 및 품질에 대한 검수 및 심사, 사용자 및 이슈 모니터링, 신고 시스템 운영 등, 운영 업무에 포함되는 일의 범주는 다 나열하기 어려울 만큼 다양하고 광범위하다.

이러한 운영에 기본적으로 필요한 것을 크게 **사람(운영 인력), 가이드, 시스템**으로 나눠 볼 수 있는데, 이 또한 서비스 그 자체와 마찬가지로 프로덕트 매니저가 기획하고 관리해야 하는 것들이다.

운영 인력 관리

가장 기본적인 상시 운영 업무는 대개 이를 전담하는 별도 인력이 진행하게 된다. 운영은 서비스를 오픈한 그 순간부터 시작된다. 따라서 프로덕트 매니저는 제품 배포 전에 상시 운영 인력이 어느 정도로 필요할지, 어떤 방식으로 관리할지에 대한 계산과 세팅을 미리 마쳐두어야 한다.

서비스를 오픈한 이후에는 실제 진행되는 운영의 업무량을 빠르게 수치화하여 이를 기반으로 초기 설정에 수정해야 할 부분이 없는지 살펴보도록 한다. 또한 이후에도 정기적인 업무량, 품질 모니터링을 통해 운영인력의 증감이나 업무 진행 방식에 변경이 필요하지 않은지 항시 파악하여 서비스가 안정적이면서도 유연하게 운영될 수 있도록 해야 한다.

필요한 운영 인력을 계산할 때에는 일반적으로 MM 단위로 정량화하여 파악한다.

MM$^{\text{man month}}$이란 사전적으로는 한 달 동안 한 명의 인력이 처리할 수 있는 업무량을 의미한다. 현업에서는 일반적으로 어떤 업무를 한 달간 처리하는 데 필요한 인력의 수를 나타내는 단위로 사용한다. 예를 들어 업무에 필요한 월간 고정 인력이 다섯 명이라고 하면, 필요 인력 5MM으로 표기하는 식이다.

운영 인력 계산에 고려해야 할 기본적인 요소는 대략 다음과 같다.

> ✔ 월간 운영 인입량
>
> ✔ 월간 운영 처리량 (최소 요구치 ~ 최대 목표치)
>
> ✔ 월간 근무일
>
> ✔ 운영자 휴가 일수

서비스 오픈 전이라면 항목 중 운영 인입량과 처리량은 예상치로 잡고 계산한다. 서비스 오픈 직후 확인된 실제 인입량과 처리량이 예상을 크게 벗어날 경우, 특히 인입량이 예상치를 크게 상회하거나 반대로 처리량이 예상치를 크게 밑돌 경우, 빠르게 이를 보완할 수 있는 단기 대비책을 미리 준비해 두는 것이 좋다(ex. 임시로 동원할 수 있는 추가 운영 인력을 미리 확보해 두는 등).

운영 처리량은 하나의 수치로 정하기보다 제품팀에서 운영팀에 요구하는 최소 요구치와 최대 목표치 사이의 밴드 형태로 잡는다. 운영 인력은 처음 배치한 운영자로 영구히 고정되는 것이 아니라 이직이나 조직개편 등 여러 요인에 의해 언제든 변경될 수 있다. 운영량은 각 운영자의 숙련도와 퍼포먼스에 따라 차이가 나기 때문이다. 운영 초기에는 최소 요구치를 넘기는 것을 목표로 한다. 시간이 지나 운영 업무가 안정되고 개별 운영자의 숙련도가 상승하면 최대 목표치를 달성하기 위해 운영팀과 커뮤니케이션을 주고받으며 관리하도록 한다(이에 대한 구체적인 내용은 이 장 말미에 다루도록 하겠다). 월간 근무일은 휴무일을 제외한 실제 운영 일수를 기준으로 세는데, 일반적으로 4주, 주 5일 기준으로 21–24일 가량이 된다. 근무일을 고려해야 하는 이유는 휴무일이 늘어날수록 운영 처리량은 줄어들게 되지만 운영 인입량은 크게 변하지 않기 때문이다(운영 인입량은 대개 사용자 트래픽으로부터 오기 때문에 서비스가 주중에만 접속 가능한 것이 아닌 이상, 휴무일이라고 해서 운영 인입량이 사라지는 것은 아니다. 서비스 성격에 따라서는 오히려 휴무일에 인입되는 운영량이 평일보다 더 많을 수도 있다). 명절, 공휴일 등 휴무일이 많은 달에는 이로 인해 운영자가 일평균 처리해야 하는 업무량이 늘어나게 되므로 이를 고려한 운영 대비가 필요하다.

운영 가이드 관리

운영 가이드란 운영 업무에 대한 매뉴얼을 말한다. 운영자는 운영 가이드에 근거하여 실제 운영 업무를 처리하게 되고, 따라서 운영 가이드는 운영 업무에 대한 품질 평가 기준이기도 하다. 프로덕트 매니저는 서비스가 어떤 방식으로 어떻게 운영되어야 하는지 최초 가이드를 수립하여 운영진에게 전달하고 교육할 뿐만 아니라, 사용자가 실제로 서비스를 사용하는 형태와 피드백을 바탕으로 가이드를 지속적으로 개선시켜 나가야 한다. 이는 서비스 그 자체 또한 고정된 형태가 아니라 계속 업그레이드해 나가야 하는 것과 일맥상통한다.

운영 가이드가 복잡할수록 운영 퍼포먼스는 떨어지고 오류율이 오르게 된다. 운영 가이드는 이를 감안하여 어느 정도 효율적인 운영에 적합한 수준으로 관리하는 동시에 서비스 품질 유지를 위해 요구되는 수준을 충족할 수 있어야 한다. 운영 가이드 담당자로서 이 균형을 적절하게 유지할 수 있도록 가이드를 관리, 개선해 나가는 것 또한 프로덕트 매니저의 중요 역할이라고 할 수 있다.

운영 품질 관리

운영자는 운영 가이드에 따라 업무를 진행하지만, 항상 프로덕트 매니저가 기대한 대로 업무를 처리하는 것은 아니다. 운영자에 따라 가이드 내용을 충분히 숙지하지 못했거나 내용을 잘못 이해했을 수도 있고, 가이드에 정의되지 않은 케이스를 자의적으로 판단하여 업무를 진행했을 수도 있다. 또한 가이드에 대한 이해도가 높은 숙련된 운영자라 할지라도 사람이라면 실수하기 마련이다.

따라서 프로덕트 매니저는 정기적 또는 비정기적으로 운영 업무에 대한 품질을 검수하고 감독함으로써 운영 품질이 어느 수준 이상 일정하게 유지되도록 관리해야 한다. 운영이 완료된 케이스를 랜덤으로 샘플링하여 가이드에 맞게 정확히 처리되었는지 확인하고, 오류를 발견했을 경우 그렇게 처리된 원인을 파악하여(가이드 미숙지인지, 단순 실수인지) 필요시 운영자들에게 가이드 내용을 상기시키거나 추가 교육을 진행하는 식이다. 다수의 운영자가 처리한 케이스에서 검수 대상을 샘플링할 때는 운영자별로 균등한 비율로 샘플을 선정하여 특정 운영자에 대한 검수가 누락되거나 편중되지 않도록 한다. 또한 운영자별 오류 비중을 기록하여 운영 품질의 개인차가 크게 벌어지지는 않는지 체크하고, 그 격차를 줄이고 궁극적으로는 상향 평준화할 수 있도록 관리해야 한다.

운영 품질 관리는 이러한 정성적 검수와 함께 정량적 검수도 진행한다. 즉 운영자가 최소 요구 수준 이상의 운영량을 꾸준히 처리하고 있는지를 확인하는 것이다. 운영자가 처리하는 운영량이 기대 수량을 장기간 하회할 경우, 문제 상황으로 인식하고 이를 해소할 방법을 고민해야 한다(ex. 운영 요구치가 비현실적인 것은 아닌지, 운영 효율성을 높이기 위해 운영가이드 또는 운영툴을 개선해야 할 부분은 없을지, 운영자 교체 또는 충원이 필요한지 등).

운영툴 관리

운영툴은 운영자가 운영 업무를 할 수 있도록 해주는 툴이다. 운영은 서비스에 밀접하게 맞닿아 있는 것이기는 하지만, 운영 업무가 이루어지는 레이어는 일반 사용자가 사용하는 서비스와는 분리돼 있으므로 이를 위한 별도의 인터페이스와 데이터 처리 플로우가 필요하다. 간단한 예로 서비스에 노출되는 콘텐츠를 관리하는 운영 업무를 위해서는 기본적으로 아래와 같은 기능을 갖춘 운영툴이 필요할 것이다.

✔ 콘텐츠 후보군 업로드 및 저장

✔ 콘텐츠 후보군 목록 출력(불러오기)

✔ 선택한 콘텐츠 편집 및 저장

✔ 서비스에 노출할 콘텐츠 목록 선별 및 저장

✔ 지정한 시점에 맞추어 서비스에 콘텐츠 노출

✔ 서비스에 노출된 콘텐츠 숨김(비공개) 처리

- ✓ 노출된 콘텐츠에 대한 통계 확인 (ex. 사용자 반응 수)
- ✓ 콘텐츠 운영 이력(로그) 저장 및 확인
- ✓ 접근 가능 사용자 계정/권한 관리

이처럼 운영툴은 그 자체로 명확한 데이터 처리 로직과 요구사항, 또한 이를 가장 효율적으로 처리할 수 있는 인터페이스를 필요로 하는 또 하나의 서비스라고 볼 수 있다. 물론 그 서비스에 접근할 수 있는 사용자와 필요한 기능의 범주가 일반 서비스 대비 매우 제한적이지만 말이다.

프로덕트 매니저는 본인이 담당한 서비스를 기획, 제작, 관리하는 것과 마찬가지로 서비스를 운영하기 위한 운영툴을 기획, 제작, 관리해야 한다. 운영툴 신규 제작을 위한 요구사항 정의서나 와이어프레임[1] 등을 정리하여 개발자와 협업함은 물론, 운영툴이 완성된 이후에도 필요시 장애 대응이나 사용성 개선을 위한 백로그^{backlog} 및 스프린트^{sprint} 관리가 필요하다.

물론 운영툴을 관리하는 것과 서비스를 관리하는 것이 아주 같을 수는 없다. 운영툴은 오직 그 목적에 부합하는 효율성을 추구할 뿐 미적으로 아름다울 필요는 없으므로, 운영툴을 제작할 때에는 디자인, 마크업 작업에 대한 중요도가 서비스 제작만큼 높지 않은 편이다. 또한 서비스 사용자와 관련된 운영이 필요할 경우(ex. 사용자 계정 또는 사용자가 업로드한 콘텐츠에 대한 제재 등) 여기에 사용할 운영툴은 필연적으로 사용자 정보를 저장하고 열람하는 기능을 담게 되므로, 법적/서비스적 차원에서 요구되는 보안 요소를 갖추어야 한다.

---

1 wireframe. 제품 화면 구성 레이아웃을 간단한 선, 면 형태로 표현한 것을 말한다.

7.1.2 서비스 관련 이슈 확인

서비스가 잘 돌아가도록 하기 위해서는 직접적인 내부 운영을 관리하는 것 이외에도, 외부로부터 갑자기 어떠한 영향력 또는 리스크가 닥쳤을 때 잘 대응하는 것도 매우 중요하다. 리스크 관리는 내가 속한 조직의 외부에서 끊임없이 발생하는 수많은 이슈 가운데 서비스에 영향을 미칠 수 있는 요소를 잘 파악하는 것과 서비스 내부적으로 발생할 수 있는 위험요소를 미리 제거 또는 최소화하는 것으로 나눠볼 수 있다.

상시 이슈 확인

IT 서비스는 사람들의 일상에 차지하는 비중이 크다. 그만큼 요즘은 IT 업계 관련 이슈도 무척 흔하다. 특정 IT 기업 또는 서비스를 다룬 지상파나 주요 일간지의 뉴스 보도, 플랫폼/커뮤니티/SNS에서 화제를 불러일으키며 확산되는 콘텐츠 등은 거의 매일같이 찾아볼 수 있다.

특정 분야에서 사회경제적 이슈가 발생했을 때 그와 관련된 기업들의 주가가 영향을 받는다는 것은 누구나 쉽게 이해할 것이다. 이슈의 경중에 따라 주가가 반토막이 난다거나 상한가를 치는 등 그 파급력이 매우 큰 경우도 다반사다.

이와 마찬가지로 서비스도 밀접한 관련이 있는 이슈가 발생했을 때에는 직간접적으로 영향을 받게 된다. 긍정적 이슈든 부정적 이슈든 일시적으로 사용자 트래픽이 상승하는 것은 가장 일반적인 반향이 될 것이다. 긍정적 이슈에 힘입어 서비스 홍보 효과를 누릴 수도 있지만, 반대로 심각한 부정적 이슈가 발생했을 경우에는 비난의 대상이 되어 기존 사용자뿐 아니라 일반 대중의 질타를 받으면서 서비스 이미지에 타격을 입을 수도 있다. 새로운 법안이 통과되어 기존 서비스에 특정 기능을 의무적으로 추가하거나 서비스 범위를 제한해야 하는 상황이 발생할 수도 있고, 극단적으로는 서비스 자체를 종료하느냐 유지하느냐 하는 기로에 설 수도 있다.

이슈 내용이 직접적으로 IT 업계나 서비스와 관련된 것이 아니라 해도 얼마든지 서비스에 영향을 미칠 수 있다. 코로나 시대에 접어들면서 온라인 쇼핑/배달 플랫폼 서비스의 매출이 늘어나고, 비대면으로 회의나 수업을 진행하는 기술의 수요가 폭증한 것이 대표적이다.

따라서 프로덕트 매니저는 본인이 담당하는 서비스에 대한 이슈 모니터링을 비롯하여 경쟁/유사 서비스에 대한 모니터링 및 대응 기준을 세울 뿐 아니라, 필요시에는 (서비스 자체적으로 내부 모니터링 운영을 진행하는 것처럼) 상시 운영 업무를 세팅해 두어야 한다.

또한 프로덕트 매니저는 본인의 서비스가 직접적으로 다루는 분야 및 그 관련 분야 전반에 대해 폭넓은 관심을 갖고 늘 주의를 기울일 필요가 있다. 뉴스를 보면서 본인의 서비스와 어떤 방식으로 관련을 맺고 영향을 주고받을 수 있을지 생각해보는 습관을 들여야 한다. 이는 단순히 서비스에 닥칠 수 있는 위험요인을 간파하여 대응하는 차원을 넘어서, 이 사회를 이루는 여러 요소와 끊임없이 상호작용하며 존재할 수밖에 없는 서비스의 존재 의의나 방향성에 대한 고민과도 맞닿아 있다.

사전 법무검토

어느 정도 규모가 있는 기업 내부에는 법무 담당 조직이 존재한다. 법무 담당 조직의 업무 범위에는 기업에서 출시한 개별 제품에 대한 법적 위험요소 검토 및 자문도 포함된다. 법무 조직이 있다면 필요할 때마다 망설이지 말고 검토를 요청하자. 최근에는 준법경영에 대한 사회적 인지도가 높아짐에 따라 기업에서도 이를 중요 경영 요소로 보고, 컴플라이언스compliance (준법 감시) 시스템을 구축하여 제품의 기획/출시/운영 과정에서 필수로 따라야 하는 자체적인 지침을 마련하는 경우가 늘어나고 있다.

서비스 기획 초기부터 출시 전, 신규 기능 추가 전, 관련 이슈 발생시 등 서비스 운영 주기 전반에 걸쳐서, 신경이 쓰이거나 민감하게 대응이 필요한 것으로 판단되는 부분이 있다면 미리 적극적으로 법무검토를 진행해야 한다. 사전 법무검토를 통해 법적으로 적합한 범위 안에서 적합한 절차를 통해 서비스를 운영하는 것은 리스크 관리를 위한 기본이다.

다음은 일반적으로 참고할 수 있는 사전 법무검토가 필요한 대표적인 사례이다.

✓ **(신규 서비스 또는 기능) 기획 초기 단계**

   ✓ 서비스(기능) 핵심 컨셉/내용/기능이 현행법상 합법인가?

   ✓ 서비스(기능) 핵심 내용/기능상 필수로 갖추어야 할 법적 의무사항에는 어떤 것이 있는가?

✓ **(신규 서비스 또는 기능) 출시 전 단계**

   ✓ 서비스 운영정책이 서비스 전반에 대한 법적 부담 및 의무를 충분히 커버할 수 있는 내용으로 구성되어 있는가?

   ✓ 서비스 출시 프로세스상 필수로 거쳐야 하는 단계가 있는가? (ex. 등록/신고 의무)

✓ **서비스 내용에 변경이 발생했을 경우**

   ✓ 운영정책 변경 및 사용자 대상 사전 고지는 어떤 방식으로 진행해야 하는가?

✓ **운영 중 분쟁/피해 등 법적 이슈 발생시**

   ✓ 이슈 해결 과정에서 어떤 조치를 필수로 취해야 하는가?

   ✓ 이슈 해결의 절차는 어떤 순서로 진행해 나가는 것이 안전한가?

위 내용은 법무검토를 필요로 하는 업무 범주에 대한 최소한의 개요이다. 실제로 법무검토를 진행하는 과정에서는 위에 언급한 항목마다 1회로 끝나지 않는 경우가 많다. 검토 대상 사안에 따라서는 관련된 세부 서비스 요소별로 여러 단계에 걸쳐 검토 결과 피드백을 반영하고 다시 재검토를 받는 과정을 반복하기도 한다.

구체적으로 어느 정도 수준까지 법무검토 대상인지, 위에 언급된 내용 이외에 또 어떤 것들을 고려해야 하는지 등, 현업에서 수없이 떠올리게 될 질문에 대한 답을 찾기 위해서는 직접 여러 방편을 찾아나서야 한다. 사내에서 접근할 수 있는 타 서비스 사례나 기록을 찾아보는 것이 그중에서도 가장 빠르고 실질적인 참고가 될 것이다. 장기적으로 본인의 업무 숙련도를 높이기 위해서는 평소 경쟁/관련 서비스를 다양하게 사용하고 분석하며 사례를 수집해야 한다. 나아가 본인의 서비스와 접점이 있는 법령에는 어떤 것이 있는

지 인지하고 그 내용을 수시로 확인하며 참고하는 것도 필요하다.[2]

7.1.3 CS 대응

모든 서비스는 CS^{customer service}, 즉 고객 사후 관리 서비스를 수반한다.

프로덕트 매니저가 관리해야 할 부분은 특히 고객 문의/불만 접수 및 응대 프로세스를 구축하고 운영하는 것으로, 현업에서는 주로 이러한 업무를 'CS 대응'으로 통칭한다. 또한 고객으로부터 인입된 개별 문의/불만 케이스를 CS 라고 부르기도 한다(ex. 금일 cs 인입건수 00건).

프로세스 사전 구축

자체적인 고객센터처럼 CS 전담 조직을 갖추고 있는 기업이라면 고객 문의/불만 접수 및 응대 프로세스가 기본적으로 이미 구축되어 있으므로, 본인이 담당한 서비스의 CS 업무를 맡게 될 조직과 가이드에 따라 단계적으로 업무를 세팅하여 협업해서 진행하면 된다.

큰 흐름으로 보면 CS 담당 인력에 대한 리소스 협의를 우선 진행하고(ex. 전담 인력 0MM 배치) 이후 CS 대응 가이드를 전달하여 사전 교육을 진행한 뒤, 서비스 오픈과 함께 CS 대응 업무도 본격적으로 시작하게 된다.

전담 CS 조직이 없는 상황이라면 프로덕트 매니저가 직접 CS 대응을 어떤 방식으로 진행할 것인지부터 정리해야 한다.

우선 문의 인입/답변 창구가 서비스 안에 포함되어 있을 경우(즉, 서비스 내에서 고객 문의 게시판이나 문의 접수 메뉴 등을 제공하는 상태), 관련 스펙은 기획 단계에서 이미 정리되어 서비스 출시와 함께 배포가 된 상태일 것이다. 문의 답변 전달에 필요한 운영툴 또한 서비스 배포 일정에 맞추어 준비되어 있을 것이다. 만약 그렇지 않고 서비스 공식

---

2 국가법령정보센터(https://www.law.go.kr/) 사이트에서 법령의 명칭 및 주요 키워드로 검색하여 전체 법문 내용을 확인할 수 있다. 아울러 찾기 쉬운 생활법령정보(https://www.easylaw.go.kr/) 사이트에서는 개인정보보호 등 정보통신/기술 분야의 기본적인 법적 개념의 핵심 내용을 간추려 제공하고 있으니 참고하자.

이메일이나 SNS 등을 통해 문의를 접수 받는다고 한다면, 그러한 운영 방침과 함께 문의 받을 주소 또는 계정을 사용자가 쉽게 확인할 수 있는 위치에 공개해 두어야 한다. 이어서 인입된 고객 문의를 누가, 어떻게 처리할 것인지 사전에 정의하여 필요한 인력을 세팅해 두어야 한다. 예상되는 CS 업무량에 따라 프로덕트 매니저나 제품팀 내부에서 직접 처리하는 방향으로 결정할 수도 있고, 서비스 운영 업무처럼 별도의 담당 인력을 마련해 둘 수도 있다.

이후에는 전담 CS 조직이 있을 때와 마찬가지로 CS 대응 가이드를 정리해두고 필요시 담당 인력을 대상으로 사전 교육을 진행한다.

CS 대응 가이드 & 교육

CS 대응 가이드란 접수된 고객 문의/불만에 대한 답변을 어떤 내용과 방식으로 진행할 것인지 정의한 것을 말하며, 기본적으로 갖추어야 할 구성은 다음과 같다.

✔ 예상 문의/불만사항 항목과 그에 대한 답변 스크립트

✔ 예상 항목 이외의 내용이 인입되었을 경우 대처 가이드 (ex. 고객센터 담당자가 프로덕트 매니저에게 문의내용 이관)

✔ 강성 항의에 대한 대응 가이드 (ex. TO DO, NOT TO DO, 모범 답변 스크립트 등)

✔ 고객센터에서 제품팀으로 필수 공유가 필요한 대상 정의 (ex. 서비스 오류 제보, 고객에게 피해 발생 사례 등)

✔ 답변 처리 기간 기준 (ex. 인입 후 영업일 기준 5일 이내 답변 처리)

열거한 항목 중 일부를 프로덕트 매니저나 제품팀 내부에서 직접 CS 대응을 담당하기로 했다면 따로 가이드를 마련할 필요는 없을 것이다. 그러나 가이드로 마련할 필요는 없을 지라도, 그와 같은 상황이 발생했을 경우 제품팀에서 어떤 부분을 미리 준비해 두어야 하는지 점검하는 측면에서 함께 정리해보는 것은 의미가 있다. 예를 들어 '고객센터에서 제품팀으로 필수 공유가 필요한 대상 정의'라는 항목을 보자. 제품팀에서 직접 CS 대응을

담당하는 상황이라면 이러한 대상을 사전에 정의하는 것이 불필요해 보이겠지만, 이 항목의 의미는 제품팀에서 꼭 알아야 하는 중요한 서비스적 이슈가 고객을 통해 인입된 상황을 상정한 것이다. 그러한 상황에는 어떤 것이 있을지 예상해보고 이에 대한 대응 방식까지 함께 미리 고민해본다면, 서비스 운영의 완성도는 더욱 올라갈 것이다.

위와 같은 내용을 서비스 오픈 전에 모두 상세히 정리하여 CS 대응 가이드를 작성하고, CS 업무 담당자에게 교육을 진행한다.

제품팀이 아닌 별도 인력이 CS 대응 업무를 맡았을 경우, CS 대응 담당자는 서비스에 대한 기본적인 이해가 필수이기 때문에 CS 대응 가이드 이외에 추가적으로 서비스 전반에 대한 가이드 작성 및 교육이 함께 필요하다. 서비스를 하나부터 열까지 속속들이 알고 있는 프로덕트 매니저가 고객 문의에 직접 전화 응대를 한다 해도, 고객의 답답함이나 불만을 완벽하게 해소해주는 것에는 한계가 있을 수밖에 없다. 하물며 서비스에 대한 내용은 전혀 모른 채 CS 대응 가이드에 적혀 있는 내용만으로 고객 문의에 응대한다면, 섬세하지 못한 자동응답 봇처럼 고객의 다양하고 복잡한 문의 내용을 제대로 파악하지 못한 채 사전에 정의된 단순한 답변만 기계적으로 전달하게 될 것이다. 결국 답변의 전체적인 맥락과 품질이 떨어질 수밖에 없고, CS 대응을 부정적으로 경험한 사용자는 서비스 전체에 대한 평가도 부정적으로 인식하게 된다.

따라서 CS 대응 담당자에게 서비스 전반에 걸친 사용자 경험 플로우를 이해시키는 것을 목적으로 서비스 가이드 문서를 작성하자. 사용자에게 공개되지 않은 서비스 운영 가이드나 백단 로직 중에서 CS 대응 업무를 위해 참고로 파악이 필요한 내용이 있을 경우, 해당 가이드 문서에 간단히 설명하는 것이 좋다. 물론 그러한 내용은 답변을 진행하는 과정에서 사용자에게 공개되지 않도록 문서에 명시해 두어야 한다.

상시 사전 및 사후 공유

서비스를 신규로 오픈하기 전에 앞서 설명한 CS 대응 가이드나 서비스 가이드를 CS 대응 담당자에게 사전 공유하는 것은 모두가 중요한 절차로 인지하고 챙기는 것이 일반적이다. 그러나 실무를 진행하다 보면 놓치기 쉬운 이벤트가 있다. 바로 서비스에 주요 개편이 있거나 장애가 발생했을 때이다.

서비스를 개편하게 되면 사용자 문의 사항도 기존과 달라지거나 새로운 유형이 생기게 된다. CS 대응 담당자는 이러한 변경사항과 그에 대한 대응 방법을 미리 숙지하고 있어야 한다. 따라서 서비스 개편을 준비할 때에는 서비스 오픈과 마찬가지로, 개편 배포 일정과 주요 개편 내용을 CS 대응 담당자에게 미리 공유해 두어야 한다. 기존의 CS 대응 가이드 및 서비스 가이드 문서 역시 개편 내용에 맞추어 업데이트하여 사전 전달해야 함은 물론이다.

서비스에서 장애가 발생했을 때에는 장애 처리만으로도 정신이 없겠지만, 장애의 규모와 해소까지 예상되는 소요시간을 파악하여 CS 대응 담당자에게 사전 또는 사후 공유해야 한다. (규모가 크고 치명적인 장애일수록) 장애가 발생했음을 가장 먼저 체감하게 되는 곳이자 화난 사용자들의 직접적인 성토에 제일 먼저 노출되는 곳이 바로 CS 대응 조직임을 잊지 말자. 장애가 발생하면 CS 대응 담당자는 처리해야 할 문의가 단시간에 폭증하게 되고, 다른 문의를 제쳐두고 이에 먼저 대응해야 할 만큼 중요한 장애인지, 장애 관련 문의가 언제까지 계속 인입될 것인지를 파악해야 업무를 진행할 수 있다.

따라서 장애가 발생할 경우, 장애 등급이 높다면 CS 대응 담당자에게 최대한 빠르게 핵심 사항 위주로 이슈를 공유하여, 관련 문의가 한동안 인입될 수 있음을 미리 인지할 수 있도록 해주어야 한다.

✓ 장애 발생 시각

✓ 장애 내용(사용자가 어떤 상황에서 어떤 현상을 경험하게 되는지)

✓ 장애 해소까지 예상되는 소요시간

✓ 1차 대응 방침(ex. 장애 해소 시점까지 관련 문의 답변 보류)

장애 등급이 낮더라도 해소까지 예상되는 소요시간이 길 경우에도 사전 공유가 필요하다. 장애가 해소된 이후에는 해소 사실과 함께 장애 관련 문의에 대한 2차 대응 방침을 정리하여 공유한다.

장애 등급과 무관하게 이슈 발생 탐지 후 빠르게 해소가 가능한 것으로 파악되었을 경우에는 사후에 공유해도 충분하다. 이때는 언제부터 언제까지, 어떤 내용의 장애가 발생했음을 공유하면서 해당 장애와 관련된 문의가 인입된 것이 있는지 우선 확인을 요청한다. 실제로 인입된 장애 관련 문의가 있을 경우에는 해당 문의에 대한 답변 내용을 정리하여 다시 전달하면 된다.

CS 대응 모니터링 및 품질 관리

CS 대응 업무가 안정적으로 정착하고 나면, 인입되는 문의 내용에 대해 정기 또는 비정기적으로 모니터링을 진행할 필요가 있다. 어떤 내용의 문의가 많이 인입되었는지 확인함으로써 사용자가 서비스를 사용할 때 주로 불편함을 느끼는 부분을 파악할 수 있기 때문이다. 또한 어떤 내용의 문의가 반복되는지 빈도를 확인하면 서비스에서 개선이 필요한 항목의 중요도를 판단하는 데 유용한 근거로 활용할 수 있다. 물론 때로는 인입된 빈도 수와 상관없이 프로덕트 매니저에게 무척 흥미로운 인사이트나 의외의 관점을 제공하는 문의 내용과 조우하게 되는 운 좋은 날도 있다.

실제 인입되는 문의 내용을 통해 이처럼 서비스적 요구사항을 파악하는 것과 함께, 기존 CS 대응 가이드에 정의된 문의 유형과 스크립트도 수시로 업데이트하여 담당자에게 전파하는 것도 잊지 말자.

CS 대응 업무는 운영 품질 관리와 마찬가지로 검수를 통한 관리가 필요하다. 이때도 정성적 평가와 정량적 평가를 진행한다. 정성적 평가는 답변이 진행된 문의 케이스를 랜덤으로 선별하여 대응 가이드에 맞게 답변이 진행되었는지 검수하는 방식으로 진행한다. 정량적 평가는 인입된 문의량 대비 요구사항만큼 처리량이 유지되고 있는지, 모든 문의가 정해진 기간 내에 처리가 완료되었는지 등을 기준으로 판단한다. 이러한 평가 결과에 따라 기대치나 요구사항에 도달하지 못한 부분의 원인을 파악하여 개선함으로써, 사용자가 느끼는 CS 품질이 어느 정도 수준 이상으로 일정하게 유지될 수 있도록 관리해야 한다.

7.2 장애 모니터링과 대응

7.2.1 장애 정의와 대처 프로세스

장애란 무엇인가? 명확한 정의를 찾아보지 않더라도 현업에서 '장애 발생'이라는 말이 무엇을 의미하는지는 모두 알고 있다. 다만 이번 장에서 장애 관련 내용을 정리하기 위해 장애의 개념을 나름대로 서술해보자면, 일반적으로 제품을 이루는 기능 또는 시스템의 일부가 의도하지 않은 방식으로 동작하여 서비스 사용에 불편을 유발하는 상황이 발생했을 때 이를 장애라고 한다.

현업에서 어디선가 '장애가 났다'는 말이 들려오면 반사적으로 큰일났다는 생각부터 들게된다. 그렇다, 장애는 큰일이다. 본인이 담당하고 있는 제품에서 장애가 나면 보통은 만사 제쳐두고 우선 장애 관련 파악부터 진행해야 한다.

그렇다면 이렇게 큰일인 장애가 발생했다는 것은 구체적으로 무엇을 의미하는 걸까? 장애가 발생하면 어떤 일이 벌어지는가? 정의에 내포된 것처럼 사용자들이 서비스를 사용하는 데 불편을 겪는 것이다. 그렇다면 구체적으로 어떤 불편을 겪게 되는 걸까? 장애는 발생하자마자 바로 처리를 해야 하는 걸까? 장애가 발생하면 무엇부터 어떻게 진행해야하는 걸까?

이렇듯 꼬리에 꼬리를 물고 질문이 이어지지만, 다른 수많은 것과 마찬가지로, 이러한 질문에도 정해져 있는 단 하나의 정답은 없다. 우선 장애라는 것은 발생 원인뿐 아니라 서비스에 미치는 영향 또한 파급력과 유형이 천차만별이다. 또한 장애는 의도에서 벗어난 것이므로, 예상치 못한 상황에 발생하게 마련이다. 따라서 현업에서는 장애 발생시 누가 어떤 역할을 맡아서 어떤 식으로 대응할지, 장애의 중요도에 따라 구분하여 대처 프로세스를 사전에 정의해 둠으로써 장애에 대비한다.

어느 정도 이상의 규모를 가진 기업이라면 일반적으로 장애 대처 프로세스에 대한 전사 공통 가이드라인을 담당하는 조직이 별도로 존재한다. 해당 가이드라인에 맞춰 서비스별로 상황에 맞게 보다 구체적인 프로세스를 잡고, 담당자를 지정하게 된다.

장애가 발생하면 일반적으로 진행되는 플로우는 대략 아래와 같다(등급에 따라 일부 항복은 필수가 아닐 수 있다).

✓ 장애 발생 감지

✓ 장애 등급 판단

✓ 등급별 전파 대상 그룹에 장애 사실 전파

✓ 장애 처리 & 필요시 대내외 커뮤니케이션 진행

✓ 장애 처리 완료 (장애 현상 해소)

✓ 장애일지 정리 및 유관부서 공유

✓ 장애 후처리 – 장애 회고 및 재발방지대책 마련, 대외 커뮤니케이션, CS 응대, 피해 고객 보상 진행 등

장애 등급은 장애의 파급력과 피해 예상 범위 등을 감안하여 구분하며, 치명도가 높아서 긴급하게 대응해야 할수록 등급이 높다.

장애 발생 시 그 등급에 대한 판단은 사전에 정해진 가이드라인에 따라 컨트롤타워 역할을 맡은 담당자가 내린다. 장애 등급 판단은 어떠한 대처 프로세스를 따를 것인지 결정하여 즉각 처리 단계로 넘어갈 수 있도록 장애 감지 초기에 빠르게 이루어져야 한다. 다만 한번 결정된 등급은 이후 상황 변화에 따라 유연하게 상향/하향 조정될 수 있으며, 이에 따라 대응 방식 또한 변경되어야 한다.

일반적으로 장애는 사용자의 서비스 이용에 실시간으로 영향을 미치므로 즉각적인 대응 및 해소가 기본이다. 그러나 가장 낮은 등급의 장애일 경우에는(ex. 대부분의 사용자가 체감하기 어려운 장애) 각 제품 담당자가 다른 업무와의 우선순위를 판단하여 대응 시점을 결정하기도 한다.

그렇다면 이러한 장애 상황과 관련해서 프로덕트 매니저의 역할은 무엇인가?

장애 발생시 이를 직접적으로 처리하는 것은 주로 개발직군이지만, 장애 사전 대비, 장

애 처리, 후처리 상황에서 프로덕트 매니저 또한 담당해야 하는 부분이 있다. 이에 대한 자세한 내용과 프로덕트 매니저가 직접 맡은 역할은 아니더라도 참고로 알아두어야 하는 사항에 관해 아래에 이어 설명하겠다.

7.2.2 장애 사전 대비

장애는 구체적인 발생 시점과 내용을 예상할 수는 없지만 사전 대비는 필요하다. 앞서 언급한 대처 프로세스 마련도 그중 하나다.

장애를 감지하게 되는 경로는 크게 **자동 감지 시스템, 내/외부 제보, 이벤트/배포 등 작업 여파 탐지** 세 가지로 나눌 수 있다. 장애 감지 경로가 민감하게 작동할수록 장애 발생을 **빠르게** 인지할 수 있고, 그만큼 장애 상황을 빠르게 해소할 수 있는 가능성도 높아진다. 따라서 이러한 장애 감지 기반을 사전에 안정적으로 꼼꼼하게 구축해 두는 것이 중요하다.

자동 감지 시스템

개발자가 모니터링 시스템의 필요성을 알고 있다면 장애 발생의 징후라고 판단한 상황에서 시스템이 자동으로 이를 감지하고 얼럿alert 메시지를 발송하도록 환경을 세팅한다. 이것이 가장 기본적인 자동 장애 감지 시스템의 역할을 하게 된다. 예를 들어 특정 코드의 동작이 실패했다든지, 사용자 트래픽이나 특정 이용 행태(ex. 로그인) 패턴이 평소의 일반적인 범주에서 벗어나든지 하는 상황이 발생했을 경우 미리 설정한 경로로 메시지를 받아보게 되는 것이다.

이러한 환경 세팅을 위한 기술적 인프라를 제공하는 기업에서는 제품마다 개발 담당자가 사내 가이드에 맞추어 어느 정도 정형화된 감지 시스템을 마련하게 된다. 또한 어떤 것을 감지 대상으로 볼 것인지에 대한 가이드라인도 개발직군 내에서 어느 정도 잡혀 있는 것이 일반적이다. 이러한 경우에는 프로덕트 매니저가 별다른 요청을 하지 않아도, 제품 개발이 진행되는 과정에서 자동 감지 시스템 구축이 함께 진행되기 마련이다.

이와 같은 조직에서는 감지 시스템 구축이 프로덕트 매니저의 필수 역할은 아니지만, 필요시에는 프로덕트 매니저가 즉각 파악 및 대응이 필요하다고 판단되는 조건을 취합하여 개발 담당자에게 자동 감지 시스템의 모니터링 대상에 추가해줄 것을 요청할 수 있다. 프로덕트 매니저는 서비스를 운영 관리하는 입장에서, 무엇을 '장애'라고 인식할 것인지 스스로 정의할 수 있어야 한다. 또한 자신이 정의한 대상이 자동 감지 시스템 대상으로 추가되어야만 하는 이유를 개발자에게 합리적으로 설득할 수 있어야 한다.

개발자 입장에서도 단순히 기술적인 에러 발생이 아닌 서비스 차원에서 감지가 필요한 상황에는 어떤 것이 있을지 프로덕트 매니저에게 의견을 요청하여 시스템 세팅에 반영할 수도 있다.

일반적으로 개발자가 인지하는 장애는 제품 내부의 코드나 시스템에서 에러가 발생한 경우에 초점이 맞춰지기 쉬운데, 그러한 에러가 전혀 발생하지 않았음에도 불구하고 서비스는 장애를 겪는 상황이 있을 수 있다. 예를 들어 자체적인 로그인 시스템을 구축하지 않고 SNS 간편 로그인 기능을 사용중인 온라인 쇼핑몰이 있다고 하자. 이때 간편 로그인을 제공하는 SNS 서비스 중 하나에서 장애가 발생한다면 어떻게 될까? 쇼핑몰 서비스 자체의 구동에는 아무런 문제가 없는데, 해당 SNS 서비스를 통해 쇼핑몰에 로그인하던 사용자들은 로그인 자체가 불가능해질 것이다. 특정 사용자 집단이 서비스를 이용할 수 없게 된 상황이므로 이는 곧 서비스의 장애 상황이기도 한 것이다.

이러한 유형의 장애를 인지할 수 있게 해주는 것은 앞서 잠깐 언급한 트래픽 등과 같이 서비스가 정상적으로 돌아가고 있다는 의미로 해석할 수 있는 다양한 지표의 패턴이다. 간단한 예시로는 주중/주말 시간대별 트래픽, 사용자 평균 접속 시간, 서비스 핵심 기능의 작동 실패율 등을 꼽을 수 있다. 프로덕트 매니저는 기본적으로 이러한 각종 주요 지표가 평소 어떠한 패턴을 갖고 있는지 인지하고 있어야 하며, 어느 정도로 이를 벗어났을 때 장애의 징후로 볼 것인지에 대한 기준을 세울 수 있어야 한다.

더불어 이러한 지표를 탐지하는 주기와 알림 방식에 대해서도 구체적인 요구사항이 있을 수 있다. 효율적인 장애 감지를 위해서는 지표를 수집하고 판단하는 주기를 어느 정도로 가져가야 할까? 일 단위 수집으로 충분한 지표가 있는 반면, 분 단위로 수집 주기를 가져가야만 하는 지표도 있을 것이다. 어떤 지표는 집계 시점마다 매번 그 수치를 알람으로 확인해야 할 필요가 있을 수도 있고, 매일 또는 매주 단위로 요약 리포트가 발송되도록 하는 게 더 효율적인 지표가 있을 수도 있다.

이렇듯 개발자에게 구체적으로 요청할 것이 있을지를 프로덕트 매니저가 먼저 고민하고 정리해 보면 그만큼 자동 감지 시스템을 더 촘촘하게 세팅하는 데에 도움이 된다.

물론 조직의 제품 경험 규모에 따라 웬만한 감지 대상 항목은 이미 다 가이드라인이 구축되어 있을 수도 있다. 반대로 자동 감지 시스템 구축에 대한 인프라나 가이드가 전혀 없어서 프로덕트 매니저가 처음부터 모든 요구사항을 정리하여 개발 담당자에게 세팅을 요청해야만 진행되는 경우도 있을 것이다(모든 기업에서 자동 감지 시스템 구축이 일반적인 프로세스인 것은 아니다).

따라서 우선은 협업하는 개발자에게 어느 정도로 이러한 사내 시스템 인프라가 마련되어 있는지, 개발자 스스로가 필요하다고 생각하는 자동 감지 시스템의 수준은 어느 정도인지 등 전반적인 상황을 먼저 확인해 보고, 그 이상 세팅이 필요하다고 판단될 경우 본격적으로 협의를 진행해 나가는 것이 바람직하다.

관제 시스템과 내, 외부 제보

대규모 IT 기업에는 전사 관제 시스템이 구축되어 있다. 관제 시스템은 하나의 제품이 아니라 전사의 모든 제품/DB/인프라 등 전반에 걸친 상황을 조망하고, 이상이 탐지되었을 때 이를 전사에 실시간으로 전파함으로써 어느 한 쪽에서 발생한 장애가 다른 곳에도 영향을 미치게 되는 상황에서 각 담당 조직이 신속하고 유기적으로 대응하도록 하는 역할을 한다.

관제 시스템은 24시간 365일 운영된다. 관제 운영 인력은 교대근무 방식이며 이슈 또는 이상 현상을 감지했을 때 즉각 가이드에 정해진 대로 이를 전사에 전파하고 필요시 개별 담당자에게 별도로 알리는 일을 맡는다.

관제 시스템의 이슈 전파는 전사의 1차 장애 알림 수신 대상자들이 모여 있는 그룹 안에서 이루어진다. 각 제품의 개발 담당자가 기본적으로 여기에 속해 있다. 장애 알림 메시지가 전파되었을 때 여기에 응답하고 현황을 공유하는 역할을 맡는 것도 개발 담당자의 비중이 높다. 장애 상황을 시스템적으로 인지/파악하고 처리할 수 있는 것이 개발자이기 때문이다.

그러나 서비스를 담당하고 있는 프로덕트 매니저라면, 장애 처리에 직접적인 역할을 맡고 있지 않다 해도 이러한 알림 수신자 그룹에 소속되어 있는 것이 바람직하다. 전사 장애 발생 상황이 본인의 서비스에 영향을 미치는 부분은 없을지 즉각 파악하기 위해서다. 또한 본인의 서비스와 직접 관련이 있는 장애 알림이 관제 시스템을 통해 내려왔을 때에도, 이를 담당 개발자를 통해 2차로 전달받기보다는 직접 인지하는 것이 좋다. 서비스 장애 상황에서 개발자와 프로덕트 매니저가 각자 인지하고 집중하는 처리 필요 대상은 다를 수밖에 없기 때문이다. 때로는 개발 담당자가 경황이 없어서 또는 본인이 판단하기에 이번 장애는 프로덕트 매니저에게 굳이 공유할 필요가 없을 것 같아서, 프로덕트 매니저가 장애 상황을 인지하는 것이 늦어질 수도 있다. 그럴 경우에는 (개발자가 미처 인지하지 못한) 서비스 차원에서 대응해야 하는 부분의 처리가 늦어지게 된다.

아울러 관제 시스템이 있을 경우 비단 관제 운영 인력뿐만 아니라 전사의 조직 구성원들도, 본인이 담당하고 있는 서비스나 사내의 타 서비스/시스템에서 장애 또는 이상이 발생했음을 인지했을 경우 관제 시스템을 통해 이를 전파할 수 있다. 본인이 직접 서비스를 사용하다가 인지했을 수도 있고, SNS나 외부 제보를 통해 인지했을 수도 있다. 어떤 경로를 통해서든 사내 구성원은 일반 사용자에 비해 자사 서비스에 관한 이슈를 상대적으로 빠르게 접하게 된다. 따라서 관제 시스템 안에 속해 있는 프로덕트 매니저는 (자체적으로 모니터링을 진행하지 않더라도) 전사 규모의 모니터링 보조 인력과 직접 연결되어 있는 것이나 마찬가지의 효과를 누릴 수 있다.

집중 대비가 필요한 시점

앞서 장애는 예상치 못한 상황에 발생한다고 언급했으나, 장애가 발생할 확률이 높을 것으로 예상할 수 있는 예외적인 상황이 있다. 바로 서비스 자체 홍보/이벤트 등으로 인해 평소와 다른 사용 패턴이 발생하게 되는 기간이나, 개편/핫픽스[3] 등 코드 레벨에서 변경이 이루어졌을 때이다. 이러한 시기에는 언제 장애가 발생해도 이상하지 않다는 것을 염두에 두고, 미리 이에 대비하는 것이 필수적이다.

홍보/이벤트 등을 진행할 경우에는 평소 대비 트래픽이 급격하게 늘어난 상황에서도 안정적으로 서비스가 작동할 수 있도록 서버 증설 등의 기본적인 대비가 필요하다(물론 증가할 것으로 예상되는 트래픽의 규모에 따라서는 굳이 서버를 늘릴 필요가 없을 수도 있다). 프로덕트 매니저는 트래픽 변동 예상 수준을 계산하여 사전에 개발 담당자에게 공유하고, 어느 정도 수준의 대비가 필요할지, 예측이 빗나갔을 경우를 가정한 시나리오가 필요하지는 않을지 등을 미리 협의하여 검토해 두어야 한다. 또한 규모가 큰 이벤트일 경우, 이벤트 진행 중 장애가 발생했을 때의 대처 시나리오를 사전에 정리해 두는 것이 좋다. 그러한 대규모 이벤트에서 장애로 인해 불편을 겪거나 당첨 기회를 놓치는 등 피해를 입은 고객이 발생했을 경우에는 서비스 이미지에 부정적 영향을 끼칠 뿐만 아니라 강성 CS가 인입되기도 쉽기 때문이다.

홍보/이벤트 진행 기간 중에는 기본적인 모니터링을 진행하여 혹시라도 이상이 발생하지 않았는지, 이상 발생 징후가 보이지는 않는지 살피도록 한다. 이를 위해서는 사전에 기본적인 모니터링 계획을 세우고 업무별 담당자를 지정해 두어야 한다.

개편/핫픽스 배포 시에는 사전에 여러 번 테스트를 거쳤더라도 배포 직후 반드시 실제 서비스 환경에서의 테스트 및 모니터링이 이루어져야 한다(5장의 배포 시나리오 관련 내용을 참고하자). 테스트가 모두 성공적으로 완료되었다 하더라도 한동안은 느슨한 모니터링 모드를 유지하면서 혹시라도 내부 테스트에서 미처 발견하지 못한 이슈가 발생하지는 않는지 살펴야 한다.

---

3 hotfix. 제품의 취약점을 보완하거나 치명적인 버그를 수정하기 위해 (정기 배포 이외에) 긴급히 진행되는 배포를 말한다. 1장 참고.

7.2.3 장애 발생 후 대응

장애 발생을 감지한 시점부터 관련 담당자는 즉시 장애 대응 모드에 들어가게 된다. 장애 대응 모드란 장애 대처 프로세스에 따라 정해진 각자의 역할을 수행하는 상태라고 생각하면 된다. 앞서 장애 대처 프로세스의 대략적인 흐름에 대해 언급했는데, 여기서는 그 중에서 프로덕트 매니저가 직접적으로 담당하게 되는 부분은 어떤 것인지 정리해보겠다.

장애 사실 전파

장애 사실 전파의 역할은 특정 직군에게만 부여된 것은 아니다. 장애를 처음으로 인지한 사람은 즉각 관련 담당자에게 해당 사실을 전파해야 하며, 전파가 빠르고 정확할수록 이후 진행에 유리하기 때문에 망설이거나 다른 누군가가 하겠지 하는 식으로 생각해서는 안 된다.

물론 장애 내용에 대한 정확한 파악 없이 성급하게 공유부터 하는 것은 대응 초기에 혼란을 가중시킬 수 있으니 지양해야 한다. 장애를 인지했다면, 일단은 동일한 액션을 다시 수행하여 비정상적인 결과가 반복적으로 재현되는지 확인하도록 한다. 웹/앱 서비스 특성상 다양한 요인으로 인하여 (ex. 본인이 접속해 있는 인터넷망 환경) 일시적으로 서비스에서 장애가 난 것처럼 보였으나 재시도를 했을 때에는 다시 정상적으로 동작할 수도 있다.

위와 같은 확인 과정을 거쳐 명확히 장애 상황인 것으로 판단되었을 경우에 기본적으로 필요한 내용을 구체적으로 명확하게 정리하여 전달하도록 한다.

✔ 서비스의 어떤 영역에서 어떤 동작을 수행했을 때 발생하는지

✔ 위 동작을 수행했을 때 어떤 결과가 발생하고 있는지

✔ 어떤 환경에서 위 장애를 확인했는지
　　(ex. 디바이스, OS, 브라우저 유형 또는 앱 버전)

장애 처리 현황 체크 및 대응 필요사항 확인

장애가 감지되어 전파되고 나면 담당 개발자는 우선 장애의 원인을 파악한 후 처리한다. 이때 담당 개발자는 프로덕트 매니저를 포함한 서비스 관련 담당자 그룹을 대상으로 각 담당자가 역할에 따라 진행해야 하는 업무에 참고할 수 있도록 장애 원인과 처리 예상 소요시간, 진행 정도에 대해 중간 공유를 진행해야 한다. 그러나 담당 개발자가 장애 처리 과정에 몰두하다 보면 이러한 공유가 누락되거나 지연될 수 있다. 그럴 때에는 프로덕트 매니저가 적절한 시점에 개발자에게 이와 같은 내용을 문의하여 확인하고, 필요시 확인한 내용을 관련 담당자들에게 직접 전달해야 한다. 또한 조직에 따라 이처럼 확인된 내용을 기반으로 프로덕트 매니저가 상위 보고를 진행해야 할 수도 있다.

장애 처리 현황이 파악되면 이를 기반으로 장애가 서비스에 미치는 영향과 파급 효과를 판단하여 직접적인 장애 처리 이외에 대응이 필요한 것들을 진행해야 한다. 대표적으로 서비스 측면과 내부 운영 측면에서 각각 검토가 필요한 것들을 확인하고 검토 결과에 따라 처리한다.

> **✓ 서비스 측면**
> > ✓ (장애 등급에 따라 필요시) 사용자 대상 장애 공지
> > ✓ 장애 내용과 관련하여 서비스 내에서 추가로 점검해야 할 부분이 있는지 확인
> > (ex. 파악된 장애 원인에 추가로 영향을 받을 수 있는 요소 점검)
>
> **✓ 내부 운영 측면**
> > ✓ 장애 대응 프로세스에 따라 전파 대상 그룹에 모두 공유가 되었는지 확인
> > ✓ (장애 등급에 따라 필요시) 내부 유관부서와 커뮤니케이션 및 협업 진행
> > ✓ 운영/CS 대응 부서에 장애 내용, 처리 예상 소요시간 공유 및 1차 대응 지침 전달

위와 같은 기본적인 처리 시나리오는 장애 대처 프로세스 안에 포함되어 있어야 한다. 기본적으로 프로세스에 따라 필요한 것들을 우선 진행하되, 장애 내용에 따라 프로세스상 정의되지 않았으나 추가로 진행이 필요한 사항이 없을지도 점검해보는 것이 좋다.

장애 처리 완료 후 대응 필요사항 확인

개발 담당자로부터 장애 처리가 완료된 것으로 공유를 받으면, 우선 서비스에서 더 이상 장애 현상이 재현되지 않는지 확인한다. 만약 여전히 장애가 해소되지 않은 것으로 확인되었을 경우에는 담당 개발자에게 상황을 공유해야 한다.

서비스상으로 장애가 해소된 것으로 확인되면, 관련 담당자 그룹에 장애가 종료되었음이 명시적으로 공유된다(장애 종료 공유는 장애 등급에 따라 실무 개발 담당자 또는 프로덕트 매니저가 진행할 수도 있고, 장애 컨트롤타워에서 진행할 수도 있다). 이후에는 담당자별로 장애 후속 조치를 진행하게 된다. 프로덕트 매니저가 주로 처리해야 할 부분은 다음과 같다(아래 내용 또한 장애 대처 프로세스 안에 포함되어 있어야 한다).

✓ **서비스 측면**
  ✓ 장애 지속시간 및 구체적 피해 내용/규모 파악
  ✓ 장애 발생 상황 동안 인입된 CS 건수 확인
  ✓ (장애 등급에 따라 필요시) 사용자 대상 장애 해소 공지
  ✓ (장애 등급 및 여파에 따라 필요시) 사용자 피해 보상 여부 검토

✓ **내부 운영 측면**
  ✓ (데이터 소실 등, 장애 여파로 인한 손상이 있을 경우) 담당 개발자와 손상 범위 파악 및 복구안 협의
  ✓ (장애 등급에 따라 필요시) 내부 유관부서와 커뮤니케이션 및 협업 진행
  ✓ 장애 관련 고객 CS 답변 내용 정리
  ✓ 운영/CS 대응 부서에 장애 종료 공유 및 이후 운영 지침 전달
  ✓ 장애 처리 일지 및 회고 확인

장애 처리 일지란 장애 종료 후 해당 장애에 대한 전반적인 내용을 기록한 문서이다. 동일한 장애 재발을 방지하고, 이후 다른 장애 상황에서 참고할 수 있는 히스토리를 보관하고 공유하는 것이 주된 목적이다. 일반적으로 장애를 처리한 담당 개발자가 작성하며, 장

애 발생 시각과 지속 시간, 장애 감지 경로, 장애 현상, 발생 원인, 처리 내용, 서비스에 미친 영향, 재발방지대책 등에 대한 내용을 담는다.

이는 대부분 개발 관련 내용이라 프로덕트 매니저가 모든 내용을 이해하기는 어려울 수 있다. 그럼에도 장애 처리 일지와 회고 내용을 확인해야 본인이 담당하고 있는 서비스가 겪는 기술적 측면의 이벤트에 익숙해질 수 있다. 완벽하게 이해하지는 못하더라도 서비스가 장애를 일으킬 수 있는 원인에 어떤 것이 있을 수 있는가에 대한 정보를 꾸준히 가까이 하다 보면 장기적으로 또 다른 측면에서 서비스를 이해하는 데에 도움이 될 뿐만 아니라 추후 유사한 이슈가 발생할 수 있는 상황을 미리 감지할 수 있는 안목을 기를 수 있다.

7.3 운영 단계에서의 협업

7.3.1 운영 조직과 협업하기

서비스를 직접 운영하는 조직은 제품팀과 서비스 사용자 사이의 완충지대 역할을 한다. 프로덕트 매니저는 전체를 조망하는 시점에서 서비스를 파악하고 판단하지만, 운영 조직의 결은 그것과는 다르다. 이들은 가장 구체적이고 현실적인 서비스 내 사례에 대한 경험을 그 누구보다 많이 축적하고 있는 동료이다.

운영 조직이 보다 편하게, 효율적으로 운영에 집중할 수 있는 환경을 만드는 것은 프로덕트 매니저의 주요 역할 중 하나다. 이는 단순한 고충 처리가 아니라 서비스 운영 품질을 향상시키고 또한 안정적으로 유지하기 위한 기본 업무이다.

이러한 역할을 수행하기 위한 업무 중, 앞서 운영 관리 항목에서 간단히 설명한 운영툴과 운영 가이드에 대한 관리에 초점을 맞춰서 운영 조직과 협업이 필요한 구체적인 내용에 대해 정리해보겠다.

운영툴 사용성 개선

운영 조직이 사용하는 운영툴의 기본 사용성은 특히 운영 퍼포먼스와 품질에 직결된다. 서비스와 마찬가지로 갓 만들어진 운영툴은 목적과 기획 의도만을 반영한 결과물이다. 실제 사용자(운영자)가 편리함/불편함을 느끼는 부분이나 실제 사용 패턴에 최적화된 UX를 처음부터 반영하여 만드는 것은 불가능하다. 따라서 운영툴은 서비스가 사용자들의 패턴과 의견을 수렴하여 끊임없이 개선되어 나가야 하는 것과 마찬가지로, 개별 운영 담당자들이 실제로 운영 업무에 사용하면서 겪게 되는 다양한 애로사항을 기반으로 사용성을 개선해 나가야 한다.

운영툴 개선은 현업에서 우선순위가 낮게 매겨지는 업무 중 하나이다. 만약 운영을 진행하는 데에 별다른 문제가 없다면, 거창한 개선을 진행해야 할 필요는 없다.

그러나 또한 운영툴 개선은 한번 배포가 나갈 때마다 수많은 사항을 고려해야 하는 서비스 개선에 비하면 상대적으로 부담이 덜한 업무이기도 하다. 일정을 엄격하게 따라야 하는 것도 아니고, 디자인/마크업을 신경 쓸 필요 없이 비교적 적은 리소스로 진행할 수 있다. 뿐만 아니라 운영툴은 사용자 좋을 대로 써도 되는 서비스와 달리 사용 방식이 가이드로 정해져 있기 때문에 개선이 필요한 포인트가 명확하고 개선에 따른 효과가 운영 성과에 곧장 반영될 수 있다(ex. 평균 운영량 상승, 오류율 감소 등).

그러니 운영툴 사용성에 대한 운영 조직의 의견을 수시로 전달받아 개선이 필요한 부분을 목록화해 두고, 개선 시 예상되는 효과와 개선에 들어가는 리소스를 고려하여 우선순위를 정하여 틈틈이 개선 작업을 진행하도록 하자. 서비스 스프린트 관리와 동일한 방식으로 운영툴에 대한 백로그를 관리하면서 여유가 될 때마다 처리해 나가는 것이 좋다.

운영툴 개선 필요 사항을 수집하려면 무엇보다도 운영 조직과의 커뮤니케이션이 중요하다. 무엇보다도 운영툴을 실제로 사용하는 운영자들의 의견이나 개선 제안이 별다른 허들 없이 프로덕트 매니저에게 전달될 수 있는 환경이 마련되어 있어야 한다. 이를 위해서는 운영 조직과의 실무 커뮤니케이션 채널을 별도로 두고 어떤 형태로 의견/제안을 서로 주고받을지에 대한 가이드를 미리 정해두는 것이 좋다. 운영툴에 대한 운영자들의 피드백이 자유롭게 공유될수록, 프로덕트 매니저가 적합한 개선점을 발굴하기도 쉽다(혹여

나 본인이 만든 운영툴에 대해 수많은 개선 요청이 쏟아지더라도 상처를 받거나 방어적으로 쳐내지 않도록 주의하자).

한 가지 인지하고 있어야 할 부분은 운영 업무 수행이 목적인 운영 조직의 입장과 서비스 품질 관리자로서의 프로덕트 매니저의 입장이 서로 상충할 수도 있다는 것이다. 운영 조직에서 업무 편의성을 위해 제안한 기능이 결과적으로는 서비스 품질에 마이너스 요소가 될 수도 있다. 운영 조직으로부터의 의견을 열린 자세로 수용하되, 그 모든 요구사항이 (리소스 여유만 있다면) 다 적용되어야 마땅한 의견인 것은 아님을 서로가 이해하고 있어야 한다. 운영툴 개선의 궁극적인 목적은 운영자의 고충 해결이 아닌, 운영 작업을 효율화함으로써 서비스에 긍정적인 영향을 미치는 것임을 잊지 말자.

아울러 프로덕트 매니저 스스로도 운영 조직으로부터의 의견만 기다릴 것이 아니라, 평소 운영에 관련된 통계 지표와 운영 품질 검수 내용을 바탕으로 어떤 부분을 개선하면 더 나은 결과를 얻을 수 있을지 고민해봐야 한다. 운영자들이 어려움을 겪는 부분을 토로할 때 이에 대한 뾰족한 개선 의견은 달리 없을 수도 있다. 그런 상황에서 운영자가 생각하지 못한 부분에 대해 생각하고, 정말 다른 방법이 없을지 고민하는 것은 프로덕트 매니저의 몫이다.

운영 가이드 개선

운영 가이드는 프로덕트 매니저가 정한 것이 곧 법이요 진리가 아니다. 한번 정립되면 그 상태로 영구히 고정되는 것도 아니다.

서비스를 처음부터 끝까지 기획하고 만들었다고 해서 실제 사용자가 그 서비스를 어떻게 이해하고 있고, 어떻게 사용하고 있으며, 어떻게 평가하고 있는지 다 유추하거나 파악할 수는 없다. 오히려 현실 세계의 사용자는 기획 의도와는 전혀 다른 방식으로 서비스를 사용하는 경우가 허다하다. 따라서 프로덕트 매니저는 비단 서비스 디자인이나 UX뿐만이 아니라 서비스를 운영하는 방식 또한 사용자에 맞추어 계속 개선해 나가야 한다.

운영 가이드를 개선하는 과정에서는 운영툴 개선과 마찬가지로 운영 조직의 의견을 적극 참고하는 것이 필요하다. 앞서 언급한 것처럼 운영 조직은 '가장 구체적이고 현실적인 서비스 내 사례에 대한 경험'을 실시간으로 축적해 나가는 곳이므로, 서비스 최전선의 분위기를 빠르게 캐치하여 운영 가이드에 반영해야 할 필요가 있다. 가장 단적인 예시로, 서비스에 어뷰저[4]가 늘어나는 것을 제일 먼저 체감하는 건 바로 (사용자/콘텐츠 검수) 운영 조직이다. 매일같이 서비스 안에서 발생하는 사용자 활동과 콘텐츠 유통을 확인하고 관리하는 것이 그들의 역할이기 때문이다. 운영 조직으로부터 요즘 어떤 유형의 새로운 서비스 악용 사례가 자주 눈에 띈다는 제보를 받았다면, 프로덕트 매니저는 관련 사항을 구체적으로 확인하여 운영 가이드를 수정해야 할지 빠르게 검토해야 한다. 더 나아가 이러한 운영 의견을 바탕으로 서비스 자체에 개선해야 할 부분은 없는지도 함께 고민이 필요하다.

이러한 운영 가이드 개선 업무 또한 운영툴 개선과 동일하게 운영 조직과의 커뮤니케이션 여건이 좋을수록 더 효과적으로 진행이 가능하다. 아울러 운영 조직에서 알아서 이상 현상을 감지하여 바로바로 전달해주리라고 생각하지 말고, 프로덕트 매니저가 먼저 적극적으로 운영 업무에서 기존과 달라진 점은 없는지 문의하고 의견을 수렴하기 위해 노력해야 한다. 현저히 큰 이슈가 발생한 것이 아니라면 일반적인 이슈 전달은 대개 운영 조직의 필수 역할이 아닐뿐더러, 운영툴의 경우 운영자가 사용하면서 불편한 점이 개선되길 바라는 직접적인 니즈가 있지만 운영 대상에 대한 이상 감지는 가이드에 따라 단순 처리를 반복하는 과정에서는 즉각 알아차리기 어려울 수 있기 때문이다.

또 한 가지 잊지 말아야 할 것은 운영 가이드로 인한 서비스적 책임은 어디까지나 프로덕트 매니저에게 있다는 사실이다. 운영 조직의 의견을 수렴한다는 것은 결코 판단과 결정의 권한과 책임까지 위임한다는 의미가 아니다. 운영 조직을 통해 개선 필요 사항을 파악했다면 그 도움에 감사하고, 이후 무엇을 어떻게 진행할지는 (운영뿐 아니라 서비스 전체를 조망하는 자세로) 온전히 프로덕트 매니저 스스로 결정해야만 한다.

---

4 abuser. 서비스 이용가이드, 운영정책 등에 위배되는 행위를 반복함으로써 개인적인 이익을 취하고, 나아가 타 사용자에게 불편/피해를 끼치는 사용자를 말한다. 경우에 따라 이용가이드나 운영정책을 명시적으로 위배하지는 않더라도 이를 우회하는 방식으로 서비스를 악용할 경우에도 어뷰저라 한다.

7.3.2 개발 조직과 협업하기

서비스를 운영하는 과정에서는 자잘한 수정/개선 요구사항이 생기게 마련이다. 이를 관리하고 진행하는 것이 스프린트다. 그런데 이렇게 정규화된 스프린트 프로세스의 바로 곁에서는 흔히 별다른 가이드나 규칙도 없이 개발 조직과의 커뮤니케이션이 끊임없이 병렬로 진행된다.

이번 장에서는 마지막으로 이렇게 제품 수정/개선 요구사항과 관련하여 개발조직과 주로 진행하게 되는 커뮤니케이션 포인트 가운데 중요하다고 판단되는 몇 가지 유형에 대해 간단히 짚어보려 한다. 바로 요구사항에 대한 개발 작업 진행 결정을 내리기 전, 개발자와 우선 확인하고 협의해야 할 주요 항목에 대한 내용이다.

투입 예상 리소스 확인

프로덕트 매니저의 입장에서는 지극히 중요한 개선 과제이지만 여러 요소를 함께 검토했을 때 우선적으로 진행하기 어려운 경우가 많다. 가장 대표적인 사례가 바로 해당 요구사항을 구현하는 데 드는 개발 리소스가 (요구사항 반영으로 예상되는 효과 대비) 너무 클 때이다. 제품에 정말 치명적인 단점을 개선하는 경우가 아니라면 프로덕트 매니저가 판단한 중요도 기준 하나만으로 진행 과제를 선정할 수는 없다. 결국 모든 것은 비용 대비 효과의 문제이다. 가용 시간과 인력이 유한한 이상, 주어진 리소스를 최대한 효과적으로 활용하기 위해서는 어디에 얼마나 이를 쪼개어 투자할 것인지 셈하여 따져보아야 한다.

그래서 개발 담당자에게 어떤 요구사항을 전달할 때에는 그것을 구현하는 데 어느 정도로 개발 리소스가 들어갈지 함께 확인을 요청하고, 그 결과까지 포함하여 진행 일정 또는 진행 여부를 결정해야 한다. 때로는 어떤 요구사항을 구현하는 데에 예상보다 훨씬 큰 리소스가 들어갈 것으로 확인되어서, 과제 자체를 포기해야 하는 경우도 있을 수 있다.

개발 리소스가 넉넉하지 않은 상황이지만 과제 자체의 중요도도 높을 경우, 혼자 끙끙거리거나 무턱대고 요구하지 말고 개발 담당자와 머리를 맞대고 방법을 고민해보도록 하자. 개발 조직 리더에게 협업 중인 개발자의 업무 우선순위를 조정할 수 있는지 검토를 요청할 수도 있고, 개발 인력을 추가로 할당하는 것이 가능할 수도 있다(물론 현실에서 흔히 일어나는 일이라고 말하기는 어렵다는 점을 미리 밝혀둔다).

중요한 것은 개발 담당자는 프로덕트 매니저와 2인 3각 파트너처럼 가장 밀접하게 협업하는 동료이며, 프로덕트 매니저에게 필요한 일은 곧 개발 담당자에게 필요한 일이기도 하다는 것이다. 제품을 더 좋은 방향으로 개선해 나가기 위한 방법은 프로덕트 매니저 혼자 만들어내는 것이 아니라 동료와 협의하여 찾아 나가는 것임을 이해하도록 하자.

코드 유지보수 예상 비용 확인

개선 요구로 인해 이미 서비스되고 있는 코드를 수정하는 것은 완성된 집 안팎을 뜯어고치는 것과 비슷하다. 때로는 인테리어 교체 수준의 작업일 수도 있고 아예 내부 구조나 골격을 일부 변형하는 수준의 작업일 수도 있다. 여기서 말하고 싶은 것은 단순히 작업 자체의 난이도가 아니라 그러한 작업 이후에 집의 유지 관리 비용이 어떻게 변화할 것인가이다.

흔한 우스갯소리로 프로덕트 매니저는 단순히 여기에 붙은 버튼을 저기로 옮겨달라고 했을 뿐이지만, 개발자 입장에서는 다 지은 건물을 1cm 옆으로 옮겨달라는 소리일 수 있다는 이야기가 있다. 그만큼 어떤 요구사항을 구현하기 위해 제품 뒷단에서 일어나는 변화는 프로덕트 매니저로서는 예측하기 어렵다.

여기서 발생하는 이슈는 그저 '생각보다 훨씬 어려운 일이다'뿐만이 아니다. 어찌어찌 요구사항을 구현해 나가는 과정에서 제품 코드가 점점 이상적인 것과는 먼 형태로 바뀌어 갈 경우, 나중에 또 다른 개선을 위해 다시 코드에 손을 대야 하는 상황이 왔을 때, (원래대로라면 그렇게까지 어려운 일이 아니었을 작업도) 이전 코드의 복잡도로 인해 훨씬 처리하기 어려운 일이 될 수 있다는 것이다.

제품 코드 구조가 매끄럽지 못하고 임시방편으로 작업해둔 부분이 늘어난다는 것은 그만큼 이후 제품의 유지보수에 들어가는 비용이 늘어나고, 이로 인해 제품 유연성이 떨어지게 된다는 것을 의미한다. 뭔가를 고치고 싶어도 섣불리 손대기 어려운 상황에 점차 가까워지는 것이다.

물론 이것은 단순히 수정/개선 작업의 횟수가 늘어나는 것과 비례하는 것은 아니다. 어떤 요구사항의 모든 스펙을 제한된 기간 안에 억지로 구현하려다 보면 자연히 기존의 구조에 잘 들어맞는 코드가 아닌 땜질용 코드가 늘어나게 된다. 개발자와 작업 일정을 의논할 때 '그 기간 안에 그 스펙을 모두 적용할 수는 있다, 다만 그러자면 코드가 좀 지저분해질 것이다' 라는 말이 나온다면 그 의미는 이런 것이다.

물론 코드의 완성도는 개발 담당자의 영역이므로 프로덕트 매니저가 고민해야 할 부분은 아니다. 그것은 애초에 불가능하다. 다만 제품을 오래 효율적으로 유지하려면 기술적인 부분의 완성도를 외면하고 사용자에게 보여지는 부분의 완성도만 만족시키는 것을 목표로 해서는 안 된다는 뜻이다. 그러니 어떤 요구사항 구현에 필요한 리소스를 의논할 때, 개발 담당자가 1차 스펙과 일정을 맞추기 위해 선택한 방식이 혹시 이후 유지보수 비용을 증가시키게 되는 일은 없을지 한번쯤은 확인해 보도록 하자. 코딩은 개발자의 몫이지만, 제품 유지보수 비용을 합리적으로 유지하기 위해 구현 스펙이나 일정을 어느 정도 조정할 필요가 있다면 프로덕트 매니저는 어느 쪽이 바람직한 결정일지 고민할 필요가 있다.

업무 환경에서의 커뮤니케이션

옛말 틀린 것 하나 없다고 하는데 과연 어떤 말이 맞는 말인가? '가루는 칠수록 고와지고 말은 할수록 거칠어진다'고 하고 '고기는 씹어야 맛이고 말은 해야 맛'이라 하니 어느 장단에 춤을 춰야 할지 도통 어려운 일이 아닐 수 없다. 프로덕트 매니저 직무 설명에 굳이 커뮤니케이션을 설명하는 것은 커뮤니케이션이 그만큼 중요하기 때문이다.

사람이 모여 일을 하면 어떠한 방식으로든 의사소통을 하게 된다. 그리고 더 많은 사람이 모이면 암묵적인 약속이 생긴다. 조직문화는 곧 암묵적인 약속의 집합이다. 조직 구성원의 행동양식이 모여서 조직문화가 되기도 하지만 커뮤니케이션도 조직문화의 근간임을 인지하고 원하는 방향으로 나아가도록 교정할 수 있다. 종종 커뮤니케이션은 개인 성향에 근거하여 통제할 수 없으며 때로는 통제해서는 안 된다고 여겨진다. 조직에 따라 단기간에 가시적인 변화를 가져오지 못하므로 커뮤니케이션 자체를 다루는 것을 피하기도 한다. 회피의 결과로 커뮤니케이션에 대한 논의가 사라지면서 조직문화와 협업의 결과물을 개선할 수 있는 기회를 잃게 된다. 이 장에서는 커뮤니케이션이 왜 중요하고 조직에서의 커뮤니케이션은 구체적으로 어떠한 어려움이 있으며 보다 이상적인 조직문화를 위해선 커뮤니케이션 방법을 어떻게 유도할지에 대하여 고민해 본다. 조직 단위뿐만 아니라 프로덕트 매니저 개인의 현재 스타일도 그리고 앞으로 본인이 지향하고자 하는 스타일도 명시하여 업무 효율과 완성도는 높일 수 있는 방법을 모색해보자.

8.1 커뮤니케이션의 정의와 중요성

8.1.1 커뮤니케이션의 정의

'커뮤니케이션은 무엇인가?'라는 질문에 '개인 간의 상호작용 일체'라고 대답하자니 모호하다. 하나씩 나열하자니 어디까지 말해야 하는지 종잡을 수 없다. 커뮤니케이션을 어떻게 정의하느냐에 따라 조직의 커뮤니케이션 범위가 정해지고, 이 범주는 조직이 적극적으로 관리할 대상이 된다. 개인적인 취향이라고 생각했던 부분도 조직문화에 영향을 미치는 구성요소로 새로이 인식할 수 있다. 통상 커뮤니케이션을 분류하자면 다음과 같다.

> ✓ 언어적 커뮤니케이션: 오프라인 회의, 유선상의 대화 또는 화상 회의, 기획서, 동료 평가 등
>
> ✓ 비언어적 커뮤니케이션: 표정, 몸짓, 자세, 목소리의 고저, 어조, 이모티콘, 대화 사이의 쉼(휴지) 등
>
> ✓ 시각적 커뮤니케이션: 보고 및 발표자료, 외부광고 소재가 되는 이미지, 기업 로고 등

업무 환경에서 이루어지는 타인과의 상호작용은 모두 공적인 커뮤니케이션이다. 누군가의 말을 들을 때 팔짱을 끼는 버릇이 있다면 그마저도 업무 환경에서는 비언어적인 커뮤니케이션으로 읽힐 수 있다. 스스로 인지하지 못하는 사이에 상대에게 어떤 메시지를 보내고 있을 수 있다. 자신의 의도와 상관없이 공적인 공간에서 이뤄지는 커뮤니케이션을 염두에 두자. 뿐만 아니라 업무가 점차 오프라인뿐만 아니라 온라인으로 확장되면서 이전보다 커뮤니케이션의 범위가 넓어지고 있다. 오프라인 업무환경에서 통용되는 비언어적 표현이 온라인에서는 부적절하기도 하다. 일례로 화상 회의 중에는 동시에 2명 이상이 이야기하면 음성 간의 간섭이 일어나 그 누구의 발언도 명확히 들리지 않게 된다. 그래서 오프라인에서는 동의와 경청의 의미를 내포하는 추임새가 온라인에서는 지양해야 하는 방식이 된다.

이 때문에 온라인에서 발언을 할 때에는 즉각적인 피드백을 받으며 발언하기 어려워진

다. 또한 온라인에서 동료의 발언에 대한 이모티콘 반응이나 답글 시점까지도 의미가 있는 커뮤니케이션 수단이 된다.

8.1.2 커뮤니케이션의 중요성

결과물의 완성도

하나의 제품을 구현하는 과정을 목적지로 운행하는 선박 운항에 빗대어보자. 선장은 대표 혹은 그에 준하는 최고 의사 결정권자[CEO]이다. 항해사는 프로덕트 매니저이며 선장의 지시에 따라 승무원인 제품팀의 업무를 관장한다. 조타수는 항해사의 명령에 따라 선박의 방향을 조정하는 키를 조작하는 사람이다. 모든 제품팀 구성원이 조타수에 해당된다. 항해사가 '왼편으로 적당히 이동하자'라는 지시했다면 조타수는 혼란스러울 수밖에 없다. 왼편은 무엇을 기준으로 하는 것이고 적당히는 얼마의 거리를 지칭하는 것인가? 또는 항해사가 짜증스러운 말투로 지시를 전달하고 떠나버려서 조타수가 스스로 결정하기로 했다. 그 결과로 몇 시간 뒤 선박은 의도한 것과 전혀 다른 방향으로 이동했고 심지어 파도의 영향까지 받아 떠밀려 왔다. 돌아가려면 또다시 시간과 연료가 소모되므로 선장은 항해사를 나무라고, 항해사는 조타수를 질타한다면 선박은 제때 목적지에 도착할 수 있을까?

프로덕트 매니저가 정확하고 구체적으로 요구사항을 정의할 수 없거나 이에 대한 의견이 오갈 수 있는 분위기를 조성하지 않는다면 조직은 그 대가를 치르게 된다. 원하던 것과 다른 결과물을 얻을 수도 있고 당초 예상했던 일정보다 지연하여 출시할 수도 있다. 설상가상으로 프로덕트 매니저가 문제를 인지하고 적극적으로 해결하려는 의지가 없고 회피하려고 한다면 문제 상황은 더욱 오래 지속된다. 이것은 프로덕트 매니저에게만 국한되지 않는다. 협업의 축적된 결과물로 제품이 나오기 때문에 조직의 구성원 모두 자신이 어떤 방식으로 동료와 커뮤니케이션하고 있는지에 대해서 인지하고 중요성에 대하여 알아야 한다.

조직문화의 근간

어떤 조직의 커뮤니케이션이 궁금하다면 그 조직이 문제 상황을 어떻게 다루는지 관찰하면 된다. 다급한 상황일 때 조직이 가장 중요하게 생각하는 것이 무엇인지가 드러나기 때문이다. 단기간에 조직을 떠나는 구성원이 많았다고 가정하자. 퇴사자의 증가는 조직 전체뿐만 아니라 각 팀에서도 큰 손해이다. 통상 퇴사를 통해 발생하는 손해는 수학적으로 그 사람 능력치의 두 배로 본다. 조직의 생리에 적응한 사람일수록 그 손실은 배가된다. 새로이 채용하는 과정에서 비용이 발생하고 신규 입사자를 조직에 정착시키기까지의 시간도 필요하다. 어떤 조직은 높은 퇴사율을 조직 단위의 심각한 문제로 인식하지 않기도 한다. 오히려 개인이 조직에 대한 충성도가 없었으며 동기부여가 되지 않아 떠났다고 진단하는 것이다. 이는 개인을 탓하고 근본적인 문제를 외면하는 대응이다. 난제를 회피하는 조직은 결국 회복 탄력성이 떨어지기 때문에 사업적으로 직면한 문제도 해결할 수 없다. 말하기 어려운 것에 대하여 이야기할 때 조직 구성원이 서로를 대하는 방식이 그 조직의 현주소이다. 이 과정에서 의사결정권자가 해법을 제시할 때에 진정으로 중요시하는 가치를 알 수 있다.

커뮤니케이션은 조직이라는 유기적 결합이 만들어 낸 약속이다. 어떤 조직문화에 어울리지 않는 사람은 틀린 사람이 아니라 다른 사람이다. 쿠션어[1]를 많이 사용하는 조직에서 직설적이고 명확한 화법은 경우에 따라 무례한 행동으로 느껴질 수 있다. 이와 같은 강단 있고 주도적인 구성원을 높이 평가할 수 있지만 모든 조직이 그렇지는 않다. 조직마다 암묵적으로 약속한 커뮤니케이션 방식이 존재하므로 통용되는 어법과 어투가 있다. 즉 각 조직이 어떤 커뮤니케이션을 하는지에 따라 조직문화의 토대가 갖추어진다. 조직의 커뮤니케이션 방식을 인지하고 나아갈 이상적인 모습을 정하며 지속적으로 개선하는 노력이 필요하다. 프로덕트 매니저는 이 과정에서 핵심 역할을 주도한다. 프로덕트 매니저는 목표를 달성할 수 있도록 조직을 연결하고 이끌어나가는 사람이기 때문이다.

---

1 솜 따위를 넣어 만든 푹신한 받침인 Cushion과 한자 語를 합쳐 만든 단어. 상대에게 의사를 부드럽게 전달하거나 청자로 하여금 불쾌감을 느끼지 않게 하기 위하여 사용한다. 예로 '괜찮으시다면', '바쁘시겠지만' 등이 있다.

8.2 커뮤니케이션의 난제

8.2.1 서로 다른 커뮤니케이션 스타일

종종 조직 단위로 각자의 커뮤니케이션 스타일을 파악하고 이에 대하여 공유하는 세션을 가지기도 한다. 이는 회사마다 빈도나 양식은 다르겠으나 인사팀 또는 조직문화를 전담하는 팀 주도로 진행되곤 한다. 이와 같은 과정을 처음 겪었을 때 개인적인 인상은 '회사에서 이런 걸 시키다니?'라는 생각도 들고 '나는 일을 배우러 온 건데' 하는 마음도 있었다. 고백하자면 이런 일을 귀찮다고 여겼다. 일은 언제나 많고 바쁜데 귀한 시간을 쪼개서 '나는 어떤 사람인가?'를 파고들 짬이 도통 나지 않았기 때문이다. 이러한 편견과는 달리 이런 프로그램의 도움으로 제품팀이 당시 프로덕트 매니저였던 나와 서로 다른 커뮤니케이션 스타일을 확인하고 업무 효율 개선으로 이어진 사례를 소개하고자 한다. 당시 구성원 모두가 커뮤니케이션 유형에 대한 수십 문항을 모두 작성하고 열 장이 넘는 자신에 대한 상세한 업무 유형 분석 보고서를 받았다. 모든 조직 구성원이 모여 각자의 유형에 대한 설명을 함께 들었고 각 유형이 하나의 조직에서 일할 때 일어나는 관계 역학에 대한 강의도 들었다. 나는 과정을 중시하고 동기부여에 집중하며 주변에 영향을 많이 받는 사람으로 누구와 결합하여 일하는지에 영향을 많이 받았다. 반대로 당시 팀 구성원 중에는 결과 중심으로 일을 하는 사람이 많았다. 개인의 과업에 몰입하여 홀로 일을 처리하기 원하는 독립적인 성향도 강했다. 동료들도 나의 업무 결정 방식이나 진행에 공감하지 못하는 경우가 왕왕 있었는데 검사 결과를 함께 듣는 과정에서 비로소 이해받을 수 있었다. 프로그램의 진행자가 조직에서 다른 커뮤니케이션 방법을 구사하는 사람에게는 관심과 배려가 필요하다는 이야기를 하고 나서야 커뮤니케이션을 할 때에 미묘한 미끄러짐의 정체를 깨달았다.

사람이 모두 다르다는 말은 머리로는 알지만, 마음으로 받아들이기 어렵다. 애당초 다르다는 게 무슨 뜻인가? 무엇이 어떻게 다른지와 그때 상대가 어떻게 느끼는지를 면밀히 살펴야 알 수 있다. 이 탐구의 과정에서 갈등이 생길 수도 있다. 완전히 낯선 동료를 이해하기 위해 우리는 무엇을 기준으로 파악하고 상대에게 무엇을 기대하거나 도움을 줘야 할지 잘 모른다. 협업하는 사람이 족히 30명은 되는데 이 많은 사람을 어떻게 다 살펴보겠는가? 조직에서 비용 지원을 한다면 커뮤니케이션 유형 검사를 받고 이에 대한 진단을 거치는 것을 추천한다. 시간을 투자하여 상대에 대해서 전문적인 도움을 받아 파악하면 서로에 대한 신뢰를 쌓을 수 있다.

8.2.2 조직적 합의 유도와 부정적 피드백 수용

비단 동료 간의 커뮤니케이션 스타일만이 문제는 아니다. 커뮤니케이션을 통해 전달하는 내용에 따라 커뮤니케이션 난이도가 상승하기도 한다. 프로덕트 매니저는 업무 특성상 내외부 이해관계자의 요구사항을 최초로 접수한다. 대표적인 예시로 상위 의사결정권자의 요구사항이 있다. 흔히 의사결정은 수직적으로 하되, 의사소통은 수평적으로 하는 것이 이상적이라고 한다. 즉 어떠한 결정에 이르기까지 의견 교환은 자유롭게 하지만 최종 확정된 내용에 대해서는 최선을 다해서 결과를 만들어내고 결과를 통해 배우자는 것이다. 많은 조직이 이와 같은 이상을 지향하지만 현실은 그렇지 않다. 소통 없이 결정이 이루어지기도 하며 톱다운top-down이라고 부르는 위계적인 커뮤니케이션도 자주 경험하게 된다. 이러한 상황에서 프로덕트 매니저는 스스로도 이해되지 않아도 이해가 되도록 정리해서 유관부서에 전파하고 일관된 방향으로 진행해야 한다는 사실이다. 의사결정을 수직적으로 해야 시사점을 얻어낼 수 있기 때문이다. 현재 내려진 결정에 충실하게 제품을 출시하고 사용자 반응을 통해 그 결정의 정오를 판단해야 한다. 촉박한 일정 가운데에 상위 의사결정권자의 의도를 파악하여 스스로를 설득하고 그 내용을 토대로 동료와 함께 협업하여 결과물을 내는 과정은 녹록치 않다.

피드백을 수용하고 자신의 과오를 인정하는 커뮤니케이션 역시 쉽지 않다. 프로덕트 매니저의 의견과 결정은 자신에게만 영향을 미치는 것이 아니라 조직적으로 영향을 미친다. 한번의 그릇된 결정은 그 의견에 따라 작업하는 제품팀 모두의 결과물에 반영되고 이를 다시 되돌리기 위해서는 그만큼 또는 그 이상의 노력을 필요로 한다. 그래서 프로덕트 매니저가 실수를 받아들이거나 자신에 대한 부정적인 반응을 수용하는 것은 그 행위 자체가 가지는 어려움 이상의 부담이 더해진다. 주니어 프로덕트 매니저라면 이 과정이 더 어렵게 느껴질 수 있다. 하지만 프로덕트 매니저가 작성하는 문서와 제시하는 의견이 정답일 필요가 없다는 사실을 상기하자. 이는 오히려 불가능에 가깝다. 프로덕트 매니저와 제품팀은 서로가 존재하기 때문에 제품을 만들 수 있다. 일방이 정답을 제시하고 그대로 구현을 하는 것이 아니라 협업을 통해 최상의 해결책을 찾아간다. 그러므로 가능하다면 완벽해야 한다는 부담감을 줄이고 제품팀과의 매끄러운 커뮤니케이션 방식을 습득하는 것이 좋다. 지시하는 방식의 커뮤니케이션이 아니라 논의의 토대를 만들고 보다 많은 사람이 의견을 내고 그 중에서 유효한 의견을 골라내고 선별하는 능력을 신장하자. 이러한 선구안 역시 일시에 얻을 수 없으며 경험과 시간의 축적을 통해 다듬어진다.

8.2.3 공감대 형성의 실패

비생산적이고 동료의 사기를 저하시키는 커뮤니케이션은 조직을 좀먹게 한다. 개인의 커뮤니케이션은 그 사람의 다양한 여건과 환경이 반영되어 오랜 시간 동안 만들어졌기 때문에 단번에 바꾸기 어렵다. 예를 들어 협업하는 동료를 배려하지 않는 방식의 커뮤니케이션을 하는 동료가 있다고 하자. 이 태도는 발화의 상대방뿐만 아니라 조직 전체적인 분위기를 해친다. 왜냐하면 또다른 구성원이 분위기를 무마하기 위해 자신의 감정과는 다른 커뮤니케이션을 하기 때문이다. 그 구성원은 스스로도 불편함을 느끼는 상황이지만 업무 진행을 수월하게 하거나 긴장된 분위기를 완화하기 위해 이런 역할을 자청하게 되어 버린다. 이런 커뮤니케이션을 업무 환경에서의 감정노동이라고 한다. 업무 환경에서의 감정노동이 빈번히 발생하면 이는 명확히 조직 단위의 문제임에도 불구하고 감정노동을 수행하는 동료의 기질적 성향으로 치부되기도 한다. 감정노동을 수행하는 동료는 직면한 문제를 해결하기 위해 당장 취할 수 있는 조치로 감정노동을 선택한 것인데, 그 동료가 착한 사람이라거나 말을 사근사근하게 하는 사람이라고 하는 것이다. 반복적으로 이와 같은 감정노동을 하는 구성원은 결과적으로는 조직을 이탈하거나 동기를 잃을 수밖에 없다.

프로덕트 매니저는 제품과 일정에 대한 책임을 지므로 커뮤니케이션의 부담을 느끼는 경우가 잦다. 제품 전략을 팀 동료에게 설명하고 동의하지 않는 사람과 의견을 맞추어 나간다. 빠듯한 일정이더라도 그렇게 진행해야 하는 이유를 찾아내고 모두가 지치지만 힘낼 수 있도록 응원도 한다. 이러한 능력을 소프트 스킬soft skill이라고 부른다. 구체적인 구현 결과물을 생산하여 특정 가능한 기술을 지칭하는 하드 스킬hard skill과는 달리 하나의 일이 진행되도록 대인 관계에서 협업과 조율을 통해 결과물을 내도록 하는 능력이다. 소프트 스킬은 정량적으로 평가할 수 없으며 조직에 따라 개개인의 구성원이 보유한 커뮤니케이션이 결합하기도 또는 상충하기도 하기 때문에 과거 조직문화 논의에서는 중요하게 여겨지지 않았다. 하지만 협업이 당연한 IT 업계에서는 이 능력이 단순히 '성격이 좋은' 성향의 영역이 아닌 개인의 스킬셋skill set으로 인정되고 배양해야 하는 것으로 여겨진다.

건강한 커뮤니케이션은 학습할 수 있으며 마땅히 그렇게 해야 한다. 태어날 때부터 커뮤니케이션 달인인 사람은 없다. 모두 사회적으로 학습한 결과이다. 커뮤니케이션 방법을 바꾸자는 것은 발화자인 사람을 본질적으로 바꾸자는 것이 아니다. 공적인 공간에서의 커뮤니케이션을 합의하는 것이다. 특정 구성원이 지속적으로 감정노동을 수행하는 상황을 미연에 방지할 수 있도록 구성원 모두가 동의하고 편안하다고 느끼는 커뮤니케이션 규칙을 정해야 한다. 업무 환경에서 안전하다고 느낄 수 있어야 구성원은 업무에 오롯이 집중할 수 있으며 이는 결국 뛰어난 성과로 이어진다. 각 구성원이 담당 업무에 집중할 수 있는 환경을 만들 수 없다면 결국 조직적 손실로 이어질 수밖에 없다.

뿐만 아니라 매끄러운 커뮤니케이션은 자연스럽게 발생하는 것이 아니고 동료의 소프트 스킬이 발현된 결과라는 사실도 인지해야 한다. 이는 개인의 기질로 축소될 능력이 아니라 그야말로 일이 되게 하는 능력이다. 이와 같은 기여를 인정하고 모든 조직 구성원이 원만한 협업 환경을 구성할 수 있도록 소프트 스킬을 배양해야 한다. 감정 노동과 마찬가지로 소프트 스킬 역시 몇몇이 전담하게 된다면 그 구성원은 자신의 업무에 집중할 수 없다. 또한 소프트 스킬이 유효한 업무 능력이라고 인정 받지 못한다면 그 구성원은 더이상 그 역할을 수행할 필요성을 느끼지 못한다. 그리하여 업무와 동료를 연결하는 매개가 사라지면 조직은 점차 업무 진행이 수월하지 않을 것이고 소프트 스킬을 역량으로 가시화하고 평가하지 않았으므로 그 이유에 대해 파악하기 힘들다. 그러므로 하드 스킬을 보유했는지 또는 그 능력이 얼마나 출중한지와는 별개로 소프트 스킬은 모두의 책임이자 기본 역량으로 정의되는 것이 좋다.

8.3 효율적인 커뮤니케이션을 위한 지침

8.3.1 열린 태도와 건설적 지향

프로덕트 매니저는 협업하는 동료가 많기 때문에 때로 외향적인 성향이어야 한다는 오해 아닌 오해가 있을 수 있다. 이 책 전반부에 걸쳐 살펴 본 것과 같이 프로덕트 매니저는 제품과 조직의 성공을 목표로 일하기 때문에 완벽해야 한다는 높은 기대치를 스스로 가지기도 한다. 이상적인 조직 커뮤니케이션은 친목도모 보다는 정확하고 효과적이며 상대와의 원만한 업무 진행을 목표로 한다. 프로덕트 매니저는 제품팀이 전략에 대하여 공감하고 믿을 수 있으며 궁금한 점이 있을 때 언제나 물어볼 수 있는 환경을 구성할 책임이 있다. 이는 반드시 친밀한 관계에서만 가능한 것은 아닐뿐더러 오히려 그런 전제조건이 붙는다면 무언가 잘못된 방식일 수 있다. 가령 업무시간 이외에 조직 구성원과의 접촉을 통해 친밀도를 형성하고 이 관계가 업무에 영향을 미치는 경우가 있다 하자. 또한 업무 외적인 공간에서 업무에 대한 논의가 진행되고 중요한 의사결정이 이루어져 버렸다면 이는 매끄러운 커뮤니케이션은 이루어졌을 수 있지만 지향할 모습은 아니다. 모든 조직 구성원은 적절한 정보를 투명하게 공유받아야 근무 환경에 대한 투명성에 공감한다. 폐쇄적인 정보 공유와 중요한 의사결정이 특수상황에서 일부의 의견만 모여 이루어졌다면 이는 문제 제기의 대상이 되는 것이 옳다.

반드시 외향적이고 사람과 어울리는 것을 즐기는 사람만이 좋은 프로덕트 매니저가 되는 것이 아니다. 마찬가지로 확장하여 생각해보면 사람들을 이끌며 앞장서기를 좋아하는 성격이 도움이 되는 경우도 있겠으나 그러한 성격의 프로덕트 매니저만이 뛰어난 제품을 만드는 것은 아니다.

완벽주의적 성향은 결과물의 완성도를 높이는 계기가 되기도 한다. 하지만 이따금 완벽주의적 성향 뒷편에는 부정적인 피드백을 수용하지 못하는 거부감이 있을 수 있다. 자신이 제시한 의견에 대한 반대 의견은 무척 자연스러운 일이다. 의견에 대한 반박이 의견을 제시한 사람에 대한 반박은 아니다. 논리적이지만 오롯이 받아들이고 수행하는 것은 생각보다 더 어렵다. 구체적인 프로덕트 매니저의 상황에 빗대서 생각해보자. 스프린트 도

중 갑자기 문제가 발생하였고 이에 대한 빠른 조치가 필요하다. 그래서 이에 대한 아이디어를 무리하여 고민해서 제시했는데 이에 대한 반박을 마주하고 다시금 아이디어를 구상해야 하는 경우가 있다. 또 다른 경우에는 주니어 프로덕트 매니저이거나 조직에 새로이 합류한 구성원이라는 이유로 제품에 대해 새로운 관점을 요구받을 수 있다. 새롭다는 말이 주는 긴장감으로 인해 의견을 냈는데 곧장 긍정적인 피드백이 돌아오지 않고 마뜩찮은 반응을 마주하는 것이다. 두가지 예시 모두 달갑지 않으며 시간을 들여 이에 대한 대처방안을 모색해야 한다.

첫 번째는 하나의 의견을 내기 위한 시간을 단축 시키는 것이다. 시간은 비용이다. 비용이 높은 비싼 의견에 대한 반박은 당연히 더 큰 심적인 타격을 준다. 혼자 10일을 생각한 아이디어와 10분을 생각한 의견의 무게는 다를 수밖에 없다. 상대방도 어떤 의견을 가지고 있는지 대화하기 전까지는 알 수 없기 때문에 혼자 10일이나 생각하며 비싼 비용을 지불하기 보다는 10분의 비용으로 우선 대화할 수 있는 시발점을 만들고 구체화시켜 가면서 10분을 10번 반복하는 것이 더 좋다. 빈틈없이 튼튼하게 의견을 준비하기보다는 빠르게 만들어서 초기에 피드백을 많이 받고 의견을 자주 교환하자. 제 아무리 뛰어난 프로덕트 매니저도 단박에 피드백 할 여지가 없는 기획을 할 수 없다. 피드백을 초기에 많이 받으면 기획이 진척될수록 합의 수준이 향상된다.

두 번째는 모든 피드백을 같은 온도로 받아들이지 않는 것이다. 주니어 프로덕트 매니저에게는 모든 피드백의 무게가 무겁다. 수직적 의사결정에 대한 지향과 엮어 생각해볼 때 모든 피드백의 무게를 동일하게 생각할 필요가 없다. 어떤 의견은 무겁게 듣고 상세히 뜯어보고 왜 그런 의견이 오갔는지 배경을 살펴야 하지만 어떤 의견은 '그런 의견도 있구나' 하는 수준으로 가볍게 참고해도 된다는 것이다. 실제로 현업에서 마주하는 피드백은 때로 잘못된 사전정보를 바탕으로 하여 무의미하기도 하고 먼 미래에 적용할 수 있는 전제조건을 가져서 당장에는 면밀히 따질 필요가 없기도 하다. 경우에 따라서는 서로 다른 동료에게 상충하는 피드백을 받을 수도 있는데 결국 선택은 프로덕트 매니저의 몫이다. 판단 기준을 세우고 피드백을 받아들일지 여부를 스스로 결정하는 버릇을 기르자. 수직적인 의사결정이 이루어지지 않고 모든 의견이 중요하다고 생각하면 결국 모든 의견이 중요하지 않은 것과 같이 논점을 흐리게 된다. 프로덕트 매니저의 역할은 완벽한 기획안을 제시하는 것이 아니라 논의의 초석을 만들어서 논의 자체를 시작하는 데에 있다. 프로덕트 매니저가 완벽하지 않아도 기민하게 일한다면 프로덕트는 빠르게 성장할 기회를 포착할 수 있다. 두렵더라도 안전영역에서 벗어나서 피드백을 받으며 성장하되 모든 목소리에 귀 기울이지는 말자.

8.3.2 곧장 도입할 수 있는 방법론

커뮤니케이션의 중요성에 대하여 공감한다면 이제는 실전이다. 우선 현재 조직이 어떻게 커뮤니케이션하고 있는지를 확인하자. 다음은 직장에서의 커뮤니케이션 유형 파악[2]에 참고할 수 있는 질문이다.

> ✓ 아침형 인간인가요, 저녁형 인간인가요?
>
> ✓ 체계적인 미팅과 자유로운 브레인스토밍 세션 중 무엇을 선호하나요?
>
> ✓ 그 자리에서 소리 내서 말하며 생각하나요, 아니면 종이에 적으면서 생각하나요?
>
> ✓ 팀원들의 성격이 내향적인가요, 외향적인가요, 아니면 양쪽 모두인가요?
>
> ✓ 팀원들끼리 서로를 알고 있다고 생각하나요, 아니면 더 많은 팀 단합 활동을 원하나요?
>
> ✓ 팀원들이 가장 의욕을 느끼는 미팅이나 작업 유형은 무엇인가요?

질문에 대한 답변을 토대로 조직 구성원이 선호하는 커뮤니케이션 스타일을 반영하여 주요한 의사결정을 하는 방식을 정한다. 이를테면 신규 프로젝트에 대한 기획을 진행할 때 조직 구성원이 언제 모여서 어떤 식으로 첫 회의를 시작할지 정해볼 수 있다. 프로덕트 매니저가 프로젝트에 대해 개괄하여 설명하고 그 뒤에 각 담당자가 자료를 찾고 함께 의견을 나누는 방식이 있다. 반면 함께 브레인스토밍brainstorming 을 하고 즉석에서 의견을 주고 받는 식으로 진행할 수도 있다. 프로덕트 매니저는 회의를 진행하는 방식을 결정할 수 있고 이것은 커뮤니케이션 방식을 정할 수 있다는 의미이다. 조직 구성원이 직접적으로

---

2 '직장에서 효과적으로 커뮤니케이션하기 위한 12가지 팁', https://bit.ly/3WcneDQ

의식하지 못하더라도 선호하는 커뮤니케이션 방식을 업무에 적용한다면 가시적인 성과로 이어질 수 있다.

때마다 선호하는 커뮤니케이션 방식을 반영하면 업무 효율 증진뿐만 아니라 커뮤니케이션 약속을 정하여 조직문화의 토대를 쌓을 수도 있다. 간단하게 적용해 본다면 약속을 정하고 글로 표현하여 모두가 볼 수 있도록 항상 게시하는 과정이다. 약속을 정한다는 말은 거창하게 느껴지기 때문에 겁먹을 수 있다. '천 리 길도 한 걸음부터'이니 단순한 접근부터 시작해보자. 지금 잘하고 있는 것을 더 잘하기 위해 한 가지를 '하자'고 정하고 현재 잘하지 못하는 것을 '하지 말자'고 정할 수 있다. 조직 구성원과의 회고를 진행할 때 시간을 할애하여 각자의 의견을 모으고 그중에서 일정 기간 동안 조직의 캐치프레이즈로 사용한다고 생각하면 된다. 예시를 덧붙이거나 상황에 대하여 구체적으로 묘사하여 모두가 이해하기 쉽도록 작성한다. 후에 다음 회고 때 각 '하자'와 '하지 말자'에 대한 의견을 청취하고 항목을 더 추가하거나 그 항목을 유지하는 식으로 진행한다. 아래는 협업 과정에서 정했던 예시이다.

✓ **하자**
  ✓ 회의를 시작할 때 기록할 사람을 정하자
  ✓ 상대방도 의견을 낼 수 있는 여지가 있도록 열린 의견을 제시하자
✓ **하지 말자**
  ✓ 사용자를 대표하는 말하기는 지양하자
  ✓ 정황이나 의견을 사실과 혼동하여 전달하지 말자

이러한 연습이 구체화되면 조직 내에서 약속문 또는 행동강령^{code of conduct}을 작성할 수 있는 합의와 소통의 능력이 길러진다. 약속문 또는 행동강령은 공동체가 지향하는 바와 앞으로 문제 상황의 대응 방안을 담는다. 그리고 업무 환경에서 모든 구성원이 존중받고 안전하게 일할 수 있도록 최저선의 기준을 세운다.

질적인 측면 이외에 형식적인 측면에서 해볼 수 있는 활동도 있다. 회의나 커뮤니케이션

의 목적을 구분하여 각기 시간을 할당하는 방법이다. 업무 환경에서의 회의는 주로 업무와 관련된 구체적인 주제를 가지고 진행된다. 의도적으로 커뮤니케이션에 대한 메타인지를 할 수 있도록 회의를 마련하면 이에 대한 소통을 유도할 수 있다. 조직의 커뮤니케이션 방향성에 대한 고민이 끝나지 않았다면 우선은 조직 구성원과 이야기하는 시간을 충분히 갖도록 하자.

✓ 정기적으로 트러블슈팅할 수 있는 미팅 진행하기

✓ 정기적으로 원온원 미팅 진행하기

✓ 주기적으로 회고하기

✓ 아이스 브레이킹을 위한 시간 할애하기

트러블슈팅troubleshooting은 구성원이 스스로 도움이 필요한 부분에 대해 요청할 수 있도록 하는 장치이다. 도움이 필요한 상황을 빠르게 공유하면 문제가 심화되기 전에 방지할 수 있다. 이를테면 대다수 회사에서 주간회의 또는 보고를 진행한다. 이 회의는 항상 달갑지만은 않은데 때로는 한 일이 너무 없는 것 같아서 억지로 한 일을 만들어내거나 다른 동료와 분량을 맞추기 위해서 업무를 부러 세분화해서 적기도 한다. 프로덕트 매니저로서 이번 주에 하는 일에 대하여 구체적으로 항목을 파고들기보다는 무슨 문제를 해결했는지에 집중해보자. 어떠한 문제를 해결하고자 했는지 그 과정에서 어떠한 어려움이 있었으며, 어떤 도움을 받았다면 더 빠르고 바르게 문제를 해결할 수 있었을지 돌이켜보자. 그렇다면 보다 효율적으로 주간 회의를 운영할 수 있게 될 것이다. 회의를 직접 주관하는 프로덕트 매니저라면 마찬가지로 그 사람이 양적으로 일을 얼마나 했는지를 살펴보는 입장 보다는 어떠한 문제를 해결했는지에 집중하자.

원온원one on one은 조직 관리자와 구성원이 일대일로 진행하는 미팅이다. 구체적인 주제를 가지고 진행할 수도 있으며 목적 없이 근황을 이야기하며 라포rapport 형성을 목적으로 진행할 수도 있다. 주니어 프로덕트 매니저라면 이 시간을 충분히 활용하는 것을 추천한다. 현재 내가 생각하고 있는 제품에 대한 비전 고민을 나눌 수 있으며 납득되지 않는 의사결정에 대해서 관리자와 상의할 수 있는 자리이다. 게다가 커리어에 대한 고민 등 조직 내 시니어의 경험을 통해 자신이 배울 수 있는 부분을 찾아 낼 수 있다. 반대로 이러한 미팅을 진행하게 되는 프로덕트 매니저라면 조직 구성원에 대하여 알아갈 수 있는 절호의 기회이다. 이 구성원은 어떤 지점을 중요하게 생각하고 현재 업무에 대한 만족도는 어떠한지 그리고 리더로서 스스로에 대한 간단한 중간점검도 받을 수 있다.

회고retrospective는 과정을 돌아보고 배울 점이 있었는지를 조직 차원에서 반추하는 자리이다. 회고의 진행은 선택하는 방법에 따라 프로젝트의 목표 달성에 대하여 돌아볼 수도 있지만 커뮤니케이션을 다루는 이 장에서는 조직 내 긴장감을 완화하는 목적으로 회고를 진행하는 경우를 생각했다. 여러 사람이 모여 일할 때 웃을 일만 있을 수 없는 것은 당연하다. 부정적인 감정이 누적되어 오해나 불신으로 번지기 이전에 이를 해소할 수 있는 단계가 회고이다. 조직 내의 문제를 어떻게 짚어내고 다룰지를 말하는 연습도 된다. 조직 내에서 이따금 부정적 피드백을 할 때 감정적인 문제로 번지기도 하는데 이는 발화 자체가 문제 해결보다는 감정의 발산에 초점을 맞추었기 때문이다. 책임감 있게 감당 가능한 수준에서 조직에 불편함을 전달하고 이를 해결해 나가자. 그 감정이 해소되었다는 점에서도 장점이 있지만 조직 전반의 문제 해결 능력도 향상하도록 한다. 방어적인 자세를 견지하기보다는 조직에 대한 신뢰를 키우고 함께 문제해결 과정을 거쳐가는 경험을 반복하도록 하자.

다시 한번 강조하지만 조직 구성원과 친구가 되어야 하거나 업무 외 시간을 함께 보내는 친근한 사이가 되어야 한다는 강박을 느낄 필요는 없다. 하지만 유대는 확실히 협업을 잘할 수 있는 윤활유 역할을 한다. 이를테면 서로에 대해서 알아가는 시간을 가지면 그 사람이 어떤 경력이 있었고 무엇을 좋아하고 원하는지 알 수 있다. 자신이 해봤던 일을 하거나 좋아하는 일을 하면 자연히 그 사람의 자신감 있는 모습을 볼 수 있다. 그러한 긍정적인 자아상을 다른 동료와 공유하게 되면 동료로서의 호감도 올라간다. 팀 활동은 함께 일하는 동료를 임의의 사람이 아니라 나와 추억을 공유하고 경험을 나눈 사람으로 바꾸어 준다. 동료와 가깝지 않아서 불안해 할 필요는 없지만 동료를 더 알게 되는 것은 소중한 일임이 분명하다. 때로 커뮤니케이션 증진을 위해서도 아이스 브레이킹^{ice breaking3}을 하는 시간을 가지는 것 역시 중요하다.

8.3.3 개인의 커뮤니케이션 원칙

프로덕트 매니저로서 커뮤니케이션하면서 느낄 수 있는 고충을 미리 짚어보고 이때 기억해두면 좋을 원칙을 소개한다. 주니어 프로덕트 매니저의 경우, 자신의 직무를 처음 수행하면서 역할에 대한 인식이 명확하지 않은 상태로 다수 동료의 피드백과 협업 상황에 놓여 쉽게 중심을 잃을 수 있다. 이때 되새겨 보면 좋을 조언이다.

> ✔ 착한 사람이 아니라 일관된 사람이 되자
>
> ✔ 스스로를 가장하지 않아도 되고 내 취약점을 내보여도 된다
>
> ✔ 동료 또는 상사에게 도움을 요청하자
>
> ✔ 다른 사람을 납작하게 이해하지 말자

커뮤니케이션에 능숙한 사람이 되기 위해서 모두의 호감을 살 필요는 없다. 오히려 일관되고 예측 가능한 사람이 되는 것이 중요하다. 수용할 수 있는 것과 수용할 수 없는 것에 대해서 직접적으로 또는 간접적으로 표현하고 자신의 규칙을 준수하면 된다. 이것은 주니어 프로덕트 매니저에게도 마찬가지이다. 처음 도전하는 일이기 때문에 옳게 여겨지는 말만 하려고 하면 상대가 나를 읽을 수 없게 된다. 프로덕트 매니저로서 협업하는 동료가 무엇을 원하는지 알 수 없으면 그 자체만으로도 변수가 되고 그것은 나와 협업하는 동료의 입장에서도 마찬가지이다. 예를 들어 동료가 의견을 제시하고 이에 대한 피드백을 요청하였을 때에 이에 대한 반대 의견을 제시하기에 어려움을 느낄 수 있다. 하지만 명확하지 않은 커뮤니케이션은 후에 보다 큰 비용을 지불하게 하고 동료와의 신뢰도 해칠 수 있

---

3 낯선 개인 간의 유대감을 형성할 수 있도록 진행하는 가벼운 활동을 가리킨다. 새로운 팀 동료가 합류하거나 새로이 조직이 구성되었을 때, 팀 활동을 하면서 친밀감을 쌓을 수 있다.

다. 물론 일관된 나의 행동양식이 조직의 약속과 어긋날 수 있고 동료의 성향과는 상극일 수도 있다. 그것을 확인했다면 역설적이게도 이제 협업을 시작할 수 있다. 어떤 점이 다르고 어떻게 맞추어 가기를 원하는지 이야기할 수 있기 때문이다. 많은 주니어 프로덕트 매니저가 모두에게 최고의 프로덕트 매니저가 되기 위해서 부단히 노력한다. 하지만 모두가 만족하는 최고의 프로덕트 매니저가 될 수도 없거니와 그럴 필요도 없다. 각 프로덕트 매니저는 모두에게 좋은 사람이 되기 위해서 이 일을 하는 것이 아니라 제품이 성공할 수 있도록 운전대를 잡은 사람이다. 자신의 역할을 폄하하거나 과도하게 넓게 생각하지 않도록 노력하자.

리더십에 대한 오해 중 하나는 근엄하고 모든 것을 알고 있는 카리스마를 가진 리더만이 유일한 리더상이라고 믿는 것이다. 이따금 자신의 결점을 인정하고 동료에게 친근하며 모두의 의견에 경청하는 리더는 프로페셔널하지 않다는 오해를 받을 수도 있다. 자신보다 경력이 긴 동료의 믿음을 사기 위해서는 진지하고 엄숙하며 완벽해 보여야 한다고 생각할 수 있다. 이는 각 개인이 가지는 장점을 편협하게 접근하는 것에 지나지 않는다. 한국에서 일할 때 리더십 포지션이 부담스러운 이유는 모두가 최고의 리더를 기대하기 때문이다. 하지만 100개의 조직이 존재한다면 100명의 리더가 존재하고 모든 리더는 각 개개인의 특성을 가지고 조직과 유기적으로 결합한다. 리더십은 절대적인 한명의 역량을 통해 완성되지 않고 팀과 맞물려 완성되며 바뀌기도 한다. 어떠한 스타일의 리더가 되기보다는 자신의 장점과 단점을 신중하게 들여다 보고 장점을 극대화하며 단점을 보완할 방법을 모색하는 것이 좋다. 프로덕트 매니저의 일을 하고 있다면 이미 당신은 리더이다. 어떤 조건을 충족해야 리더가 되는 것은 아니다.

취약점을 드러내는 것에 대한 공포를 느낀다면 제때 도움을 청하지 못할 확률이 높다. 궁금하거나 모르는 것이 생겨도 '이걸 물어봐도 되는 걸까?' 하는 생각을 자주 한다. 하지만 멘토 입장에서는 멘티가 먼저 도움을 청하면 오히려 좋다. 이미 격무로 바쁜데 멘티의 일거수일투족을 들여다볼 수 없으니 먼저 다가와서 도움을 청한다면 수고를 덜어준 셈이다. 이것은 동료와의 관계에서도 마찬가지이다. 도움을 구하고 질문을 한다는 것은 어느 방향으로 가고 있는지 스스로 관심이 있다는 뜻이다. 주어진 일을 과정 막론하고 결과만 내면 된다고 생각하면 질문이 생기지 않는다. 같은 질문을 여러 번 반복하지 않도록 노력하는 것이 중요하지 질문을 하는 것 그 자체 그리고 마땅한 도움을 구하는 것을 어려워하지 말자.

제품팀 내 개발 직군과 이외 직군 이를테면 프로덕트 매니저 또는 프로덕트 디자이너와의 협업은 업계에서만 통용되는 다양한 인터넷 농담으로 다뤄지곤 한다. 서로 이해하지 못하고 이따금 폄하하기까지도 한다. 각 직무는 주어진 역할이 있고 그 역할에 빈틈이 생기면 결과적으로 제품에 문제가 생긴다. 직무에 대한 존중과 이해하려는 노력은 매끄러운 협업으로 이어진다. 직무적 특수성으로 인해 동료를 유형화할 수도 있지만 이는 건설적인 커뮤니케이션을 막는 사고 방식이기도 하다. 상대에 대한 편견은 서로 이해하는 데 이해의 장벽이 되고 결과적으로는 의견을 곡해하게 할 수 있으므로 동료가 어떤 사람인지를 일반화하고 그것을 토대로 대화하기보다는 대화 내용에 집중하는 커뮤니케이션을 할 수 있도록 하자.

8.4 리모트 근무의 특수성

8.4.1 오피스 근무와의 차이점

2019년 이후 출근의 개념이 바뀌기 시작했다. 사무실로 정해진 시간에 출근해서 함께 모여 일하는 것이 아니라 각자의 집에서 또는 근무 공간에서 각기 일하는 것이다. 사무실이 아닌 공간에서 일을 하는 리모트 근무는 원격 근무와 재택 근무를 통칭하는 용어이다. 2021년 미국에서 3500명의 근로자를 대상으로 진행된 설문[4]에서 응답자의 68%는 리모트 근무를 오피스 근무보다 선호하였다. 그중 45%는 지금 당장 오피스 출근으로 강제로 업무 형태를 바꾼다면 퇴사할 것이라고 하였다. 리모트 근무를 할 수 있게 되면서 조직 구성원의 삶을 질이 상승했다고 느끼는 경우와 보이지 않는 곳에서 업무량이 더 늘어났다고 느끼는 경우도 있다. 리모트 근무는 일시적인 현상이 아니라 조직문화의 일환으로

---

4 'The State Of Remote Work In 2021: A Survey Of The American Workforce', https://www.goodhire.com/resources/articles/state-of-remote-work-survey/

자리 잡게 되었다.

근무형태에 따른 커뮤니케이션의 특성

구분	오피스 근무	리모트 근무
커뮤니케이션	언어적, 비언어적, 시각적	언어적, (시각적)
회의	즉흥적, 동시다발적	계획적, 순차적

오피스 근무 시에는 약속된 회의, 동료 간의 짧은 논의, 화이트보드에 그리는 커뮤니케이션 보조 도구를 활용할 수 있다. 리모트 근무 시에는 비언어적인 표현에 제약이 생긴다. 물론 화상 회의 중에 비디오를 켜둔 상태라면 일부 전달될 수 있으나 구성원이 모여서 만드는 분위기를 감지할 수 없다. 경우에 따라 시각적인 도구를 사용하여 발표 자료에 강조한 표식을 하거나 펜으로 그리기 도구를 사용할 수 있으나 동작이 화이트보드에 수기로 쓰는 것과는 달리 제약이 있어 한정적으로만 사용할 수 있다.

오피스 근무 시에는 옆자리 동료와 대화를 나누는 등의 즉흥적인 커뮤니케이션을 할 수 있다. 다른 동료가 대화하는 것을 건너 들을 수도 있어서 하나의 맥락을 공유할 수 있다. 물론 이러한 맥락에 의존하는 업무는 바람직하지 않다. 마땅히 정보는 정확하고 투명하게 공유되어야 하므로 리모트 근무 중에는 각별히 정보 공유에 신경을 써야 한다. 의식적으로 모든 정보를 계획된 일정에 전파하려면 그만큼의 노력이 필요하다. 일부 리모트 근무에 사용되는 업무 툴에서 즉흥적인 대화를 할 수 있는 기능을 제공하지만 상대방이 현재 대화할 수 있는 상태인지 직접 물어봐야 하는 것은 여전하고 이는 비동기식 대화로 이어진다. 이와 같이 커뮤니케이션의 관점에 대해서만 볼 때 리모트 근무는 오피스 근무보다 제약사항이 많다.

하지만 이러한 제약사항들은 비동기식 대화의 장점도 극대화한다. 같은 시간대에서 일하지 않는 동료는 기록물을 통해 다른 동료와 같은 공감대를 이룰 수 있고, 더 편리하게 확인할 수 있다. 예를 들어 다른 나라에 사는 동료와의 커뮤니케이션, 육아를 이유로 오전에 근무가 어려운 동료와의 협업이 있을 수 있다. 또한 리모트 근무 중에는 모든 것이 기록으로 남아야 하기 때문에 업무 현황이나 이력을 다시 찾아볼 때도 용이하다. 업무 유관자가 모두 회의에 참석하고 의견에 공감하였다고 하여 기록을 누락하면 안되지만 이따금 잊는 경우도 있기 때문이다. 따라서 리모트 근무의 불편한 점은 비동기식 대화의 장점을 얻기 위한 기회비용이라고 이해할 수 있다.

8.4.2 곧장 도입할 수 있는 방법론

리모트 근무의 특수성으로 인해 업무 커뮤니케이션을 할 때 주의할 점이 있다. 개인적으로 최근 2년간 리모트로 근무하였고 이전에는 프로덕트 매니저처럼 커뮤니케이션을 살펴야 하는 사람은 하드 스킬 위주로 일하는 사람과 다르게 리모트 근무를 할 수 없다고 생각했다. 온라인 커뮤니케이션에는 제약이 있고 이 제약이 업무 효율을 해친다고 생각했기 때문이다. 하지만 팬데믹으로 인해 반강제적으로 리모트로 근무하기 시작했고 지금은 그 누구보다 리모트 근무에 찬성하는 사람이 되었다.

✔ 가능하면 최대한 비디오를 켜고 회의에 참석하자

✔ 아무도 말하지 않는 순간을 참자

✔ 회의를 시작하기 전에 목적을 명확하게 하고 공유하자

✔ 나의 컨디션이 좋지 않다면 이를 먼저 밝혀서 비언어적 표현의 부재를 보완하자

✔ 화상 회의 툴에서 제공하는 채팅, 그리기 도구 등 다양한 방법을 활용하자

기본적인 커뮤니케이션의 믿음과 지침은 온라인과 오프라인이 동일하다. 하지만 화상 회의일 경우 주의사항 위주로 기억하면 좋다. 비디오를 켜고 진행하는 화상 회의는 어색한 점도 있고 정돈되지 않은 모습을 내보이기에 민망하기도 하다. 하지만 회의를 주도하는 사람이 모두 꺼져 있는 비디오를 보면서 회의를 진행하는 것만큼 고역도 없다. 아무런 반응을 받을 수 없기 때문에 말이 빠른 건지 다들 이해가 되는 건지 확인을 할 길이 없다. 실제 오프라인 회의 상황과 비슷하게 조작을 해두고 회의에 참석하는 것도 또 다른 방법이다. 마찬가지로 오프라인에서는 쉬이 용인되지만 온라인에서 부담스러운 것 중 하나는

정적이다. 이럴 때에는 마음속으로 숫자를 세어도 좋다. 보이지는 않지만 회의 참석자들이 내용을 면밀히 살펴보는 중일 수도 있고 자신의 의견을 정리 중일 수도 있으니 정적을 두려워하지 않도록 노력하자.

오프라인 회의에서도 마찬가지이지만 온라인 회의의 경우 회의 시작 이전에 전체적인 배경 설명이나 회의의 목적과 마쳤을 때 원하는 결과물을 확실히 하고 일을 진행하는 것이 좋다. 오프라인에서처럼 회의실에 입장하거나 회의 시작 이전에 잠깐 나누는 대화 등의 방지턱이 없기 때문에 온라인에서는 곧바로 회의를 시작하는 경우가 많다. 준비되어 있지 않은 참가자들에게 정보를 쏟아내 봐야 진행이 효과적일 리가 없다. 잠깐의 아이스 브레이킹처럼 상황 전반을 이야기하며 회의를 열자.

때에 따라서 누군가 컨디션이 좋지 않거나 예상하지 못한 외부 상황에 놓일 수 있다. 오피스 근무와 다르게 동료가 먼저 말하기 전까지 동료의 상태에 대하여 알 수 없다. 따라서 당일 컨디션이 좋지 않거나 어떤 도움이 필요로 할 때 먼저 나서서 말하도록 하자. 누군가가 알아주길 기다리는 것은 오피스 근무에서도 올바른 태도는 아니지만 리모트 근무에서는 불가능한 일이므로 자신이 필요로 하는 것이 있다면 적당한 담당자에 말하여 스스로 챙길 수 있어야 한다. 주니어 프로덕트 매니저라면 이러한 행동 자체가 부담스러울 수 있지만 시간이 흘러서 이미 조직에서 으레 도달했으리라 생각하는 적응 수준을 맞추지 못한다면 그것이 더 큰 문제이다. 용기를 내서 필요한 것을 말하고 괜찮지 않으면 괜찮지 않다고 스스로 말하도록 하자.

마지막으로 이미 수많은 사람들이 전세계적으로 온라인 커뮤니케이션 제약을 경험하고 이를 해결하기 위한 다양한 기술적인 해법을 제시하고 있다. 조직에서 사용하는 커뮤니케이션 툴에 대하여 조금 더 학습하여 원만한 커뮤니케이션을 도울 수 있는 것을 찾자. 동료에게 정돈되지 못한 모습을 보이는 것이 거부감이 든다면 심지어는 안색을 다르게 보여주는 비디오 필터를 제공하는 툴도 있다. 또는 화상 회의 도중에 화이트보드에 준하는 기능을 제공하는 경우도 있으니 업무에 도입을 해보아도 좋다. 그리고 이렇게 파악한 내용을 다른 조직 구성원에게도 전파한다면 보다 값진 경험이 될 것이다.

프로덕트 매니저의 역할과
자기계발

프로덕트 매니저는 모든 능력치를 가질 필요가 없다. 자신이 만드는 제품과 소속된 조직에 따라 필요로 하는 능력은 다르고, 필요한 만큼의 노력을 하면 된다. 프로덕트 매니저는 자신의 시간을 소중히 여겨야 한다. 제품의 백로그를 고를 때만큼 신중하게 자신의 시간을 어떻게 쓸지를 생각해야 한다. 프로덕트 매니저는 제품 사용자뿐만 아니라 제품팀 구성원의 요구사항도 받는다. 하지만 모든 요구사항을 들어줄 수 없다. 이래라 저래라하는 말에 우선순위가 무너지면 자신이 원하는 스킬셋을 갖추지 못하고 특정 제품과 조직에 함몰될 수 있다. 현재 일하고 있는 회사도 소중하지만, 지금은 자신의 전체 경력 안에서 한 순간임을 잊지 말자.

9.1 자기계발의 중요성

9.1.1 나에게 필요한 자기계발

명함은 자그마하지만 자신이 누구인지와 소속감을 느끼게 하는 달콤한 종이이다. 과거에는 회사에서 무슨 역할을 수행하는지에 따라 그 사람의 직업적 가치가 달라졌다고 한다. 회사에 헌신하는 것이 직업적 귀감인 시절이 있었다. 단호하게 말해 지금은 아니다. 요즘에는 이력서뿐만 아니라 포트폴리오까지 제출하는 것이 보통이다. 회사에서 시키는 대로 일하기보다 주도적으로 일을 찾아내서 제품에 기여하는 사람이 높게 평가 받는다. 면접관은 당신이 어떤 회사에서 무슨 직무로 일했는지가 아니라 당신이 무슨 생각으로 어떤 일을 수행했으며 그 결과는 무엇인지에 대해 설명하길 원한다.

IT 업계 종사자라면 누구나 자기계발 압박을 받는다. 매일 새로운 기술이 쏟아지고 놀라운 성공사례가 생겨나는 만큼 모두 분주히 자신을 갈고 닦는다. 프로덕트 매니저는 비단 특정 도메인 지식뿐만 아니라 컴퓨터 공학 일반에 대한 이해, 높은 사용성 제공을 위한 UX/UI 감각, 성공 확률이 높은 의사결정을 위한 데이터 분석 능력, 조직이 믿고 따를 수 있는 리더십 등 갖추어야 하는 자질이 상당히 많다. 같은 프로젝트도 어떤 프로덕트 매니저가 수행하느냐에 따라 결과가 갈리는 탓에 프로덕트 매니저 개인의 역량은 중요하다. 회사마다 어울리는 프로덕트 매니저가 있고, 그에 따라 스스로 해낼 수 있는 역할도 다르다. 프로덕트 매니저는 조직의 신뢰를 바탕으로 결과물을 만들어내는 사람이기 때문에 조직에 잘 어울리는 사람과 시너지를 내기 마련이다.

모두가 최고의 프로덕트 매니저가 될 필요가 없다. 최고가 될 수 없다는 사실보다 될 필요가 없다는 사실을 먼저 수긍해야 한다. 자신이 생각하는 커리어 지향과 맞닿아있는 회사를 찾고, 그 회사에서 원하는 프로덕트 매니저가 될 수 있도록 역량을 키우는 것이 중요하다. 이 과정에서 조직에 융화되고 영향을 미치는 과정을 직접 경험할 수 있다. 이러한 경험이 모여 개인의 커리어가 된다.

9.1.2 나에게 어울리는 회사

어떤 회사에서 무슨 제품을 만드는지만으로 나를 표현할 수 없지만 커리어의 큰 흐름은 어떤 회사에서 무슨 일을 하는지로 결정되기도 한다. 모두가 원하는 최고의 회사가 아니면 커리어가 실패했다는 뜻이 아니다. 무슨 제품을 만들고 어떤 문화를 가진 회사에서 일하는지가 향후의 결정에 영향을 미친다는 의미이다. 유년시절 경험이 당신의 성격을 완전히 결정하지는 않지만 당신의 토양을 결정하는 것과 같다.

예를 들면 어떤 회사에서는 주니어 프로덕트 매니저에게 일부분의 권한과 책임을 위임한다. 상대적으로 비지니스 영향력이 적은 기능 또는 과정을 맡김으로써 배포부터 개선까지 경험을 하게 한다. 이러한 환경에서 일하면서 점차 담당 제품의 규모를 키워가며 다양한 경험과 무거운 결정하는 법을 배울 것이다. 의사결정권자가 상위 정책을 결정하고 화면 설계는 주니어 프로덕트 매니저에게 할당하는 회사도 있다. 이런 경우에는 세세한 기능의 동작과 완성도에 집중하여 일하게 될 것이다. 이렇게 서로 다른 회사에서 커리어의 초반 3년을 일한다고 가정할 때 향후의 결정방향은 달라질 수밖에 없다. 아는 만큼 보인다고 하듯이 말이다.

커리어는 제각각이고 서로 다른 목표를 가지기 때문에 자신에게 맞는 회사도 따로 있다. 나에게 맞는 조직이 어떤 곳인지 알아보고 원하는 곳에서 일하려면 결국 자기계발이 필요하다. 일단 나에게 맞는 것이 무엇인지 알기 위해서는 스스로 도전해보고 도전 결과를 해석하는 방법을 습득해야 한다. 종종 주니어 프로덕트 매니저가 중구난방으로 일을 한다고 생각하는 경우가 있다. 대부분의 프로덕트 매니저가 수많은 일을 하지만 주니어라면 일의 의미를 파악하기엔 경험이 부족해서 더욱 혼란스러울 수밖에 없다. 지금 눈앞에 벌어지는 일이 무엇인지 파악하기 어렵고 전체적인 관점에서 이해하지 못하니 개선 방향을 잡기도 어렵다. 업무를 구조화하고 그 안에서 문제점을 찾아내고 해법을 제시하는 방식으로 접근을 바꾸어야 한다. 이것은 경력이 긴 사람도 의도적으로 학습하고 자신이 의식적으로 방향을 잡고 가지 않는 이상 자연스럽게 이루어지지 않는다. 이러한 일련의 과정은 나에게 맞는 조직이 무엇인지를 알아가는 여정이다.

나에게 맞는 조직이 어떤 곳인지 알고 난 다음에는 물론 그런 조직에 합류하기 위한 노력이 필요하다. 이를테면 기술 기반의 B2B 서비스 회사가 있다고 가정하자. 기술 이해뿐만 아니라 코딩 지식까지 요구하는 프로덕트 매니저 포지션이라면 아무리 뛰어나더라도 코딩 역량을 갖추지 않았다면 합류할 수 없다. 관점을 바꾸어서 접근하자. 나에게 맞는 조직에서 일하기 위한 자기계발은 어떤 회사에 일하기 위한 준비 과정으로 보자면 과하다고 느껴질 수 있다. 하지만 그 회사는 사실 커리어의 한 순간이다. 커리어는 반직선이고 지나갈 점인 회사를 고르는 과정이라고 생각하자. 자신이 나아가고자 하는 방향에 그 회사가 필요하고 그 과정에서의 특정 능력이 필요해서 자기계발을 하는 것이다.

이따금 회사는 직원을 책임져주지 않는다는 말을 듣곤 한다. 회사는 당신의 커리어에 대한 책임을 지지 않는다. 이상적인 조직은 구성원의 성장을 중요한 가치로 두지만 그 가치는 대부분 비즈니스 목표보다는 중요하지 않다. 구슬이 서말이어도 꿰어야 보배듯이 자신의 경험을 어떻게 꿰어 볼지는 개인의 몫이다. 프로덕트 매니저로서 어떤 역량을 갖추어야 하는지를 알아보고 역량 중에 나의 커리어 생애주기상 더욱 집중해서 키워야 하는 역량을 골라내고 그것을 키우는 데에 집중하자.

9.2 프로덕트 매니저의 역할

9.2.1 문제 해결

목표 달성은 어려운 일이다. 목표를 달성하는 것이 무척 쉽거나 어렵다면 목표 설정이 잘 못되었다고 판단해도 좋다. 제품에 기능을 만들어 내 연봉보다 큰 매출을 만드는 것이나 내가 평생에 알아 온 사람들보다 많은 사람을 끌어모은다는 것은 왠지 생경하기까지 하 다. 이 어려운 일을 하기 위한 가장 효과적인 방법은 사업이나 사용자가 직면한 문제를 정의하고 이에 대한 해법을 찾는 것이다. 그것이 문제 해결 능력이다. 단계를 나눠 업무 에 적용한다고 생각해보자.

첫째로는 문제를 정의하는 것이다. 프로덕트 매니저에게 주어지는 요구사항은 때로 추상 적이고 반대로 구체적이기도 하다. 예를 들어 '아무개 씨 다음 분기에는 일간 서비스 방 문자가 2배로 증가했으면 좋겠어요. 좋은 계획이 있나요?'라는 질문을 받았다고 생각하 자. 이 질문이 말하는 바는 문제가 아니고 목표에 해당한다. 이 목표를 달성하기 위해 어 떤 문제를 해결할 것인가에 대한 정의부터가 시작이다. 대표적으로 우리 서비스의 사용 자는 왜 매일 방문하지 않는 것일까? 가상의 쇼핑몰 예시로 설명하자면 이 쇼핑몰은 한 달에 한 번만 사는 물건만 파는 건 아닐까? 그게 아니라면 왜 다른 쇼핑몰에서 물건을 살 까? 등 기초 단계의 전제부터 밟아서 목표를 달성하는 데 크게 기여할 문제를 찾아내야 한다. 반대로 매우 구체적인 요구사항이 있을 수도 있다. 쇼핑몰을 운영하는 담당자가 '상품 상세 정보 화면에 이미지를 여러 개 등록할 수 있도록 파일 등록 버튼을 만들어 주 세요'하며 관리 화면을 바꾸어 달라고 할 수 있다. 이것은 문제없이 해결 방법이 먼저 나 온 경우에 해당한다. 실제로 이 운영자는 버튼이 여러 개가 필요한 것이 아니라 이미지 여러 개를 간편하게 올리고 싶은 것이다. 현재는 이미지를 1개 파일만 올릴 수 있는 환경 이다. 그렇다면 이미지 파일 여러 개를 등록할 수 있는 화면 또는 시스템의 변경이 필요 하지 반드시 버튼 여러 개가 필요한 것이 아니다. 직면한 문제에 대한 답이 버튼 여러 개 일 수도 있지만, 제품에 대한 최적의 답은 제품팀 내에서 협의가 필요하다. 요지는 문제 가 정의되지 않고 목표만 주어지거나 문제는 공유되지 않고 해법만 요청 받는 경우가 있다는 것이다. 프로젝트 매니저는 가장 효과적으로 성과를 내기 위해서 문제의 본질을 알아내야 한다.

둘째로는 해결 방안을 탐색하는 것이다. 모든 문제의 해답을 이미 프로덕트 매니저가 알고 있다면 실패하는 제품과 기능은 세상에 없을 것이다. 하지만 그것은 불가능하다. 뿐만 아니라 문제를 정의한 뒤에 적당한 동료를 찾아 논의하고 필요하다면 예산 등을 동원할 수 있는 능력도 있어야 한다. 문제 해결 능력은 그 사람의 경력을 대변한다. 실상 어떤 사람이 10년을 일했는지 1년을 일했는지는 중요하지 않다. 1년 동안 제품과 기능을 다루면서 다른 사람이 10년 동안 직면한 문제보다 많은 것을 마주하고 이것에 대한 답을 내리기 위해 노력했다면 전자가 더 뛰어날 수 있다. 중요한 것은 각 문제 상황을 내가 어떻게 지나왔고 그것에서 내가 무엇을 배웠는지를 잘 기억에 수납하는 것이다. 당신이 어떤 회사에서 무슨 제품을 담당했건 제품의 문제 해결 과정을 적극적으로 체화하지 못했다면 그것은 당신의 경력이 아닐 것이다. 어떤 해결 방안도 단박에 문제를 해결하지는 못한다. 그렇기 때문에 우리는 가설을 세운다. 정의한 문제에 대하여 이러저러한 대응으로 문제가 해결될 것이라는 가정으로 시작해 실제로 작업을 하며 이를 확인한다. 제품팀은 사업 또는 사용자가 직면한 문제를 기술적인 방법으로 해결 방안을 주로 찾는다. 하지만 반드시 모든 문제에 대하여 구현이 답은 아닐 수 있다. 그리고 구현은 많은 인력이 투입되므로 비싼 답 중 하나라는 것을 잊지 말자. 우리가 일하는 이유는 문제를 해결하기 위해서이지 제품을 만들기 위해 제품을 만들지 않는다.

9.2.2 설득과 협업

비유를 해보자면 프로덕트 매니저는 직업으로 조모임 조장을 하는 것이다. 이를 상상해보자. 어떤 수업 과제가 조 단위로 협업하여 만든 결과물을 제출하는 것이라고 하자. 기한이 정해져 있고 결과물의 기대치도 정해져 있다. 해야 할 일은 많은데 어떤 사람은 어떤 종류의 일을 어려워하고 어떤 사람은 어떤 일을 하고 싶지 않으며 심지어 어떤 사람은 우리가 하는 일 자체가 잘못되어 처음부터 다시 시작해야 한다고 말한다. 이런 상황에서 당신이 조장이 되는 것이다. 아마 제때 결과가 나오지 않으면 당신에게 이유를 물어볼 것이고 조원들은 특정 조원의 기여도가 낮다는 사실에 대한 문제를 제기할 수도 있다. 또 어쩌면 조원 간의 실력 차이가 있을 수 있으며 감정적인 대립이 있을 수도 있다. 프로덕트 매니저를 하게 되면 이 상황이 업무에서도 이어진다. 실제 업무와 조모임의 다른 점이 있다면 이제 잠수 타고 연락하지 않는 조원의 이름을 제하는 것으로 끝나지 않는다. 수강 철회라는 카드가 있어서 이 수업을 듣지 않기로 결정할 수도 있었던 시절은 끝났다. 주어 진 조건에서 일단 해낼 수 있는 것을 위해 노력해야 한다. 조모임에 대한 비유는 조금 악 랄했을지도 모르겠지만 실제 느껴지는 온도는 비슷하다. 이런 상황에서 가장 중요한 것 이 설득력이다. 같은 팀에서 일을 하기 위해서 모인 동료는 수업을 듣기 위해 모인 학생 과는 다르다. 다양한 조직 중 구태여 이 조직을 골라 이 제품을 만들게 된 이유가 있다. 성과를 내는 것 자체에 만족하는 사람도 있을 수 있고 그 과정에서 무언가를 배워야만 만 족하는 사람도 있다. 그 모든 욕구는 프로덕트 매니저가 잘잘못을 따질 수도 없고 억지로 바꿀 수도 없다. 모두가 다르지만 목표가 같을 때, 어떻게 함께 일해야 모두 불행하지는 않게 일을 할 수 있을까? 프로덕트 매니저에게 협업과 관련해 가장 중요한 것은 자신이 전달하고자 하는 바를 효과적으로 정확하게 전달하고 이에 대한 동의와 지지를 이끌어 내는 것이다. 어찌 보면 프로덕트 매니저에게 주어진 권한 내의 어떤 일은 설득이 필요하 지 않다고 생각할 수 있다. 하지만 설득된 개인이 하는 일과 납득하지 못한 개인이 작업 하는 결과물과 과정은 매우 다르다. 하고 싶어서 하는 일과 해야 하는 일을 대할 때 우리 가 얼마나 다른지 생각해 보면 쉽게 공감할 수 있다.

이를테면 하나의 기능에 대해 빠듯한 일정에서 프로덕트 매니저가 컨셉과 진행에 대해서 의견을 냈다. 다른 기획자는 그 문제를 해결하기 위해 그 방식이 최선인지 우려한다. 디 자이너는 제안과 같이 화면을 구성할 때에 서비스의 전체적인 통일감을 해칠 수 있다고 생각한다. 개발자는 일정에 맞추기 위하여 시스템의 일관성을 해치면 향후 유지보수에 문제가 되기 때문에 조금 더 시일이 걸리더라도 정석대로 진행했으면 좋겠다고 생각한 다. 설득과 협업의 묘미는 당초 프로덕트 매니저의 안이 틀렸을 수 있다는 점이다. 프로 덕트 매니저는 정답을 내는 사람이 아니라 답을 내는 사람이다. 다양한 의견 중에서 최종 적으로 팀으로서 채택할 답을 고르고 그것을 다른 팀원들에게 설득해야 한다. 이를 언어 로 표현하는 것뿐만 아니라 문서화도 할 수 있어야 한다. 모두를 찾아다니며 말로 표현을 할 수 없을뿐더러 재택 근무와 유연 근무가 활성화 됨에 따라 일하는 시간대 자체가 동료와 내가 다를 수 있기 때문이다. 설득력은 단번에 키워지지 않는다. 한 사람의 의견에 대한 신뢰는 하나의 기능에 대하여 얼마나 논리적인 완성을 이루었는가도 중요하지만 실제로 이 일을 되게 하는 힘에 토대를 둔다. 당신이 이제 커리어를 시작하는 프로덕트 매니저라도 겁먹을 필요는 전혀 없다. 상대를 설득해서 함께 가겠다는 신조와 고통스러운 시간을 버텨낼 의지가 있다면 언젠가 동료가 당신의 말에 귀 기울이게 될 것이다. 조직마다 동작하는 설득력의 구조가 있다. 어떤 상황에서 어떤 사람에게 어떤 식으로 말해야 설득력이 있는지 주변에 사례가 있다면 분석해 보고 따라해보자.

9.2.3 습득

2013년 즈음 서비스 기획자로 일하기 시작했을 때는 특정 분야의 제품만 담당하는 경우는 드문 일이었다. 당시 이 직무에 대한 업계의 수요가 적은 상태였기 때문에 특정 분야에 대한 전문성보다는 언제나 새로운 제품을 맡을 수 있도록 낯선 분야에 대하여 빠르게 학습하고 이를 제품으로 풀어내는 사람을 필요로 했다. 상대적으로 IT 업계 자체가 커지면서 커머스, 콘텐츠, SNS, 핀테크 등 특정 분야에 전문성을 가진 프로덕트 매니저가 많아지고 있다. 이제 시작하는 프로덕트 매니저의 경우, 다양한 분야를 경험해 보는 것이 좋다. 같은 IT 업계에서도 조직문화가 다르고 제품을 다루는 방식 자체도 다르기 때문이다. 그래서 지식을 습득하고자 하는 의지와 그 속도가 중요하다. 새로운 분야의 제품과 조직을 경험하면서 내가 조금 더 파고들고 싶은 영역을 찾는 것이다. 전문 분야가 굳어진다고 하더라도 언제나 새로운 시장의 모습에 대하여 주시하고 학습할 준비가 되어 있는 것이 좋다. 이 능력과 함께 쌍을 이루는 것이 '완성'을 목표로 일하는 습관이다. 특히나 이제 시작하는 프로덕트 매니저에게 어쩌면 나보다 이 영역에 대해 잘 아는 동료를 이끄는 것은 어색할 수 있다. 완성을 향해 나아가는 사람이고 모르는 것에 대해서 재빨리 모른다고 말하고 지식을 습득하는 사람이 되자. 이러한 자세는 그 무엇보다 당신에게 큰 자산이 된다.

그 어떠한 스프린트도 내 마음에 쏙 드는 스프린트는 없다. 절망스럽게도 내 마음에 쏙

드는 완벽한 제품은 아마 영원히 만들지 못할 것이다. 이 사실을 마음으로 받아들여야 업무를 대하는 자세를 바꿀 수 있다. 배포마다 목표를 정하고 그 목표 이외의 것은 잠깐 접어두는 대처가 필요하다. 이번 스프린트에서는 나와 제품팀이 무엇을 배웠는지 복기하고 그것을 나누자. 우리는 언제나 어떤 과정 위에 있다. 대단한 성공을 할 수 있다면 그것은 우리가 애당초부터 그럴만한 사람이었기 때문이 아니라 과정에서 함께 배우다 보니 우연적으로 이루어진 것일 것이다.

9.2.4 완성

프로덕트 매니저 채용에 있어 중요하게 보는 부분 중 하나가 '처음부터 끝까지 스스로 해낸 적이 있는가'이다. 우리는 원하던 때에 버스가 오지 않아서 15분 정도 늦는 날도 있고 갑자기 옷에 음식을 묻혀 엉망이 되기도 한다. 그렇다고 해서 당장에 집으로 도망쳐 버릴 수 없는 일이다. 그럼에도 하루 동안 해야 하는 일을 해낸다. 일도 마찬가지이다. 많은 사람이 함께 제품을 만들다 보니 그러한 사소한 돌부리가 도처에 산재하여 있다. 돌부리에 걸려 넘어지더라도 끝까지 도착하는 사람이 결국 해낼 수 있는 사람이다. 일을 시작하는 것을 버거워하는 사람도 있고 일을 마무리하는 것을 어려워하는 사람도 있지만 프로덕트 매니저는 결국에는 도움을 받아서 그 모두를 해내야 하는 직업이다. 당신이 일을 시작하기 어려워하는 사람이라면 협업을 통해서 시작을 도울 수 있는 사람을 찾자. 홀로 하는 완성은 어렵지만, 협업을 통해서 채워 넣을 수 있는 완성은 생각보다 어렵지 않다.

이따금 제품의 전체 과정 중 일부에 특화되어 있는 프로덕트 매니저를 만날 수 있다. 이를테면 사업 전략에 밝은 사람이 있을 수 있고 화면 설계에 뛰어난 능력이 있을 수 있다. 자신만의 강점을 가지는 것은 멋진 일이지만 그 분야 이외 제품을 이끌어 나가기 위해 과정 전반에 대한 관심도 중요하다. 우리는 완성품을 만들어서 사용자에게 제공해야 하는 역할을 담당하고 있다. 하나의 측면만 두고 이야기하면 배포 이후의 결과는 의도와 다를 수 있다. 이를테면 구체적인 사용성에 있어서 동료와 의견이 다르다고 하여 나의 의견을 고집하는 사이에 정작 중요한 전체 흐름을 놓칠 수도 있다. 제품의 한 호흡, 출시에서부터 운영과 개선까지를 모두 경험해본 사람은 다가올 문제를 예상할 수 있고 기획 단계를 비롯한 각 업무 단계에 반영하여 완성까지의 시행착오를 줄일 수 있다. 그렇기 때문에 완벽하게 흠 없이 나에게 주어진 일만을 해낼 것이 아니라 다음 단계에서 무엇이 되어야 하는지를 미리 상상해보고 그 일을 해내거나 다른 사람에게 그 일을 분배할 수 있는 역량을 가지는 것이 중요하다.

9.3 프로덕트 매니저에 대한 조직의 기대

9.3.1 조직문화

IT 업계도 결국 사람이 모여 제품을 만들기 때문에 어떤 사람과 어떻게 일하는지가 무척 중요하다. 정확하게는 조직이 가지는 의사결정 구조와 조직문화를 잘 살펴보아야 한다. 의사결정 구조에 따라 각 구성원의 권한과 역할이 다르다. 프로덕트 매니저는 조직의 신뢰를 바탕으로 성과를 내기 때문에 조직문화에 따라 추구하는 인재상도 다르다. 아쉽게도 외부에서는 조직의 내면에 대하여 속속들이 알기는 어렵다. 앞서 살펴본 프로덕트 매니저의 주요 역량을 기준으로 채용 공고에서 어떤 것을 강조하는지를 추측해 본다. 최근에는 자신의 소속을 밝히는 SNS가 많기 때문에 직접 메일을 보내 궁금한 점을 물어보는 것도 방법이다. 회사 외부에서 채용을 목적으로 회사에 대해서 묻는 경우 어떻게 반응하는지 그 자체도 조직문화를 가늠하는 데에 참고할 수 있다. 이 외에도 조직 내부 구성원의 외부 발표 자료를 참고해도 좋다. 공식적으로 소속을 밝히고 진행한 발표 자료는 조직 내부의 검토를 거쳐서 배포되는 경우가 많다. 혹시 발표 내용 중 본인이 추구하는 조직상과 크게 다른 부분이 있다면 내부 검토에서 걸러지지 않은 내용이라는 사실만으로도 의미하는 바가 있을 것이다. 마지막으로는 현직자와의 커리어 대화를 중개하는 플랫폼도 시중에 다수 존재하므로 자신의 취향에 맞는 서비스를 통해 최대한 면밀히 조직에 대하여 살피도록 하자.

9.3.2 조직 구성별 예상업무 범위

채용 공고를 뜯어보자

같은 직무여도 회사마다 서비스 기획자[service planner]나 프로덕트 매니저[product manager]라고 부르기도 한다. 사전에 이 두 단어가 있다면 아마 유의어로 프로덕트 오너[product owner]와 UI/UX 기획자[UX/UI designer]가 있을 것이다. 결론부터 말하자면 회사마다 무엇이라고 부르는지가 다르고 같은 회사라고 하더라도 팀별로 같은 직무의 사람이 다른 역할을 하기도 한다. 각 회사의 업태에 따라서 프로덕트 매니저가 사업의 역할을 수행하기도 하고 하지 않기도 한다. 결론은 회사마다 다르다는 것이다. 모든 회사를 다녀볼 수 없으니 서비스 기획자, 프로덕트 매니저, 프로덕트 오너의 채용 공고와 주요 회사의 공개된 조직 구성을 통해 더 구체적인 이해를 키워보자.

주요 IT 회사에서 서비스 기획자 또는 프로덕트 매니저가 속한 직군 대분류

구분	직군의 대분류
N사	개발, 설계(디자인), **콘텐츠&서비스**, 경영지원
K사	테크, **서비스비즈**, 디자인/브랜드, 스태프
L사	Engineering, Design, **Product Planning**, Business, Management Support
C사	Corporate functions, Program Management & Business Analysis, **Product Management**, Technology (제품 이외 직군은 생략)
B사	**기획**, 디자인, 마케팅/홍보, 영업/MD/운영지원, 사업관리/전략, 경영지원
D사	개발, 사업, 디자인, 마케팅, 커뮤니케이션, **기획**, 피플, 글로벌
T사	Business, Communications, Compliance, Core System, Data, Design, Engineering, Finance, **Product**, Research,…

위 분류는 직원 300명 이상의 주요 IT 회사를 예시로 들었다. 구분하여 볼드체로 표현된 조직이 서비스 기획자 또는 프로덕트 매니저가 소속되어 있는 대분류이다. 이 구분이 중요한 이유는 각 회사가 프로덕트 매니저에게 수행하길 기대하는 역할을 어렴풋하게나마 추정할 수 있기 때문이다. C사와 B사는 전문적인 사업인력을 갖추고 그 의사결정체계를 제품과 분리함을 알 수 있다. 이와 다르게 N사와 K사는 포털 또는 모바일 앱 메신저 서

비스를 근간으로 하기 때문에 서비스와 사업이 하나로 묶여 제품 또는 플랫폼 자체에 대한 중요도가 반영되었다고 볼 수 있다. 프로덕트 매니저가 으레 하는 일에 대하여 이 책에서 많은 분량을 할당하여 설명했으나 조직의 구성에 따라 역할이 확대되거나 축소될 수 있다. 마땅히 어떻게 해야 좋은지 좋은 프로덕트 매니저라는 접근보다는 나의 성향을 파악하고 이에 맞는 회사를 선택하는 것이 중요하다. 제품을 만드는 데에 집중하고 싶어서 프로덕트 매니저를 하고 싶다면 사업 조직과 제품 조직이 분리되어 있는 환경이 나은 선택지일 수 있다.

다음은 구체적인 채용 공고를 함께 살펴보자. IT 업계 300명 이상 직원의 회사 또는 매출액 300억 원 이상의 회사 그리고 이에 해당하지 않더라도 앱스토어 다운로드 횟수가 100만 이상인 조직의 채용 공고를 위주로 총 50여 개의 채용 공고를 참고하였다.

직무별 채용 공고에서 '주요 업무' 항목에서 각 키워드가 등장한 횟수

구분	서비스 기획자	프로덕트 매니저	프로덕트 오너
제품에 대한 의사결정			7
시장 환경 이해 및 전략 수립		3	9
과업의 우선순위 관리	2	6	13
주요 지표 분석 및 인사이트 도출	5	8	11
내외부 협업관계에서의 커뮤니케이션	11	12	8
서비스 및 기능 기획(설계)	11	8	5
스토리 보드 및 화면 설계서 작성	5	3	
서비스 운영	3	1	

직무별 채용 공고에서 '자격 요건' 항목에서 각 키워드가 등장한 횟수

구분	서비스 기획자	프로덕트 매니저	프로덕트 오너
프로젝트를 이끌거나 성공 시킨 경험	3	7	8
원활한 커뮤니케이션 능력	8	6	7
데이터 기반 의사결정 능력	3	5	3
새로운 정보 학습과 업무에 빠른 반영	5	4	3
도메인 관련 지식	3	7	9
컴퓨터 공학, 통계학 등 전공 배경	2	1	

직무별 채용 공고에서 '우대 사항' 항목에서 각 키워드가 등장한 횟수

구분	서비스 기획자	프로덕트 매니저	프로덕트 오너
데이터 분석 툴 사용 능력		6	3
관련 도메인에서의 경험	3	4	7
애자일한 환경에서의 업무경험	5	7	4
외국어 구사 능력	1	2	3
뛰어난 문서 작성 및 의견 전달 능력	6	4	

서비스 기획자, 프로덕트 매니저와 프로덕트 오너 간의 채용 공고 비교를 통해서 알 수 있는 점은 아래와 같다.

✓ 서비스 기획자, 프로덕트 매니저, 프로덕트 오너의 역할은 상호 배타적이지 않고 중첩된다

✓ 의사결정과 전략 설정의 역할 또는 구체적인 화면 설계 및 서비스 운영 등 각 직무에 따라 강조되는 역할이 구분된다

✓ 서비스 기획자의 우대사항이 프로덕트 오너의 지원 요건이 되는 식으로 직무 상세에 대한 스펙트럼이 변화한다

✓ 공통적으로 도메인 지식, 프로젝트 리딩 경험, 커뮤니케이션 능력이 강조된다

서비스 기획자, 프로덕트 매니저 그리고 프로덕트 오너는 본질적으로 하는 일이 중첩된다. 하지만 프로덕트 오너의 경우, 의사결정과 전략설정에 그 방점이 찍히기 때문에 도메인 지식과 경험이 풍부한 지원자를 원하는 것을 알 수 있다. 반면 서비스 기획자의 경우, 사업체의 규모 또는 제품의 사이즈가 작을수록 직접 운영하는 역할까지 기대하기도 한다. 상대적으로 경력 초기 단계의 지원자도 접근할 수 있다. 그래서 도메인에 대한 빠른 학습능력을 요하기도 한다. 같은 맥락에서 구현을 위한 구체적인 화면 설계, 말하자면 기획서 작성에 대한 업무가 명시되어있는 것도 확인할 수 있다.

같은 조직에 이 세 가지 직무가 모두 있는 경우는 드물다. 하지만 그런 경우가 있다면 서비스 기획자 > 프로덕트 매니저 > 프로덕트 오너 순으로 포괄적인 역할을 수행하게 된

다. 서비스 기획자와 프로덕트 매니저가 함께 있는 조직이라면 서비스 기획자는 보다 제품의 완성에 더 집중하게 된다. 어떤 만듦새를 가져야 이 제품이 보다 사용자에게 완성도 있게 다가갈 수 있는지에 대한 제품에 가까운 고민을 한다. 한편 프로덕트 매니저는 그렇게 갖춘 완성도가 사업 성과로 이어질 수 있도록 제품의 방향성을 사업 목표와 맞추는 작업에 집중하는 식이다. 하지만 조직에 이 세 가지 직무 중에 한 개만 존재하는 상황이라면 명시된 대부분의 역할을 그 한 명이 수행한다.

제품팀과 협업부서에서 각 직무에 할당된 역할을 수행한다. 이후 프로덕트 매니저는 잔여 업무를 수행하는 식으로 일하게 된다. 그렇기 때문에 프로덕트 매니저의 스킬셋에 따라서 수행할 수 있는 역할도 달라진다.

조직 규모에 따른 일반론

채용 공고에는 적혀 있지 않은 사업체 규모에 따른 차이점을 이야기해보겠다. 사전적인 의미에서 중소기업, 중견기업, 대기업의 구분을 따르지 않고 디지털 제품을 만드는 조직에서 50명을 기점으로 구분한다. 물론 이는 개인적인 경험을 바탕으로 하기 때문에 50이라는 숫자는 정확하지 않을 수 있다. 이 장에서 말하고자 하는 바는 하나의 제품을 만들기 위해 투입되는 인력의 절대적인 규모 자체에 따라 어느 정도 성향이 갈린다는 점이다. 예를 들자면 실제로 직원 수 1,000명 이상인 조직도 하나의 제품을 만들기 위해 10명만을 투입한다면 이 구분에서는 '직원 수 50명 미만'의 항목에 해당한다. 면밀한 내부 상황을 모르고 채용 공고만을 보고 지원하는 입장이라면 아래 적혀 있는 특징 중에 무엇에 해당하는지는 확인해보자. 같은 조직의 다른 채용 공고를 보고 혹시 프로덕트 매니저를 각기 팀별로 채용하는지나 기능별로 담당자가 있는지를 보는 것도 직관적인 기준이다. 이를테면 하나의 제품에 대하여 회원 또는 인증 담당 기획자와 결제 담당 기획자를 따로 뽑는다면 '직원 수 50명 이상'에 해당할 확률이 높다.

제품당 직원 수에 따른 조직의 특성

구분	직원 수 50명 이상	직원 수 50명 미만
의사결정 구조	• 수직적이며 의사결정에 개입할 여지가 적다. • 의견은 개진할 수 있지만 책임과 권한을 분명하게 하기 위해서 명확한 의사결정권자가 정해져 있다. • 또한 의견을 내는 사람도 많기 때문에 의견 취합 과정에서 내가 원하는 바와 다른 의사결정이 이뤄질 수 있다.	• 수평적이며 의사결정을 주도해야 한다. • 의사결정 자체를 주도하고 동료의 의견을 수렴하여 직접 결정을 해야 하는 경우가 많다. • 각 담당자가 자신의 직무를 바탕으로 한 의견을 내면 이에 대하여 종합하여 결론을 낸다. 이 의견은 때에 따라 CEO와 조율하게 된다.
담당 역할	• 제품의 완성을 위해 디테일에 더 집중하여 일할 수 있다. • ex. 일정 관리, 배포를 위한 커뮤니케이션, 화면 설계	• 제품의 성공을 위해 성과 중심으로 일할 수 있다. • ex. 백로그 관리, 목표 관리, 배포를 위한 커뮤니케이션
같은 직무의 동료가	• 있거나 많다. • 하나의 제품의 세부 기능을 여러 명의 프로덕트 매니저가 나눠 갖기도 한다. • 같은 기능에 대하여 두 명 이상, 시니어와 주니어가 합을 이뤄 차근차근 배우며 일하는 경우가 있다.	• 없거나 적다. • 제품의 초기 단계일수록 프로덕트 매니저의 역할을 대표가 직접 수행하는 경우가 많다. • 때문에 프로덕트 매니저 직무로 채용하는 경우 조직 내에 유일한 사람일 확률이 높다. • 멘토가 드물고 스스로 직접 부딪히며 배워야 하는 경우가 많다.
기획서를 작성할 때의 주의사항	• 꼼꼼하게 쓰지 않으면 모두가 고생한다. • 제품 출시를 위한 전체 단계에 수많은 동료와 협업하게 된다. 매번 말로 하면 정확도가 떨어지고 모두가 이해하는 바가 다르게 된다. • 협의하고 결정한 것의 이력 관리를 위해서라도 촘촘하고 정확한 기획서를 작성해야 한다.	• 꼼꼼하게 쓰는 것보다 배포를 한 번 더 진행하는 것이 낫다. • 명확한 목표에 대하여 일부 동료와 협의가 되었다면 곧바로 작업에 착수해도 좋다. • 문서 작성을 하고 의견을 맞출만큼 초기 자본의 규모가 크지 않으니 빨리 성과를 내야 한다.

으레 전자는 대기업으로 후자는 스타트업으로 구분하는 경우가 많다. 모든 대기업과 스타트업이 이와 같이 일하지 않기 때문에 상대적으로 객관적인 지표인 제품을 담당하는 직원 수를 기준으로 하였다. 요약하자면 제품 담당 직원이 50명 이상인 경우 서비스 기획자의 역할이 더 강조되고 그렇지 않은 경우에는 프로덕트 매니저로서의 역할이 더 강조됨을 알 수 있다. 두 가지 조직 구조를 모두 경험해본 바로는 조직 규모와 무관하게 제품의 성공을 위해 주도적으로 일하는 경험을 해보는 것이 중요하고 향후 커리어 결정에

큰 도움을 준다고 생각한다. 제품의 완성 자체도 중요하지만, 누차 강조했듯이 그 완성도 오로지 성공을 향한 것일 때 의미 있기 때문이다. 아울러 스타트업에서 일할 때는 누가 무슨 일을 할 것인가보다는 어떻게 하면 되게 할 것인가에 더 집중하는 경우가 많다. 이를테면 마케팅 집행을 위해 카피 문구를 작성해야 하는 일이 있다고 가정하자. 직원 수 50명 이상의 제품이라면 마케터가 따로 있는 경우가 많다. 그렇다면 카피 문구를 작성하는 일은 프로덕트 매니저의 일은 아니게 된다. 그래서 프로덕트 매니저는 배포 이후에는 다음 스프린트를 위한 기획에 집중하게 되지 실제로 사용자에게 이 제품이 어떻게 비춰질지에 대해서는 상대적으로 무심할 수밖에 없다. 반대로 직원 수 50명 미만의 제품이라면 마케터가 없을 수도 있다. 그 경우 프로덕트 매니저가 해야 하는 일이 된다. 물론 일이 많으면 힘들기 마련이다. 하지만 제품을 만드는 목표가 사용자를 최대한 많이 만날 수 있게 하고 전환^{conversion}을 기대하는 것이라면 마케팅은 디지털 제품 만들기에 있어 매우 중요한 영역이다. 비록 경력 마케터처럼 수려하게 이 과정을 진행할 수는 없으나 그 과정을 하면서 제품을 만드는 과정에 대한 인사이트를 얻을 수 있다.

꼭 그렇지는 않지만 제품 담당 직원 수가 적은 조직에서 일하면 근무 시간도 더 길고 노동 강도도 더 강하다. 이미 안정적인 사용자 기반과 매출을 가진 조직과는 다르게 가설을 검증해서 매출을 발생시키고 이를 통해 투자를 유치하거나 단독으로 사업자금을 벌어야 하기 때문이다. 스타트업이 아닌 조직에서 일하는 것이 나쁘다고 생각하지 않는다. 멘토가 있는 상황에서 업무를 체계적으로 배우는 것을 좋아할 수도 있고 화면의 설계와 사용성에 더 집중하기 위해 프로덕트 매니저가 되기로 결정했다면 규모가 큰 기업에서 일하는 것이 더 좋을 수 있다. 그리고 큰 규모의 조직에서만 만들 수 있는 시스템도 있을 수 있는데 이에 대한 전문성을 가꾸고 싶다면 스타트업이 적합하지 않을 수도 있다. 시작하는 단계이거나 인원수가 적은 사업체는 대부분 자본의 규모가 작기 때문에 복지 수준이 낮을 수 있다. 이를 상쇄하기 위해 자신이 일하여 가꾼 제품이 성장할 때 연동되는 보상 체계인 스톡옵션이 주어지기도 한다. 동시에 업계에 알려진 바와 같이 통상 창업한 지 1년 내의 사업체 90%는 망한다. 말하자면 하이 리스크 하이 리턴인 셈이다. 그래서 안정적인 환경에서 제한된 영역에서의 집중도를 높여 일하고 싶어하는 사람이 있다면 대기업 프로덕트 매니저 위주로 커리어 설계를 하는 게 좋다고 생각한다. 시쳇말로 케바케, 그러니까 경우에 따라 다르다.

주니어 프로덕트 매니저에게 '당신이 틀린 것이 아니다'라는 점을 꼭 강조하고 싶다. 첫 직장에서 서비스 기획자가 되기 전까지 수많은 거절을 당한 뒤 자격이 없다고 생각한 적이 있었다. 돌이켜 보니 스스로에게 부당하리만큼 박한 평가였는데 다시 돌아가도 똑같이 스스로를 의심할 것이다. 당신이 지원하거나 일하고 있는 회사가 기대했던 것과 다를 수 있다. 당신이 원하거나 잘 맞는다고 생각했던 것마저 당연히 바뀔 수 있다. 한 번의 결과와 선택으로 커리어의 모든 것이 결정되지 않는다는 것을 기억하자. 어떤 채용 공고에 합격하지 못했다면 그 이유는 단순히 그 공고나 회사가 당신과 어울리지 않아서일 수도 있다. 내가 친해지고 싶은 사람이 나와 친하지 않다고 해서 내가 잘못되었다고는 생각하지 않는다. 비슷한 이치이다. 채용 공고에 명시적으로는 적을 수 없지만 채용 공고를 낼 때마다 사실 어떤 사람이 필요한지는 어느 정도 정해져 있다. 우리가 할 수 있는 것은 그 말하지 않은 맥락을 짚어내는 것이다. 프로덕트 매니저의 직무역량 키워드를 짚으며 다룬 각 역할은 프로덕트 매니저를 채용하는 어떠한 포지션이든 공통적으로 기대하는 부분이다. 이를 토대로 위에 추정할 수 있는 조직 내부의 사정을 점쳐 보고 채용 공고를 구체화해보자.

채용 공고에서 찾는 사람은 대부분 유니콘이다. 수많은 지원 자격과 우대사항에 해당하는 것이 없다면 그때부터는 상상력을 키워야 한다. 일단 아무리 뛰어난 조직이어도 채용 공고의 모든 조건을 갖춘 특급 인재만을 채용하는 조직은 없다. 지금 당장은 채용 공고에 적합한 사람은 아니지만 어떻게 하면 적합한 사람이 될 수 있을지 또는 그러기 위해 이미 하고 있는 것들을 포트폴리오로 알리자. 이미 프로젝트 경험이 있다면 우리가 쌓아온 틀에 맞추어 나를 설명하고 경험이 없는 사람이라면 내가 제안했던 다양한 방식으로 나만의 포트폴리오를 만들기 시작하자.

9.3.3 내가 가고 싶은 회사를 찾는 방법

회사에 대해서 평가할 내용

지금까지의 내용을 되짚어보자. 프로덕트 매니저의 역할이 무엇인지를 살펴보고 특정 조직이 프로덕트 매니저에게 기대하는 역량을 유추하여 확인했다. 그러면 여러 조직을 두고 서로를 비교할 때는 어떠한 잣대를 가지고 파악할 것인가를 다루어 보겠다.

> ✓ 만들고 있는 제품과 서비스는 무엇인가, 주 사용자는 누구인가
>
> ✓ 지금 어떤 단계에 있는가, 제품/팀의 구성 등이 모두 그 단계에 부합하는가
>
> ✓ 현재 제품이 가장 중요하게 생각하는 문제는 무엇인가
>
> ✓ 프로덕트 매니저를 평가할 때 무엇을 기준으로 확인하는가
>
> ✓ 조직문화에 있어서 특이점이 있는가

조직에서 만드는 제품은 어쩌면 향후 3년 이상을 프로덕트 매니저로서 시간을 쏟아 들여 볼 세상의 단면을 정하는 것과 같다. 수많은 제품 중에서 하필 이 도메인의 그 제품인 이유에 대해서 파고들기 위해 정확하게 무슨 제품을 만들고 타깃이 누군지 알 수 있어야 한다. 물론 그렇다고 해서 프로덕트 매니저 자신이 그 제품의 주 사용자이자 열렬한 팬일 필요는 없다. 프로덕트 매니저가 사용자의 대변인이라고 생각하게 되면 업무에 지장을 주기도 한다. 프로덕트 매니저는 사용자에게 이입을 할 수 있고 총체적인 관점에서 이에 대한 해법을 제시해야지 개별 사용자로서 '나라면'이라는 관점은 위험하다. 하지만 자신이 애착을 가지고 또는 관심을 가지고 학습할 가치가 있다고 믿을 수 있어야 한다. 열심히 하는 사람보다 즐기는 사람이 뛰어난 퍼포먼스를 내는 것과 같다.

제품의 생애주기에서 현재 단계에 따라 할 수 있는 일이 다르고 팀의 구성에 따라서도 권한과 역할이 다르기 때문에 이를 파악하고 비교하는 것 역시 중요하다. 스타트업에서 일하는 것이 반드시 고되기만 하지도 않을뿐더러 이미 큰 대기업에서 일하더라도 담당하는 제품이 신규 프로젝트라면 또 다른 일하는 방식을 채택해야 한다. 그러므로 현재 제품의

위치를 파악하자. 이와 더불어 현재 제품에서 해결해야 하는 가장 시급한 문제가 무엇인지를 확인하자. 새로운 도메인의 제품이라면 해당 도메인 전반에 대하여 조사해보고 어떠한 점이 시장 확대 과정에서의 걸림돌인지 아니면 무엇이 성장을 가속화하는지를 알아두자. 이미 오랜 시간 운영되어 온 제품이라면 매출은 어떻게 발생시키는지 향후 매출 확대를 위해 가시적으로 확인된 위험요소는 무엇인지를 보면 좋다. 이와 더불어 시장 점유율을 늘릴 기회가 있는지와 경쟁사와의 포지셔닝은 어떤지도 함께 알아본다.

제품과 사업에 대한 비전을 확인했다면 그 다음은 프로덕트 매니저가 조직 내에서 어떤 관계 역학을 가지는가를 파악한다. 개인적으로 가장 먼저 확인하는 것이 그 조직에서 '일 잘하는 프로덕트 매니저'는 어떤 사람인지를 알아내려고 한다. 모든 조직이 애자일을 지향하지만 그것은 교과서 이야기이다. 종국에 조직에서 실제로 중요하게 생각하는 것을 실천하는 프로덕트 매니저가 뛰어난 사람이다. 그러면 어떤 사람이 그런 평가를 받는지를 보면 역으로 그 조직에서 중요시하는 것을 알 수 있다. 이는 조직문화로 연결된다.

나에 대해서 스스로 평가할 내용

커리어 설계에 있어 중요한 것은 나의 욕망과 내 현재 좌표를 파악하는 것이다. 어디로 갈지는 욕망으로 인해 결정되고 어디서 시작하는가는 현재 나의 위치에 따라 다르다. 커리어 단계와 무관하게 이것은 누구나에게 중요하다. 이제 커리어를 시작하는 사람이라고 하더라도 준비과정이나 축적된 다양한 경험과 능력치를 가지고 있다. 그것을 종합적으로 모아 언어화할 수 있는 과정이 필요하다. 꼭 힘주어 이야기하고 싶은 점은 내가 가고 싶은 회사와 내가 잘 맞는 회사가 다를 수 있다는 사실이다. 지금 함께 하는 제품과 조직이 내가 원하는 것과 다르다고 해서 당신이 얻을 수 있는 게 없다는 의미가 전혀 아니다. 오히려 이 과정을 자신이 원하는 바에 연결할 수 있도록 어떤 접근을 할지에 집중해서 도전해 보면 좋다.

✓ 이 회사가 매력적이라고 생각하는 이유는 무엇인가

✓ 이 회사에서 내가 할 수 있는 것과 하고 싶은 것의 차이는 무엇인가

✓ 나의 커리어적인 강점과 약점이 무엇인가

✓ 스스로에게 가장 중요한 것이 무엇인가

✓ 내가 원하는 처우 조건은 무엇인가 현금인지 스톡인지 결정하자

매력적인 처우 조건을 제시하는 회사만이 최고의 회사는 아니다. 공격적인 채용 조건을 내거는 데에는 반드시 이유가 있다. 회사별 조건을 비교하고, 그 조건을 내가 매력적이라고 생각하는 이유를 밝혀보자. 그것이 그 회사에 합류하고 나서도 변하지 않을 가치인지 현재 나의 어떤 결여로 인해서 기대하는 가치인지를 면밀히 들여다 봐야 한다. 물론 때에 따라 취직이 어려운 상황이기 때문에 어떤 조직에 합류할지에 대해서 따져볼 수 없는 상황일 수 있다. 그런 경우에도 당신이 무엇을 원하는지가 중요하지 않은 것은 아니다. 시작을 원하지 않는 곳에서 할 수 있지만 그 이후의 단계는 자신이 주도적으로 잡아갈 수 있기 때문이다. 또한 스스로의 장점에 대해서 인지하기 어려운 경우도 많다. 최대한 많은 채용 공고에서 사용하는 어휘를 추리고 그 어휘에 맞는 자신의 경험을 복기하자. 프로덕트 매니저는 정규 교육과정이 없고 경험을 잘 쌓는 만큼 능력이 되는 직무이다. 이미 당신은 스스로 알기 전부터 프로덕트 매니저였을 것이다. 그 내용을 한데 모을 수 있다면 본인의 장점과 단점을 파악할 수 있다.

9.4 무엇을 공부해야 하나

9.4.1 개발

자주 묻는 질문

"프로덕트 매니저가 되려면 개발을 얼마나 알아야 하나요?"라는 질문을 자주 받는다. 결론부터 말하자면 기본적인 컴퓨터 공학에 대한 이해가 있으면 일하기 훨씬 수월하긴 하다. 복잡한 디지털 수동 카메라로 사진을 찍는다고 상상해보자. 기계에 대하여 아는 만큼 그것을 활용한 촬영 기법을 구사할 수 있다. 하지만 반대로 카메라를 모른다고 하여 사진을 찍을 수 없는 것은 아니다. 모두 안다고 하여 최고의 사진을 찍을 수는 없다. 이 비유에서 우리는 원하는 구도에 맞추어 사진을 찍는 것이 목표이고 그 과정에서 모른다면 필요한 지식만 검색해 보면 된다. 하지만 제품을 만들 때에는 협업하는 개발 담당자 또는 팀이 반드시 존재한다. 따라서 어떤 기술적인 제반 사항을 녹여 기획할 수는 있지만 그것을 모른다고 해서 기획을 못 하는 것은 아니다.

중요한 것은 세세한 기술을 꼭 알아야 하는 것은 아니다. 일부만 안다고 해서 자기 상상력이 국한되는 것보다는 프로덕트 매니저로서 사용자에게 전달하고 싶은 바를 명확하게 하는 데에 집중하는 것이 더 좋다.

컴퓨터 공학에 대한 기본적인 이해가 도움이 되는 이유는 무엇이 되고 안되는지를 보다 구체적으로 알 수 있기 때문이다. 개발 담당자 또는 개발팀은 프로덕트 매니저의 요구사항이 기술적으로 불가할 때 반드시 불가한 이유를 설명한다. 하지만 그 설명을 이해하고 다른 기획에 접목시키기 위해서는 단순히 안된다는 사실보다는 그 동작 원리를 이해해야 한다. 이때 컴퓨터 공학에 대한 이해가 있다면 습득 속도를 끌어 올릴 수 있다. 뿐만 아니라 상세한 서비스 설계를 하게 되면 사용자와 직접 만나는 UI/UX와 더불어 어떤 데이터를 어떻게 제공할지를 고민한다. 중요한 것은 어떤 데이터가 어디에 위치하고 이를 어떻게 가져와서 보여줄 것인가에 대한 검토이다. 우리가 웹사이트, 앱에서 문구 하나 이미지 하나 모두가 어딘가에서 불러 오거나 그 소스 코드에 포함되어 있다. 이와 같이 데이터를 보여주는 방식에 따라 수많은 추가 기획사항이 따라 붙게 된다. 이러한 이해를 위해서는 컴퓨터 공학 일반에 대한 학습은 필수적이다.

공부할 거리

프로덕트 매니저를 준비하거나 이미 주니어 프로덕트 매니저라면 다양한 방면으로 학습하는 것이 중요하다. 한번에 전문적 지식을 얻으려고 하면 쉽게 포기하게 된다. 공부할 거리는 꼭지별로 최소의 비용으로 가볍게 시작할 수 있는 방법을 제시하였다. 개인의 상황, 목표와 취향에 따라서 보다 집중하여 학습할 분야를 선택하도록 하자. 컴퓨터 공학 일반을 학습할 때에도 마찬가지로 모든 것을 한번에 그리고 완벽하게 이해하지 않아도 된다는 사실을 항상 염두하자. 컴퓨터 공학과 관련된 교육을 받지 않은 사람이 현업 개발자와 같은 지식을 가지는 것은 단시간 내에 되지도 않으며 불필요하다. 프로덕트 매니저가 컴퓨터 공학을 학습하는 이유는 제품을 잘 만들기 위해서이지 본인이 제품을 만드는 엔지니어가 되기 위함이 아니다.

✓ MOOC 강좌를 통한 컴퓨터 공학 기본 수업

✓ DB 종류 무관 SQL 언어 또는 SQL 표준

✓ Microsoft Excel과 같은 스프레드시트 프로그램 사용법

제대로 공부하려는 다부진 결심보다는 무엇이라도 들여다 보려는 노력으로 많은 일을 해낼 수 있다. 자기계발도 단연 그러하다. 어떤 공부를 하기 위해서 비싼 강의를 결제하는 것 보다는 MOOC 강좌를 통한 맛보기를 추천한다. MOOC^Massive Open Online Course^는 온라인 공개수업으로 다양한 교육기관과 단체에서 무료로 상호 참여적으로 진행되는 교육이다. K-MOOC에서 국가 주도로 제공하는 퀄리티 높은 교육을 받을 수 있으며 이외에도 다양한 고등교육기관의 이름과 MOOC을 함께 검색하면 무료로 강의를 시청할 수 있다.

SQL은 위키백과 정의에 따르면 관계형 데이터베이스 관리 시스템^RDBMS^의 데이터를 관리하기 위해 설계된 특수 목적의 프로그래밍 언어이다. 이 책에서는 구체적으로 이 의미

에 대하여 다루는 것은 부적합하여 자세한 설명은 생략하도록 하겠다. 다만 프로덕트 매니저가 SQL을 다룰 줄 안다면 대개 서비스와 관련된 방대한 데이터를 조회할 수 있다는 의미이다. 이러한 언어를 습득하는 과정에서 서비스의 데이터가 어떤 식으로 적재되는지 이해할 수 있다. 그래서 개발 담당자들의 데이터베이스 설계 결과물을 초보적인 수준에서 독해할 수 있는 능력으로도 이어진다. SQL을 다룰 수 있는 능력은 서비스 기획 그 자체뿐만 아니라 데이터 분석 능력을 키우는 데에도 도움이 된다. 이 역시도 MOOC에서 학습할 수 있으며 가시적인 성과에 따라 목표 부여가 되는 사람이라면 수료증을 발급하는 프로그램을 찾아 수강하는 것도 방법이다. SQL이 어렵다면 스프레드시트 이해부터 시작해도 좋다. 데이터베이스는 무척 거대한 스프레드시트에 비유할 수 있다. 각 데이터의 자료형이라는 개념을 이해하고 어떤 셀은 서로 합산이 되지만 되지 않는 셀이 있는 것도 실제 데이터베이스 학습 시에도 배우는 내용이기 때문이다.

9.4.2 데이터 분석

자주 묻는 질문

프로덕트 매니저는 많은 직무의 사람들과 협의하여 최종적으로 제품에 대한 결정을 내리는 사람이다. 직접 결정을 내리는 사람은 아니더라도 의사결정권자에게 선택 가능한 옵션을 제공하고 자신이 선호하는 안을 제시하는 사람이기 때문에 어떻게 해서든 의사결정에 참여한다. 그렇기 때문에 모든 직무의 담당자가 하는 업무를 자신이 직접 수행할 수는 없지만 각자의 결과물에 대한 비판적 의견 제시는 가능해야 한다고 생각한다. 이를테면 데이터 분석가와 협업하는 조직에서 일하고 있다면 당신의 목표는 데이터를 전문적으로 다루는 사람만큼 뛰어난 방법론적 또는 통계적인 이론 토대를 가지는 것이 아니다. 데이터 분석가가 제시하는 논리를 살펴보고 서비스 실제에서 동떨어진 분석은 아닌지 정량화되지는 않았지만 주요한 검토 요소가 누락되지는 않았는지 건강한 피드백을 할 수 있어야 한다.

프로덕트 매니저에게 최근 데이터 기반 의사결정 능력은 중요한 능력 중 하나이다. 그러나 무척 중요한 능력임에 비해 어떤 식으로 학습해야 할지는 명확하지 않다. 데이터 분석을 학습할 때에도 중요한 것은 R, Python 등의 언어를 학습하는 것도 미적분을 공부하여 통계학을 통달하는 것도 아니다. 실제로 서비스에서 검증하고 싶은 가설을 세우고 그 가설을 검증해낼 수 있는 지표가 무엇인지를 결정하는 것이 가장 중요하다. 데이터 분석과 관련하여 주니어 프로덕트 매니저가 곧바로 이와 같은 능력을 갖추기는 어렵다고 생각한다. 그렇다면 커리어 설계를 할 때 첫걸음은 어디서 시작할지 살펴보자.

공부할 거리

데이터 분석 필요성은 물론 제품 전반에 걸쳐 있지만 특히 사용자 유입 단계와 실제 유입하여 활동하는 사용자 행태 파악에 많이 쓰인다. 따라서 참고할 만한 분야는 퍼포먼스 마케팅과 그로스 해킹이 있다. 퍼포먼스 마케팅은 일련의 마케팅 행위를 통해 정량화 할 수 있는 사용자의 행동을 얼마나 더 자주 촉발 시켰는가에 집중하는 마케팅 방법론이다. 반면 그로스 해킹은 퍼포먼스 마케팅과 유사하게 수치화된 방식으로 사용자의 행동 패턴을 집계하고 목표로 하는 행동에 최적화하여 제품을 만들어나가는 방법론이다. 이 두 가지 영역 모두 정량화된 성과에 집중하는 방향으로 일하기 때문에 참고하기에 좋다.

✓ 퍼포먼스 마케팅 또는 그로스 해킹에서 쓰이는 용어에 대한 나만의 사전 만들기
✓ Google analytics Academy 활용하기
✓ 유료 제품 분석 툴을 전문으로 다루는 회사의 콘텐츠 확인하기

장담하건대 이 두 분야에서 쓰이는 책을 한 권을 모조리 이해하는 데에만 시간이 무척 오래 걸린다. 하지만 그 책을 이해하고 난다면 다른 책은 이해하기 훨씬 쉬울 것이다. 각 분야의 베스트셀러를 찾아서 그 책에 나오는 용어 중 모르는 단어를 모아서 나만의 사전을 만들자. 그 과정에서 어떤 내용을 어떻게 측정하고 이를 무엇이라고 부르는지 이해할 수 있다. 그 다음은 왜 측정하는지로 이어지고 자연히 데이터 분석의 뿌리에 닿게 될 것이다. 실제로 현업에서는 수많은 데이터 분석 툴을 사용한다. 그중 범용적으로 많이 사용하

는 것이 구글 애널리틱스^{Google analytics} 또는 파이어베이스^{Firebase}이다. 이 둘 모두 구글의 제품으로 기본적인 제품 동작 방식 동영상 강의를 제공한다. 모든 회사가 이 제품을 사용하지는 않지만 이 제품은 국제 표준이라고 봐도 무방하기 때문에 공부를 시작한다면 여기서부터 시작하는 것도 좋다. 그리고 인증서도 발급하기 때문에 자기계발에 도움이 될 수 있다.

데이터 분석의 중요성이 대두하면서 제품팀의 모든 구성원이 어떻게 하면 더 많이 자주 서비스 관련 지표를 보게 할 수 있을지 고민하는 조직이 많다. 그 결과 유료 제품 분석 툴과 마케팅을 위한 전문 소프트웨어가 부상하였다. 회사에서 강의자료와 컨퍼런스를 진행하기도 한다. 이와 같은 자료는 케이스 스터디 위주로 구성된 경우가 많기 때문에 참고하기에 좋다. 뉴스레터를 구독하거나 새로이 배포하는 자료는 모아서 확인하자.

9.4.3 제품 디자인

자주 묻는 질문

사용자 경험을 설계하는 일은 미감상 아름다움을 주는 것이 전부가 아니다. 규제로 인해서 미감을 해치더라도 반드시 제공하거나 사용자에게 확인을 받아야 하는 사항이 있는가하면 설계했을 때에는 화면의 갯수가 많아 단계가 많고 어색하다고 생각했지만 오히려 특수한 환경에서는 그것이 더 편리하다고 여겨지는 경우도 있다. 제품 디자인을 취향의 문제로 치부하거나 중요하지 않은 문제로 격하하는 것은 제품 품질에 악영향을 미친다. 프로덕트 매니저로서 제품 디자인을 공부할 때 주목할 점은 의도했던 바가 사용자에게 곡해 없이 편리하게 전달되는지를 따져보는 것이다. 세세한 세부사항까지 협업하는 프로덕트 디자이너에게 요구사항으로 제시하기보다는 오히려 디자이너가 자신의 전문성을 살려 결정할 수 있도록 유도하는 것이 좋다. 반면 경우에 따라서 협업하는 동료가 구체적인 요구사항을 바라는 경우도 있다. 이것이 조직적으로 합의된 문화라면 그에 맞춘 요구사항을 제시해야 하며 이를 매끄럽게 수행하기 위해 공부할 수 있는 내용을 살펴본다.

공부할 거리

하늘 아래 새로운 것은 없다는 사실은 IT 업계에서도 마찬가지이다. 완전히 새로운 사용성은 충분한 연구가 되지 않은 이상 사용자에게 불필요한 학습 비용을 감당하게 만든다. 이는 곧 이탈로 이어질 수 있으므로 사용성에 대한 확신이 있을 때 선택할 수 있는 방법이다. 사용성에 대한 집중적인 연구를 할 시간이 없는 프로덕트 매니저라면 자신이 이 화면을 통해서 사용자에게 제공하고 싶은 기능과 일련의 제약사항을 반영한 가장 기본적인 안을 먼저 제시하는 것이 중요하다고 생각한다. 우리는 정답을 제시하는 사람이 아니라 답을 제시하여 논의를 시작하는 사람이기 때문에 더욱 그러하다. 그러므로 상대방이 이해하기 쉽도록 내가 원하는 바를 어떻게 전달할 수 있을까에 자기계발의 목표를 두자.

> ✓ UI 컴포넌트에 대한 기본 지식 학습: Google Material Design guide, Apple Human Interface guideline
> ✓ 좋은 레퍼런스를 제공하는 사이트 알아두기
> ✓ 경쟁 또는 유사 서비스를 사용해 보고 문제를 어떻게 풀어내는지 기록하기
> ✓ 가능하다면 경쟁 서비스는 주기적으로 스크린샷으로 기록하기

주니어 프로덕트 매니저가 상세 기획안을 작성할 때 각 화면의 구성요소를 지칭하는 호칭을 잘 몰라 헤맬 수 있다. 많은 조직에서 이미 이러한 고민을 거쳤고 그 결과 이에 대한 백과사전식 지식이 축적되어 있다. Google 또는 Apple 가이드라인을 따른다면 디지털 환경에서 각각의 UI 요소가 어떤 이름을 가지는지 알 수 있다. 뿐만 아니라 이는 세계적으로 통용되는 표현이므로 협업 상대방도 빠르게 이해할 수 있다. 화면 설계를 해야 하는 상황이 되면 어떻게 정보를 제공하는 것이 가장 사용성도 뛰어나면서 전달의 목적을 다할 수 있을지 고민한다. 이 부분에 대하여 프로덕트 매니저가 혼자 고민하기보다는 충분히 논의할 수 있는 토대와 결정되어야 하는 전제 요건을 명확하게 하는 것이 더 좋다. 정답을 제시하려 하기보다는 평상시에 자료를 수집해 두어서 필요할 때 꺼내 볼 수 있도록 대비하면 도움이 된다.

리더의 역할

"모두가 뛰어난 프로덕트 매니저와 그렇지 않은 프로덕트 매니저를 구분한다.
프로덕트 매니저는 자신의 모자란 점을 집요하게 찾아내고 개선하고
인정받기 위해 혈안이 되어 있다.
이런 자기검열을 하는 직무는 프로덕트 매니저뿐일 것이다."

이 글은 한 프로덕트 매니저가 자신의 SNS에 올렸던 내용이다. 이러한 현상은 영미권뿐만 아니라 한국에서도 찾아볼 수 있다. 프로덕트 매니저는 실제로 조직 안팎으로 많은 기대를 받고 수시로 도전해야 하는 직무이다. 완벽한 프로덕트 매니저는 책에서나 찾아볼법하고, 절대 현실적이지 않다. 도리어 이와 같은 비현실적인 목표는 프로덕트 매니저의 자기 효능감을 해치고 무리한 목표를 달성하기 위해 시간과 기회를 낭비하게 한다. 자신이 속한 조직과 담당하고 있는 제품이 지금 당장 필요로 하는 프로덕트 매니저가 최고의 프로덕트 매니저이다. 따라서 조직과 제품이 필요로 하는 역량과 역할을 찾아서 수행하는 것이 프로덕트 매니저로서 최고의 성과를 낼 수 있는 방법이다. 그러니 모두가 원하는 리더가 아니라 조직과 팀이 원하는 리더가 되어 보자.

10.1 프로덕트 매니저의 리더십

10.1.1 제품팀의 최적화

프로덕트 매니저가 관리하는 제품 중에 제품팀 그 자체도 있다. 제품팀 자체도 디지털 환경에서 사용자를 만나는 제품을 관리하듯이 목표를 달성할 수 있도록 제품팀의 사용자에게 피드백을 받아 관리해야 한다는 의미이다. 제품팀의 사용자는 팀에 소속된 제품팀

구성원이다. 커뮤니케이션을 다루면서 이야기하였듯이 제품팀에는 조직 내에 통용되는 문화가 있으며 업무절차와 방식이 존재한다. 평상시에는 인지를 못하는 경우가 대부분이지만 하나의 변화로 결과물에 영향을 줄 때 이 사실을 새삼 깨달을 수 있다. 제품팀은 자신의 역량에 맞는 제품을 출시한다. 제품팀의 역량보다 뛰어난 제품은 만들 수 없다. 제품에서 원하는 성과가 나지 않을 때 그리고 경쟁사는 쉽게 하는 것 같은데 나의 조직에서 그렇지 않다면 제품팀의 동작 자체에 대하여 살펴볼 필요가 있다.

프로덕트 매니저가 제품에 대하여 책임을 진다는 의미는 제품에 대한 전반을 결정하고 모든 방법과 수단을 동원하여 결과물을 낸다는 의미인데 이 결정범위 안에 제품팀도 포함된다.

예를 들어 화면 설계서를 작성하는 업무를 생각해보자. 많은 조직에서 프로덕트 매니저가 파워포인트로 화면 설계서를 작성한다. 화면의 구성안을 그려야 하기 때문에 최대한 사용자가 보게 되는 화면과 비슷하게 또는 프로덕트 매니저가 의도한대로 화면을 보여주기 위해 노력한다. 정렬도 맞추고 색상이나 폰트 등을 실제 화면과 유사하게 그린다. 현업에서는 이 업무에 상당한 시간이 소요된다. 요구사항이 변경되었을 때 이를 곧바로 반영하지 못할 수도 있다. 그래서 이따금 작성된 내용이 부정확하거나 누락된 내용이 있기도 하다. 화면 설계서 작성에 프로덕트 매니저 투입 시간을 줄이자고 프로덕트 매니저가 제안할 수 있다.

디지털 제품의 특성상 모든 화면이 모두 제각기 다른 화면 구성요소를 가질 수는 없다. 즉 이 페이지에서 쓰는 버튼의 모양이 다른 페이지에서도 동일해야 한다. 기본적인 페이지의 레이아웃이 같아야 사용자에게 안정적으로 통일감 있는 서비스 경험을 제공할 수 있다는 것이다. 그래서 프로덕트 매니저는 화면 설계서를 작성할 때 매번 구성요소 하나하나를 그려야 하지만 실제로 제품 디자인을 할 때는 정의되어 있는 구성요소^{componant} 를 가져와 쓴다. 그렇다면 처음부터 이미 서비스에서 사용하도록 약속한 구성요소를 가져와서 화면 설계할 때 사용하면 어떨까? 이런 방식이라면 파워포인트가 아니라 프로덕트 디자이너가 쓰는 툴을 활용해서 빠르게 조립하는 식으로 화면을 설계해볼 수 있다. 프로덕트 디자이너와의 피드백 과정이 훨씬 수월하고 프로덕트 매니저 역시 간단하게 화면 설계서를 작성할 수 있다. 화면 설계서가 최종 디자인이 아니라 화면에서 의도한 바를 전달하기만 한다면 유효한 업무 방식이다. 실제로 이와 같은 이유로 다수 조직에서 파워포인트로 화면 설계서를 그리지 않고 대체 수단을 사용한다. 이렇게 업무 절차의 개선을 제안하고 실행으로 옮긴다면 화면 설계서를 작성하는데 소요되는 시간을 줄이고 보다 중요한 프로덕트 매니저의 역할인 '이 제품을 언제 왜 출시해야 하는가?'에 대한 고민에 집중할 수 있다. 이로써 보다 본질적인 문제에 집중해 뛰어난 성과를 낼 확률을 높이는 것이다.

제품을 사용자의 요구사항을 충족하도록 최적화 하듯이 제품팀 역시 목표에 맞도록 그리고 각 구성원의 변화에 따른 요구사항을 반영하여 끊임없이 최적화하는 과정을 거친다. 새로운 회고 방식이 업계에서 유행이라면 그것을 도입해서 조직 내에 새로운 사고 방식을 적용해 보기도 하고 어떤 조직 구성원이 피드백을 주고 받는 방식에 대하여 의문을 제기한다면 다시 검토해서 적절한 대안을 제시하기도 한다. 프로덕트 매니저는 그래서 제품팀 역시 제품의 하나로 다루고 이에 대한 운영을 맡는다. 제품팀의 효율적인 업무방식 그리고 역량신장을 위해 프로덕트 매니저가 하는 역할이 크다.

10.1.2 제품팀에서의 신뢰자본

앞서 살펴본 것과 같이 제품 또는 제품팀을 최적화하는 아이디어가 모두 프로덕트 매니저에게서 나오지는 않는다. 제품팀 구성원이 각기 경험하고 느끼는 것이 다르기 때문에 서로 다른 의견을 제시할 수 있다. 그중에서 유효한 의견을 선별하고 채택하는 것은 프로덕트 매니저의 몫이다. 제품을 만들 때 모든 사용자의 요구사항을 수용하지 않듯이 제품팀을 운영할 때에도 모든 구성원의 요구사항을 수용하지 않는다. 어떤 구성원이 소중하지 않아서가 아니라 프로덕트 매니저가 팀을 어떻게 운영할지에 대한 구체적인 상을 가지고 그 방향으로 나아갈 의견을 취합해야지 방향성에 맞지 않는 의견이나 우선순위가 낮은 의견은 접어두게 된다.

그래서 프로덕트 매니저의 리더십은 신뢰를 바탕으로 한다. 구성원이 서로 다른 의견을 냈는데 한 명의 의견은 채택되고 다른 의견이 채택되지 않았다면 그 결정에 이유가 있다고 믿을 수 있어야 한다. 많은 조직이 수평적인 문화를 추구하지만 의사결정은 수직적으로 이뤄져야 한다. 의사결정은 일관성을 가지고 이루어지며 그 과정을 조직 구성원이 믿을 수 있어야 하는데 프로덕트 매니저가 그 결정을 하는 사람이다. 나와 다른 의견을 내린 리더의 결정을 믿고 따를 수 있는 것을 신뢰라고 한다. 프로덕트 매니저는 제품뿐만 아니라 선명한 가치관을 가지고 이를 설명할 수 있으며 조직 구성원은 이를 이해할 수 있어야 한다. 프로덕트 매니저에게 무엇을 기대할 수 있을지와 그 결과물에 대한 예상치가 있어야 한다는 의미이다. 종종 조직에 새로이 합류하였거나 주니어 프로덕트 매니저인 경우, 아직 제품팀 구성원의 신뢰를 받지 못해서 업무 진행에 어려움이 있는 때가 더러 있다. 아직 그 사람이 어떤 식으로 사고하고 그것에 대하여 어떻게 반응하는 것이 좋을지에 대하여 조직과 합을 맞춰보는 중이기 때문이다. 그렇다면 아직 이 조직에서 리더십을 펼칠 수 없는 상태라고도 할 수 있다. 프로덕트 매니저는 제품과 제품팀을 이끄는 사람이고 그런 역할이 처음부터 주어지는 것은 맞지만 정말로 그 자리를 얻어내기까지는 당연히 시간이 걸리고 그 자리를 얻었다면 조직 내에서 필요한 만큼의 신뢰자본을 얻어냈다고 볼 수 있다.

프로덕트 매니저로서의 리더십을 생각할 때 어떻게 하면 신뢰를 얻을 수 있는지에 집중하는 것이 좋다. 상대방이 나의 결정에 대해서 예측가능하고 이해할 수 있으며 가능하다면 동의할 수까지 있다면 최선이다. 하지만 최소한 프로덕트 매니저 개인의 사고과정을 투명하고 일관된 방식으로 전달하여 신뢰를 쌓을 수 있는 토대를 만드는 것이 좋다. 그것이 나아가 꾸준한 노력 끝에 결실로 이어진다면 그 프로덕트 매니저의 결정과 의견은 많은 구성원의 동의를 이끌어낼 수 있을 것이다. 주니어 프로덕트 매니저라면 자신의 기준을 세우고 그것과 타협할 때에는 명시적인 이유를 찾아내자. 그런 경험이 축적되어 자신의 리더십의 근간이 되고 그 리더십이 사람을 모이게 하고 일하게 할 것이다.

10.1.3 리더십에 대한 메타인지

리더십은 언제나 존재한다. 사람이 셋만 모여도 관계에는 역학이 발생한다. 목표를 가진 모임이라면 더더욱 그 목표를 달성하기 위해 이끌어 나가는 힘이 필요하기 때문이다. 조직에 새로이 합류한 사람이라면 이 조직에서의 리더십이 어떠한지, 리더십에 동의하는지, 어떤 식으로 나의 리더십을 개발할 것인지에 대해서 생각할 필요가 있다. 예전에 '대리처럼 일하는 사람이 대리가 된다'는 이야기를 신입사원 시절에 들은 적이 있다. 조직에서 리더의 역할을 수행하고자 하는 의지가 있다면 그 역할에 대해서 인지하고 그 역할대로 수행해야 그 자리에 있을 수 있다. 주니어 프로덕트 매니저 관점에서 이야기해보자면 아직은 모든 것이 미숙하고 어려울뿐더러 시니어 프로덕트 매니저와 협업한다면 자신의 역할을 제한적으로 생각할 수도 있다. 하지만 자신의 저변을 넓힐 수 있는 기회가 있다면 혹은 그것을 하고 있는 사람에게서 배울 수 있다면 그 기회를 놓치지 않는 것이 좋다. 항상 누군가의 리더십이 어떠한 영향을 미치는지 그리고 그로 인해 배울 점이 무엇인지 상기하자. 리더십이라는 단어가 왠지 자신에게 어울리지 않고 그것에 대하여 생각한다는 것이 잘난척하는 것처럼 여겨지는 마음이 들 수도 있지만 리더로 일하는 사람이 결국 리더가 될 수 있다. 프로덕트 매니저는 불가피하게 리더가 되는 사람이다. 자신의 리더십에 대해서 생각하고 주변을 살펴 최대한 배우자.

뛰어난 리더십은 모든 것을 갖춘 리더십이 아니다. 리더가 되어 결정하고 앞장선다고 해서 모두의 동의도 호감도 얻을 필요는 없다. 그것은 완벽한 프로덕트 매니저가 되겠다는 것과 같이 불가능하고 동시에 불필요한 생각이다. 자신의 장점을 생각해보고 이것이 리더십과 결부되어 어떤 식으로 발현될 수 있을지를 상상하자. 장점을 배가시켜 조직에 기여하는 사례가 있다면 기록해 두고 발전시키고 자신의 단점이 현저하게 부정적인 영향을 준다면 이를 상쇄할 지점을 찾자.

10.2 상황별 리더십 소개

10.2.1 리더와 관리자의 차이점

우선 리더leader와 관리자manager를 구분하여 주니어 프로덕트 매니저로서의 방향성을 잡아 보자. 리더와 관리자, 두 단어는 주로 혼용하여 쓰인다. 리더와 관리자는 개념이 서로 다를뿐 상하 관계가 아니다. 둘은 성질이 다르고 상황과 사람에 따라 어느 하나의 역할만 수행하기도 한다. 리더와 관리자 역할은 서로 상보적이며 성공적으로 목표를 달성하는 팀을 운영하기 위해서는 꼭 필요하다.

리더와 관리자를 구분하는 키워드[1]

리더	관리자
• 동기부여	• 피드백
• 창의성	• 전문성 개발
• 멘토링	• 위임
• 문제해결	• 체계적인 정리 및 계획
• 위험감수	• 문제해결
	• 팀 단합

리더는 사업과 제품 차원에서는 방향을 결정하고 비전을 제시한다. 또한 조직 차원에서는 모두가 하나의 목표에 집중하고, 목표 달성 가능성을 볼 수 있도록 영감을 불러 일으킨다. 가령 사업적으로 직면한 문제에 대한 창의적인 대응을 하거나 전략과 비전을 수립하는 식이다. 리더는 의사결정 과정에서 감수해야 하는 위험과 그렇지 않은 것을 구분할 수 있다. 뿐만 아니라 '내일'을 생각하며 일하는 사람이기 때문에 팀 구성원 스스로 역량을 신장할 수 있도록 돕기도 한다. 이들은 아이디어에 집중하고 가치를 창출할 방법을 고안하는 것을 즐긴다. 조직 구조나 의사결정 권한이 배분되어 있다면 이 사람들은 현업에서 관리자가 아닌 경우도 많다. 이를테면 권한을 위임 받은 프로덕트 매니저의 경우 관리자는 아니지만 뛰어난 리더일 수 있다.

관리자는 사업과 제품 차원에서는 실행과 효율 그리고 절차를 관리한다. 또한 조직 차원에서는 리소스를 빈틈 없고 낭비 없이 사용할 수 있도록 관리한다. 리더가 내일을 이야기한다면 관리자는 그 내일이 있을 수 있도록 '오늘'을 가꾼다. 구체적인 목표를 설계하고 목표까지의 이행률과 달성률을 확인한다. 리소스가 고르게 분배되어 일의 진척에 막힘이 없도록 규칙과 약속을 만들고 이를 전파한다. 관리자는 대개 직책으로 주어지기 때문에 각자가 무슨 일을 할지를 결정하고 때에 따라 평가, 채용, 해고 등 인사 관리도 담당한다. 비전과 전략이 매일의 업무에 녹아들 수 있게 하는 실천 방안을 생각하고 결과를 내기 위

---

1 '리더십과 관리의 차이점', https://asana.com/ko/resources/leadership-vs-management

한 절차를 모두 관장한다.

반드시 리더가 관리자일 필요는 없으며 반대로 모든 관리자가 리더는 아니다. 설령 하나의 역할만을 수행한다고 하더라도 조직 내에 그 역할을 해낼 수 있는 또 다른 사람이 있다면 조직은 안정적으로 운영될 수 있다. 주니어 프로덕트 매니저의 경우 관리자로서 일할 기회보다는 리더가 될 수 있는 기회가 많다. 이 장에서 집중할 내용은 리더로서의 역량이자 역량을 리더십 유형으로 채택하여 구체화해보겠다.

10.2.2 허쉬와 블랜챠드의 상황별 리더십 모델

리더십 유형은 리더십을 어떤 관점에서 바라볼 수 있는지 알려 준다. 이를테면 리더가 아이디어를 떠올리는 방법이나 팔로워와의 관계에 따라 유형을 나눠 볼 수도 있다. 쿠르트 루인kurt. lewin, 프레드 피들러F. E. fiedler, 대니얼 골먼daniel goleman, 버나드 바스bernard morris bass 등 다양한 리더십 이론을 설명한 연구와 학자들이 있다. 리더십에 대한 고민은 IT 업계에 국한되지 않고 역사와 자료가 방대하다. 이번에 다루고자 하는 내용은 허쉬와 블랜챠드의 상황별 리더십hersey-blanchard model, situational leadership theory이다. 이전의 리더십 이론은 리더와 조직 개별의 특성과 무관하게 보편적으로 뛰어난 리더십이 존재한다는 것을 전제로 하였다. 하지만 효과적인 리더십은 상황에 따라 다르며 비단 리더의 특징이나 성향뿐만 아니라 리더십과 맞닿는 조직 성숙도도 리더십을 완성하는 변수로 포함시키는 이론이 등장했다. 그것이 1969년 등장한 상황별 리더십 모델이다. 이 모델 역시 조직의 역학을 그대로 설명할 수 없다는 점이나 현업을 단순화하여 표현함으로 인하여 이론적인 한계가 있으나 리더십을 조망할 때에 절대적인 기준이 없다는 점과 조직과의 결합에 따라 리더십이 변화한다는 점에 동의하여 소개한다.

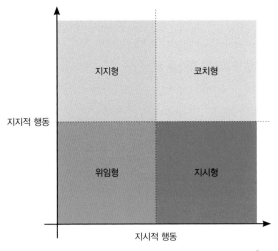

지지형

코치형

지지적 행동

위임형

지시형

지시적 행동

지시적 행동과 지지적 행동을 기준으로 유형화한 네 가지 리더십[2]

가로축의 지시적 행동과 세로축의 지지적 행동부터 정의하자. 지시적 행동은 직무 지향적인 행위로 조직 구성원과 구체적인 업무 단위로 소통을 하는 행동이다. 이를테면 어떤 내용을 어떤 양식으로 언제까지 완료할 것인지에 대한 구체적인 지시를 한다면 지시적 행동 수준이 높다고 할 수 있다. 반면 지지적인 행동은 관계 지향적인 행위이다. 상대의 의견을 적극적으로 수용하고 더 나은 결정할 수 있는 범위를 크게 하여 목표를 달성할 수 있도록 하는 행동이다. 이를테면 하나의 기능 목표에 대해서는 의견을 합치하되 구체적인 진행 방향이나 상세한 부분은 조직 구성원이 스스로 결정할 수 있도록 업무를 관리한다면 지지적 행동 수준이 높다고 할 수 있다.

지시형 리더십

지시형 리더십은 지시와 명령이 주된 키워드이다. 업무를 통제하는 상세한 업무 지시를 통해 리더가 직접 하는 경우에 해당한다. 지시형 리더십은 조직 구성원이 기능 또는 제품에 대한 이해가 낮은 상태이거나 동기부여가 되어 있지 않은 상태일 때 필요하다. 이때 리더는 조직 구성원에게 동기부여 될만한 일을 작은 단위로 나눠 스스로 효능감을 느낄

2 '일반적인 리더십 스타일 11가지와 나에게 맞는 스타일을 찾는 방법', https://asana.com/ko/resources/leadership-styles

수 있도록 유도한다. 또한 한 방향으로 진행되는 커뮤니케이션에서도 의욕을 잃지 않도록 조력한다. 예를 들어 프로덕트 매니저 역할이 처음인 사회초년생이 있다고 가정하자. 이 구성원에게 필요한 가이드는 프로덕트 매니저로서의 업무뿐만 아니라 공적인 말하기를 포함한 포괄적인 가이드라인이 필요하다. 뿐만 아니라 업무에서 무엇을 기대하고 자신이 어떤 일을 성취할 수 있는지에 대한 믿음이나 경험이 부족하므로 이를 느낄 수 있도록 적극적으로 개입하고 도와야 한다.

코치형 리더십

코치형 리더십은 설득과 설명이 주된 키워드이다. 지시형 리더십과 마찬가지로 지시와 명령은 계속 하지만 통제보다는 관리에 가깝다. 이러한 리더십과 시너지를 낼 수 있는 조직 구성원은 기능 또는 제품에 대한 이해가 낮은 상태이지만 동기부여가 되어 있어 주도적으로 업무를 수행하고자 하는 사람이다. 지시형 리더십에서의 커뮤니케이션은 일방향이기보다는 쌍방향으로 진행될 수 있으며 리더는 지속적으로 조직 구성원의 의견을 요청한다. 예를 들어 조직 내에서 다른 직무로 일하던 중 새로이 프로덕트 매니저로서 일을 하게 된 구성원이 있다고 가정하자. 이 구성원은 충분히 이 직무에 대한 의욕이 있을 수 있다. 다만 그간 구체적으로 들여다 보지 않았던 업무의 상세한 내용에 대한 안내가 필요하다. 프로덕트 매니저 역할로 기대한 바 또는 기능과 제품으로 전달하고 싶은 가치가 명확하기 때문에 이 부분에 대해서는 의견을 구하는 것이 좋다.

지지형 리더십

지지형 리더십은 참여와 촉진이 주된 키워드이다. 지시형과 코치형 리더십과 다른 점은 지지형 리더십은 조직 구성원에게 지시적 행동을 할 필요가 없을 만큼 이미 업무 수행 능력을 갖춘 상태라는 점이다. 조직 구성원이 동기부여가 되지 않았거나 효능감이 떨어지는 등의 사유로 업무 수행에 있어 지지가 필요한 경우에 적합한 리더십이다. 구태여 구체적인 지시와 명령보다는 열린 질문을 하면서 조직 구성원이 몰입할 수 있도록 돕거나 조직 단위에서 이 구성원이 보다 자신의 역할을 잘할 수 있도록 제도적 장치를 찾아내는 것이 좋다. 예를 들어 자신의 역할을 탁월하게 수행하는 조직 구성원이 있다. 하지만 최근

저조한 성과를 보이거나 업무의 목표에 공감하지 못한다면 이 구성원과의 커뮤니케이션과 관리가 필요하다. 다시금 목표에 공감할 수 있도록 배경을 설명하거나 조직에서 그 구성원의 위치나 능력에 대하여 상기시켜 주고 때에 따라 휴식을 제안하여 번아웃^{burnout}을 방지할 필요가 있다.

위임형 리더십

위임형 리더십은 위임과 관찰이 주된 키워드이다. 조직 구성원이 주어진 업무를 수행할 수 있는 능력과 의지가 있는 상태라면 리더는 개입하기보다는 구성원의 의지에 따라 업무를 진행할 수 있도록 자유를 주는 것이 좋다. 다만 리더 역시 구성원의 업무 수행 능력에 대한 신뢰가 있을 때만 가능한 리더십이므로 이 리더십을 유지하며 기능 또는 제품의 목표를 달성할 수 있다면 조직 구성원과 리더 간의 신뢰가 쌓일 수 있다. 예를 들어 이미 조직 내부에 유능한 구성원이 스스로 발의하여 진행하고자 하는 프로젝트가 있다고 가정하자. 이에 대한 내부 검토를 통해 유효한 아이디어라고 판단된다면 이에 대한 구체적인 지시보다는 권한을 충분히 위임하되 문제가 있을 때 협의를 함으로써 자신의 능력을 십분 발휘하게 할 수 있다.

상황별 리더십 유형은 리더십 유형과 조직 구성원을 네 가지 유형으로 구분하여 서로를 짝짓는다. 조직 구성원은 당연하게도 훨씬 입체적이고 실제로 네 가지 유형이 모든 리더십을 설명할 수 없으므로 때마다 어떠한 전략으로 조직을 운영할지 등에 대한 연구와 노력이 필요하다. 게다가 한 조직 구성원의 직무 능력 평가는 고저로만 나뉘지 않고 다양한 업무에 따라 그 숙련도가 다르게 분포할 수 있다. 어떠한 리더십을 선택하고 조직 구성원을 어떻게 평가할지에 대하여 이 모델은 전적으로 리더 개인에게 의지하기도 한다. 이러한 생각의 틀을 활용할 때는 이론적인 제약사항에 대하여 인지하는 것이 중요하다. 주니어 프로덕트 매니저로서 자신이 어떠한 리더십을 가꿀 것인지 동서남북의 방향 중 하나를 고른다고 생각하자. 그 방향으로 나아 가면서 많은 변주를 할 수 있고 심지어는 다른 방향으로 다시 돌아올 수도 있다. 마찬가지로 당신의 상사에게 리더십을 또는 도움을 요청할 때에도 어떠한 것을 요청할 수 있는지에 대한 참고자료로 삼아도 충분하다. 주니어 프로덕트 매니저는 자신이 무엇이 될 수 있고 어떤 지경까지 리더십을 펼칠 수 있는지 그리고 요구할 수 있는지에 대해서 헤매기 일쑤이다. 허쉬와 빌랜차드의 이론이 당신이 하는 고민의 시작이 되길 바란다. 가능하다면 보다 많은 리더십 이론을 학습해 보아도 좋다.

10.3 작게 시작하는 리더십

10.3.1 나와 조직에 대한 분석

자신이 속한 조직과 제품을 객관적으로 살펴보기 위해서 한 발자국 떨어져서 볼 필요가 있다. 이러한 관점은 앞으로 일을 할 때의 방향성을 결정하기도 하고 객관적인 시각을 유지할 수 있는 기회를 주기도 한다. 프로덕트 매니저로 일하면 매일이 문제투성이다. 문제 없이 지나간 날이라면 오히려 일이 제대로 진행되지 않는 것은 아닌지 의심을 하게 될 정도이다. 지속적인 문제 상황에 놓이면 문제의 본질에 집중하지 못하고 감정적인 소모로 이어지는 악순환에 고착된다. 조직과 제품을 관리하는 사람으로서 매일의 문제를 처리하면서도 적당한 거리를 두며 거시적인 관점에서 보다 중요한 문제를 놓치고 있지 않은지에 대하여 확인해야 한다.

✔ 사업적으로 직면한 가장 큰 문제가 무엇인가

✔ 조직이 직면한 가장 큰 문제가 무엇인가

✔ 사용자가 제품과의 경험에 있어 직면한 가장 큰 문제가 무엇인가

✔ 조직의 목표가 무엇인가 조직 구성원이 그 목표에 공감하는가

✔ 조직의 목표가 앞서 확인한 세 가지 문제 중 무엇을 해결하는가

✔ 그렇지 않다면 그 이유는 무엇이고 그 이유에 공감이 되는가

✓ 목표를 반영한 제품 또는 시스템 설계가 이루어지는가

✓ 그렇지 않다면 그 이유는 무엇이고 그렇게 되게 하기 위해 어떤 도움이 필요한가

중요한 문제가 무엇인지를 이해하고 그 문제를 해결하기 위한 아이디어를 내는 사람이 리더이다. 표면적으로 드러나는 문제와 실제 다루게 되는 문제는 다르다. 문제를 파악하고 도움을 구해서 해결하는 과정을 무수히 반복하자. 근본적인 문제를 한번에 해결할 수 없으니 근본적인 문제를 구체화하거나 지엽적인 문제로 축소해 보거나 주변 문제부터 시작해서 할 수 있는 것을 하자.

✓ 내가 잘 할 수 있는 것은 무엇인가

✓ 내가 할 수 없는 것은 무엇인가

✓ 할 수 없는 이유는 무엇이고 할 수 있게 하기 위해 어떤 도움이 필요한가

조직을 파악하는 것만큼 자신에 대해 파악하는 것은 중요하다. 자신의 장점을 언어화하기 어렵다면 프로덕트 매니저 채용 공고를 들여다보자. 또는 각 회사의 인재상에서 사용하는 어휘를 보고 나의 어떠한 면과 닿아있는지에 대한 상상력을 펼치자. 장점에 대해 말할 수 없는 것은 겸손이 아니라 기회를 놓치는 것이다. 자신의 업무 수행능력을 끌어올리고 싶다면 당신의 장점을 강조하는 것에서 시작하는 것이 좋다. 장점을 아는 것만큼 중요한 것은 할 수 없는 것을 찾아내는 일이다. 단점을 찾는 것과 결이 다르다. 해야 하는 일이 있는데 수행 자체가 불가능하다면 또는 할 수가 없는 상황이라면 개선이 필요하다. 주니어 프로덕트 매니저라면 모든 문제 해결을 스스로 하려고 하지 말자. 자신이 어떠한 상황이기 때문에 도움이 필요한지를 이해하고 의사결정을 하는 사람에게 알리는 것만으로도 유의미한 발전이고 기여이다.

10.3.2 곧장 도입할 수 있는 방법론

주니어 프로덕트 매니저가 리더로서 할 수 있는 역할은 제한될 수 있다. 어떠한 방향으로 나아갈지에 대한 인식을 가지고 팀을 이끌 때와 조직과 제품에 끌려가는 것은 명확하게 다르다는 것이다. 지금은 조직과 제품이라는 배를 직접 운전할 힘이 없다고 하더라도 조류에 떠밀려가게 할 수는 없다. 한국에서는 권한이 없는 사람이 권한에 대하여 생각하고 요구하는 것이 결례로 여겨지지만 리더십 함양과 훈련은 리더가 되기 전부터 준비해야 한다.

> ✔ 스프린트 목표 설정하기 또는 개인 목표를 계속 만들기
> ✔ 원온원 운영하기
> ✔ 관심사를 발표할 수 있거나 아무말 할 수 있는 세션 만들기
> ✔ 스탠드업 운영하기 & 정보 공유 투명하게 하기
> ✔ 회고하기

리더로서 겪는 고충 중 하나는 목표 설정이다. 조직마다 다양한 목표 설정방식을 정하기 때문에 프로덕트 매니저 개인이 결정하는 일은 잦지 않지만 목표를 설정하는 행위 자체에 대한 경험이 없다면 기회가 왔을 때 수행하기 어렵다. 이번 스프린트에 무엇을 주안점으로 둘지 생각해보자.

이번 스프린트 종료 이후에 해당 기능에 대한 고객센터 문의 수를 줄이는 것을 목표로 하는 것도 좋다. 목표의 유무와 목표를 돌아보는 습관은 업무 역량에 큰 영향을 미친다. 제품에 대한 목표 세우기가 부담스럽다면 스스로에 대한 목표여도 좋다. 이번 기획서 리뷰 이후에는 저번에 누락했던 부분을 채워 넣겠다는 목표를 세우거나 협업부서의 피드백을 요청해서 받아 반영하는 것도 가능하다.

조직 구성원과 커뮤니케이션을 원활하게 하기 위해서 원온원one on one을 관리자에게 제안하거나 직접 진행할 수 있다. 원온원은 두 사람이 이야기를 나누는 것을 의미하지만 대부

분 매니저가 조직 구성원과 주제를 국한시키지 않고 업무나 관계 등에 대해 이야기하는 자리를 가리킨다. 상대적으로 청자가 특정되므로 보다 개인적인 이야기를 나눌 수 있다. 이를테면 부정적인 피드백을 제공해야 하는 상황이라면 상대의 성향에 따라 다수의 구성원이 함께하는 자리보다 상대의 솔직한 이야기를 들을 수 있는 원온원을 선호하는 경우가 있을 수 있다. 원온원을 진행하는 당사자 간의 친밀감 형성도 있겠지만 파편화된 네트워킹을 장려하는 것은 불안감을 조성할 수 있기 때문에 지양한다. 원온원은 이보다 공적인 상황에서의 말하기에 가깝다. 반대로 관심사를 발표하거나 구성원 간의 아이스 브레이킹을 장려하는 세션을 운영할 수도 있다. 이런 세션은 주제를 정해놓고 아이디어를 던질 수 있게 하고 본인이 원하는 수준에서 자신에 대해서 드러낼 수 있는 기회를 제공한다.

스탠드업standup은 운영방식에 따라 목적을 달리 할 수 있다. 동일한 기능 또는 제품에 대한 일을 하는 구성원 간 자신이 담당하고 있는 일의 진척에 대해서 공유하고 트러블슈팅troubleshooting하는 것을 그 기본으로 삼는다. 트러블슈팅은 업무 또는 제품에 존재하는 문제를 가시화하는 일체의 과정을 말한다. 이와 같은 개념은 문제를 밝혀 드러내야 미연에 확장을 막을 수 있기 때문에 필요하다. 하지만 이에 대한 해결책까지를 모두 아우르는 표현은 아니고 해야 하는 일의 단위로 만드는 과정까지를 지칭한다. 스탠드업이 길어지지 않도록 팔굽혀펴기 운동을 하는 동안 발언하는 방법을 쓰기도 한다. 다소 낯선 방법일 수도 있지만 모두의 발언을 동일하게 제한하고 조직 구성원에게 공지하기 위해 운영한다. 이따금 스탠드업 시간을 일간 보고로 오해하고 불편해하는 경우가 있는데, 그렇다면 조직 내부의 업무 관리 시스템이나 신뢰에 대하여 다시 생각해볼 필요가 있다. 누군가가 일을 많이 했다고 말하는 것은 의미가 없다. 오히려 일이 너무 많기 때문에 조율을 하면 내 우선순위 업무에 집중이 가능할 것 같다고 말하는 것이 조직의 운영에 기여한다. 담당하는 일의 가짓수보다 이를 통해서 어떤 파급효과를 줄 수 있을지에 대한 상상력이 중요하다. 만약 사사롭다고 여겨지는 일을 하고 있더라도 이를 체계화하고 의미 있는 접근을 할 수 있는 방향을 찾아보자.

회고retrospective는 사전적으로는 돌아본다는 의미로 제품팀에서 지정한 시점에 그 이전에 발생했던 일을 돌이켜 보고 교훈을 도출하는 일련의 과정이다. 하나의 스프린트를 완료하였을 때 회고를 하는 것을 일반적인 호흡으로 여긴다. 프로덕트 매니저가 동분서주하는 동안 놓친 것들이 있을 수 있다. 특정 과업이 다루어진 방식에 대해서 의견을 내고 싶거나 좋았던 점을 표현하고 싶은 동료가 있을 수도 있다. 향후 스프린트가 이상적인 모습이 될 수 있도록 함께 이야기를 나누는 것이다. 회고는 방지턱이기도 하다. 조직 구성원간 발생할 수 있는 갈등을 미연에 방지할 수 있다 일에 대한 메타적인 인지를 동료와 나누는 경험을 어색하지 않게 할 수 있다. 종종 일 자체에 대하여 이야기하는 것이 낯선 조직이 있다. 단순히 불만이 아니라 더 나아지게 하는 방향으로 이야기하는 것이 어색하다면 회고를 통해서 시도해볼 수 있다.

현업에 있다 보면 프로덕트 매니저를 지망하는 취업 준비생이나 타 업계의 사람들에게 'IT 프로덕트 매니저를 하려면 무엇을 준비해야 하나요?', '어떤 사람이어야 하나요?'와 같은 질문을 받을 때가 가끔 있다.

나는 이 업계에 신입사원으로 들어온 후 최소한 5년 정도는 나 같은 사람이 계속 이 일을 할 수 있을까? 하는 생각으로만 머릿속이 가득 차 있었다. 프로덕트 매니저를 하려면 뭔가 더 아이디어가 넘치고, 끝내주게 분석적이며, 모두를 설득할 수 있는 논리왕 아우라를 풍기는 그런 사람이어야만 하는 게 아닐까(아니면 적어도 그렇게 될 수 있는 싹수는 있어야 하는 게 아닐까)하는 '확고한 의심(?)'에 매일같이 쫓겼다.

하지만 예상과 달리 나는 10년째 IT 업계에서 프로덕트 매니저로 살아가고 있고, 주니어 시절 무수히 나를 공격하던 내면의 소리로부터도 얼마간 자유로워졌다.

프로덕트 매니저로서 갖추어야 할 자질은 분명히 있다. 하지만 그것은 '프로덕트 매니저, 이것만 알면 될 수 있다' 식의 필승전략 같은 형태로 존재하는 것이 아니라 어떤 제품을 만들고 싶은지, 어떤 프로젝트에 적합한지를 생각해보고, 지금 속한 조직의 현실에 맞춰 수많은 풀이를 대입해보는 것이 프로덕트 매니저의 자질에 더 맞다고 생각한다.

당신의 좌충우돌 커리어에 조금이나마 도움이 되기를 진심으로 바라면서 이 책을 썼다. 교과서나 해답지는 결코 될 수 없지만 적어도 한 번쯤 읽어볼 만한 사례집은 될 수 있으리라고 생각한다. 그리고 만에 하나라도 교과서나 해답지를 표방하는 프로덕트 매니저 책/강연/콘텐츠가 있다면 적당히 거르라는 말도 덧붙이고 싶다.

현업에서 일하며 책 출간이라는 험난한 길을 먼저 가보고 나를 이끌어준 개점휴업, 잠시 자기 의심은 접어두고 미친 척 이 프로젝트에 뛰어들기로 결심한 과거의 나 자신에게 고마움의 인사를 전한다.

우리의 수선스러운 작당 모의를 손에 잡히는 훌륭한 프로덕트 형태로 완성해 준 한빛미디어 출판 담당자분들께는 그 갑절의 감사를 전한다.

마지막으로 당신이 이 책을 읽고 얼마간이라도 도움이 되었다면, 당신의 그 인정에 진심으로 감사한다.

최민